保险问道
之
公司治理研究

中国保险资产管理业协会 ■著

中国财经出版传媒集团
中国财政经济出版社

图书在版编目（CIP）数据

保险问道之公司治理研究／中国保险资产管理业协会编著．－－北京：中国财政经济出版社，2022.8
ISBN 978－7－5223－1626－0

Ⅰ.①保… Ⅱ.①中… Ⅲ.①保险公司－企业管理－研究－中国 Ⅳ.①F842.3

中国版本图书馆 CIP 数据核字（2022）第 140316 号

责任编辑：郁东敏　　　　　　责任校对：张　凡
封面设计：中通世奥　　　　　　责任印制：刘春年

保险问道之公司治理研究
BAOXIAN WENDAO ZHI GONGSI ZHILI YANJIU
中国财政经济出版社 出版
URL：http：//www.cfeph.cn
E－mail：cfeph@cfeph.cn
（版权所有　翻印必究）
社址：北京市海淀区阜成路甲 28 号　邮政编码：100142
营销中心电话：010－88191522
天猫网店：中国财政经济出版社旗舰店
网址：https：//zgczjjcbs.tmall.com
北京时捷印刷有限公司印刷　各地新华书店经销
成品尺寸：170mm×240mm　16 开　15.5 印张　254 000 字
2022 年 8 月第 1 版　2022 年 8 月北京第 1 次印刷
定价：60.00 元
ISBN 978－7－5223－1626－0
（图书出现印装问题，本社负责调换，电话：010－88190548）
本社质量投诉电话：010－88190744
打击盗版举报热线：010－88191661　QQ：2242791300

编 委 会

主　　任：曹德云

编委会委员：严振华　张　倩　曹　琦　朱晓云　朱颖锋
　　　　　　梁风波

执 笔 人：（按姓氏笔画排序）

马　炜	王文卓	王西刚	王　欣	王晓笛
王　笛	王德明	田　一	朱晓云	朱颖锋
刘　洋	刘晓莉	刘　琪	汤琳佳	许崇苗
孙若竹	孙　毅	牟联光	严振华	苏　斐
李子祎	李　冰	李超田	杨丰禹	杨　华
邹　野	宋菲菲	宋朝钦	张　宁	张晋超
张　倩	陈　胜	赵　阳	胡凌斌	胡　容
钟雅欣	侯华楠	姚兆中	袁　泉	徐宇舟
黄再再	黄梓杭	曹　琦	曹德云	章晓东
梁风波	彭　辉	韩如冰	韩晓梅	游　青
雷　浩	詹　昊	薛永前	薄清文	

统　　稿：于　萍

PREFACE 前言

近年来，银保监会深入贯彻落实党中央、国务院关于打好防范化解重大金融风险攻坚战的决策部署，持续开展银行保险机构股权和关联交易专项整治，取得积极成效。2022年1月，中国银保监会印发了《银行保险机构关联交易管理办法》，实现监管标准一致性基础上的差异化监管，既立足于银行保险资金运用实际情况，又坚决地打击用复杂交易结构掩盖不当关联交易等违规行为；2022年6月，发布了《关于加强保险机构资金运用关联交易监管工作的通知》，对遏制资金运用违法违规关联交易，防范资金运用风险，维护市场运行秩序具有重要意义。

在业务实践中，各类市场主体合作竞争，形成大量关联交易。一方面，关联交易在降低信息、管理和监督成本，提高交易效率和市场竞争力等方面起到了积极作用。另一方面，需要深刻认识不当关联交易带来的危害：助推终极控股股东侵占保险资金，损害各方合法权益；隐匿资金真实流向逐渐掏空保险机构，扰乱市场运行秩序；规避各类治理和保障机制损害保险行业，耗费大量社会资源。

加强关联交易风险防范，需要保险资产管理行业的共同努力：

一是加强公司治理，履行风险防范主体责任。在新发展阶段，保险机构必须深入贯彻新发展理念，持续健全公司治理结构，将股东会、董事会、关联交易控制委员会和管理层的保险资金运用关联交易管控职责落在实处，逐渐形成分工合理、职责明确、制约有效、信息披露清晰的保险资金运用关联交易内控机制，防范不当关联交易。

二是加强信息披露，借助科技力量提升质效。在数字技术与经济金融深度融合形势下，保险机构必须积极配合监管监督，逐步加强行业监督，主动接受社会监督，借助大数据等技术手段和金融基础设施等专业力量，持续健全关联交易的数字化全流程管理、重大关联交易管理、监管指标动态监测等，提升管理精准度和时效性。

三是加强自律管理，营造合规文化促进发展。在银保监会指导下，中国保险资产管理业协会将继续发挥行业自律作用，推进保险资金运用关联交易合规建设、不当关联交易筛查调查和自律监督检查，切实提升从业人员关联交易合规意识和管理能力，持续助力保险资产管理行业建设审慎经营、管控风险的合规文化。

本书集合了金融业反腐败问题研究、公司治理研究、关联交易管理研究等多项协会及业内最新研究成果，期待能为当前形势下的保险及保险资管机构发展提供理论参考与经验借鉴。让我们同向而行，携手共进，推动完善公司治理体系建设及保险资金运用关联交易规范管理，为保险及保险资管行业的高质量发展贡献力量。

中国保险资产管理业协会党委书记
执行副会长兼秘书长
2022 年 8 月

CONTENTS 目录

专题一　新形势下金融创新与金融业反腐败问题研究

绪　论 ……………………………………………………………………… 3

第一章　金融创新的基本概念和相关理论 …………………………… 4
一、创新与金融创新概念的提出 ……………………………………… 4
二、对金融创新不同层面的理解 ……………………………………… 4
三、我国金融创新的主要类型 ………………………………………… 5

第二章　当前金融创新的主要特点与趋势 …………………………… 6
一、金融业务创新的新特征 …………………………………………… 6
二、金融产品创新的新趋势 …………………………………………… 7
三、金融科技创新对行业发展的新影响 ……………………………… 8
四、金融创新变化对金融机构的新要求 ……………………………… 8

第三章　金融创新对金融监管产生的重要影响 ……………………… 10
一、金融创新对金融市场的基本影响 ………………………………… 10
二、金融创新中一些值得关注的问题 ………………………………… 11
三、以投资业务为例看创新对监管的风险挑战 ……………………… 11
四、金融创新对金融监管的几点启示 ………………………………… 12

第四章　金融创新给反腐败工作带来的主要挑战 …………………… 14
一、金融产品创新中的潜在风险因素 ………………………………… 14
二、金融产品创新中的腐败易发领域 ………………………………… 15

  三、金融创新领域腐败现象的主要特点 ································ 16

第五章　金融创新监督工作的基本内容 ································ 19

第六章　进一步推动金融业反腐败的几点思考 ························ 21
  一、金融业反腐败形势严峻而复杂 ································· 21
  二、金融创新领域的反腐败任重而道远 ························· 22
  三、金融业反腐败必须坚持标本兼治、综合治理 ············· 22

参考文献 ··· 25

专题二　保险资管机构公司治理研究

绪　论 ··· 29

第一章　国内外公司治理理论 ··· 31
  一、国外理论 ··· 31
  二、国内理论 ··· 32

第二章　国内外公司治理规则 ··· 36
  一、国外规则 ··· 36
  二、国内规则 ··· 43

第三章　保险资管机构公司治理现状 ································ 55
  一、整体情况 ··· 55
  二、关联交易 ··· 61

第四章　保险资管机构公司治理特殊性及相关建议 ··············· 67
  一、保险资管机构公司治理的特殊性 ····························· 67
  二、保险资管机构关联交易特殊性 ································ 69
  三、保险资管机构公司治理相关建议 ····························· 71

参考文献 ··· 71

专题三 防范不当关联交易风险的监管制度与行业建设

专题 3.1 防范不当关联交易风险 促进保险资产管理行业高质量发展 ……… 75
    一、明确区分关联交易和不当关联交易 ……………………………… 75
    二、坚决落实保险资产管理关联交易监管要求 ……………………… 76
    三、深刻认识保险资金运用相关不当关联交易的危害 ……………… 78
    四、共同加强保险资金运用关联交易风险防范 ……………………… 79

专题 3.2 加强穿透管理 防范不当关联交易风险 ………………………… 81
    一、深刻理解保险资金运用关联交易穿透管理的必要性 …………… 81
    二、充分认识保险资金运用关联交易穿透管理的可行性 …………… 82
    三、逐步强化保险资金运用关联交易穿透管理的实践性 …………… 83
    四、持续提升保险资金运用关联交易穿透管理的效益性 …………… 84

专题 3.3 加强关联交易管理 促进保险资金运用稳健发展 …………… 85
    一、坚持底线思维,穿透管理关联交易 ……………………………… 85
    二、明确管理红线,加强重点领域监控 ……………………………… 86
    三、加强边线管理,控制总量以及规模 ……………………………… 86
    四、突破协同界线,统筹规范关联交易 ……………………………… 87
    五、专注稳健发展,持续提升管理水平 ……………………………… 87

专题 3.4 保险关联交易最新监管规定解读 ……………………………… 89
    一、保险机构关联交易的监管趋势 …………………………………… 89
    二、保险机构关联交易的最新政策 …………………………………… 89
    三、加强保险机构关联交易的有效管理 ……………………………… 92

专题 3.5 《银行保险机构关联交易管理办法》对保险资金运用关联交易管理的影响 …………………………………………………………… 94
    一、关联交易的类型 …………………………………………………… 94
    二、关联交易金额的计算 ……………………………………………… 96
    三、关联交易比例限制 ………………………………………………… 98
    四、免予按照关联交易的方式进行审议和披露的情形 ……………… 101

专题 3.6　借力新监管：保险资管机构关联交易管理及不当风险防范 …… **103**
　　一、国内资管行业关联交易管理经验……………………………… 103
　　二、国外对于保险关联交易的监管要求…………………………… 106
　　三、对保险资管机构规范关联交易的建议………………………… 108
　　四、不当关联交易的风险防范……………………………………… 114
　　参考文献……………………………………………………………… 114

专题 3.7　新规视角下的保险资金运用关联交易管理 …………………… **116**
　　一、关于保险资管产品的关联交易审查…………………………… 116
　　二、关于共同投资关联交易………………………………………… 118
　　三、关于银行存款关联交易………………………………………… 119
　　四、结语……………………………………………………………… 120

专题 3.8　保险公司关联交易监管制度变化及风险应对 ………………… **122**
　　一、保险公司关联交易监管制度的发展变化……………………… 122
　　二、《银行保险机构关联交易管理办法》修订要点分析 ………… 124
　　三、2022 年《办法》下保险公司关联交易管理的风险应对 …… 126
　　参考文献……………………………………………………………… 127

专题 3.9　强监管背景下保险公司对关联交易规范管理的思考 ………… **128**
　　一、保险公司关联交易政策发展沿革……………………………… 128
　　二、当前保险公司关联交易管理面对的困难与问题……………… 130
　　三、对于保险公司关联交易管理的优化完善建议………………… 131

专题四　保险及保险资管行业关联交易管理实践

专题 4.1　加强保险集团关联交易穿透管理 ……………………………… **135**
　　一、深刻理解保险集团的关联交易穿透管理……………………… 135
　　二、认真开展保险集团的关联交易穿透管理……………………… 137
　　三、逐步优化保险集团的关联交易穿透管理……………………… 138

目 录

专题4.2　建立有效内控体系是关联交易风险防范的保障
　　　　——对落实《银行保险机构关联交易管理办法》的思考 ········· **141**
　　一、落实大股东行为管理，为关联交易内部控制体系建立提供
　　　　良好的内外环境，有利于"治本" ·· 141
　　二、董事会设立关联交易控制委员会、管理层面设立跨部门的
　　　　关联交易管理办公室是内部控制程序中的关键连接纽带············ 142
　　三、设计内嵌于公司业务活动的关联交易关键控制流程 ················ 143
　　四、内建责任追究制度，外鉴法律责任体系······································ 145

专题4.3　上市保险公司关联交易管理体系建设 ······························ **148**
　　一、关联交易监管形势日趋严格·· 148
　　二、关联交易管理重点··· 149
　　三、关联交易管理机制··· 151
　　四、关联交易重难点问题探讨·· 153
　　五、关联交易管理建议··· 155

专题4.4　规范保险机构关联交易　加强资金运用风险管理 ············· **156**
　　一、厘清不当关联交易的管控难点·· 156
　　二、抓住不当关联交易的管控重点·· 157
　　三、落实保险机构关联交易监管措施·· 157
　　四、加强保险机构关联交易管理·· 158

专题4.5　保险公司关联交易风险管理困境与创新 ··························· **160**
　　一、准确认识关联交易风险管理的意义·· 160
　　二、保险公司关联交易风险管理的困境·· 161
　　三、创新关联交易风险管理的几点思考·· 162
　　四、保障关联交易外部审计的独立性·· 166
　　五、持续加强关联交易外部监管·· 166
　　六、结语··· 167

专题4.6　保险资产管理公司视角下的穿透识别原则在保险资管产品
　　　　关联交易管理中的适用 ·· **168**
　　一、关联交易新规对保险资管产品穿透识别的总体要求 ················· 168

5

二、穿透识别原则在保险资管产品关联交易管理中的具体实践…… 169
三、穿透识别原则在保险资管产品关联交易管理中面临的挑战…… 170
四、对保险资管产品关联交易管理中适用穿透原则的思考和建议…… 174

专题 4.7　保险资管公司关联交易管理的"道·法·器"…… 178
一、研究背景…… 178
二、保险资管公司关联交易管理之"道"…… 178
三、保险资管公司关联交易管理之"法"…… 180
四、保险资管公司关联交易管理之"器"…… 182
五、监管趋势…… 183
六、相关建议…… 183

专题 4.8　共同投资型关联交易之探究…… 185
一、共同投资的源起…… 185
二、共同投资型关联交易的规则变迁…… 187
三、2022 年《办法》对共同投资型关联交易的影响分析…… 188
四、合规管理建议…… 191

专题 4.9　保险私募基金关联交易常见问题初探…… 193
一、保险私募基金的关联方身份…… 194
二、保险私募基金发起设立过程的关联交易管理…… 195
三、基金投资的关联方及关联交易认定…… 197

专题 4.10　从高风险机构看保险资金运用关联交易的风险防控…… 201
一、保险资金运用违规关联交易是形成高风险机构的重要原因…… 201
二、保险资金运用关联交易存在的主要问题…… 202
三、强化保险资金运用关联交易的建议…… 203

专题五　金融机构关联交易管理的借鉴

专题 5.1　利益冲突视角下的金融机构关联交易浅析…… 209
一、以利益冲突为视角的关联交易…… 210
二、金融机构关联交易的规制机制…… 212

三、关于金融机构关联交易规制机制相关问题的探讨 …………… 216
四、结语 ………………………………………………………………… 218

专题 5.2　浅析关联交易新规监管思路及对资管业务的影响
　　　　　——以保险机构、信托公司为视角 ……………………… 219
一、2022 年《办法》的监管思路 …………………………………… 219
二、对资管业务的影响 ………………………………………………… 221

专题 5.3　证券公司、公募基金公司关联交易管理对保险机构的借鉴 …… 225
一、经典案例解析 ……………………………………………………… 225
二、资管产品的关联交易不同于公司的关联交易 …………………… 227
三、借鉴与思考 ………………………………………………………… 231

专题一
新形势下金融创新与金融业反腐败问题研究*

---

* 本篇源自中国保险资产管理业协会IAMAC年度课题《新形势下金融创新与金融业反腐败问题研究》。课题承担单位：中国保险资产管理业协会；课题负责人：严振华；课题组成员：游青、李子祎、梁风波、薄清文。

绪　　论

伴随金融业改革与创新，发生在金融领域的腐败问题给金融业带来不可忽视的风险挑战，破坏金融生态和金融安全，进而腐蚀国民经济体系和党的执政基础。正确引导和推动金融创新，加强金融监管，切实做好金融业反腐败工作，对于深化金融改革、保障金融体系安全运行、维护经济社会稳定和实现国家发展战略，意义重大、内涵丰富、影响深远。本研究积极探讨研究当前金融业创新基本特点、对行业发展的影响、给金融监管和反腐败带来的挑战等问题，为构建金融领域新型监管制度和反腐败体系，防范化解金融风险，尝试提出了建设性思路，并启发行业探索建立科学的现代公司治理制度，规范金融创新领域信息披露，健全金融反腐工作机制，推动正风肃纪反腐与深化改革、完善制度、促进治理贯通起来。对于做好金融反腐和处置金融风险统筹衔接，强化金融领域监管和内部治理，也将产生积极参考价值。

第一章
金融创新的基本概念和相关理论

金融创新，广义上是指发生在金融领域一切形式的创新活动，包括金融产品创新、制度创新、管理创新、技术创新和业务创新等。而狭义金融创新，则指的是金融工具和金融服务等产品业务的创新。目前所说的金融创新，一般意义上主要是指狭义上的金融创新。

一、创新与金融创新概念的提出

什么是创新？美籍奥地利著名经济学家熊彼特（Joseph Alois Schumpeter, 1883－1950）于1912年在其成名作《经济发展理论》（Theory of Econoforc DeveloPment）中所下的定义是：创新，指新的生产函数的建立，也就是企业家对企业要素实行新的组合。从思维层次上进行分析，创新一般具有三个层次的含义：一是原创性思想的跃进，例如世界上第一份期权合约的产生；二是整合性创新，对已有观念进行重新理解和运用，例如期货合约的产生；三是组合性创新，例如蝶式期权的产生等。

关于金融创新的定义，大多数理论是根据熊彼特的观点衍生而来的，目前国内外尚无统一的解释。通常来说，金融创新是指变更现有金融体制、增加新的金融工具，以获取现有的金融体制和金融工具所无法取得的潜在利润，它是一个为增长动机推动、缓慢进行、持续不断的发展过程。金融创新这一概念及其内涵，也经历了一个复杂演变的过程。

二、对金融创新不同层面的理解

金融创新定义虽然大多源于熊彼特经济创新概念，但各个定义的内涵差异较大，概括起来主要有三个层面理解。在宏观层面，金融创新将金融创新与金融史上的重大变革等同起来，认为整个金融业发展史就是一部不断创新的历史，金融业的每一步重大发展都离不开金融创新。在如此长久的时间和广阔空间对金融创新进行研究，常常使专家学者力不从心。在中观层面，金融创新是指20世纪50年代末、60年代初以后，随着金融机构特别是银行中介功能的变化而产生的技术创新、产品创新及制度创新。由于时间限定不长，研究对象也有清晰而明确的界定，大多数金融创新理论研究采用此种概念。在微观层面，金融创新仅指金融工具的创新，大致可分为四种类型：信用创新型、风险转移创新型、增加流动创新型和股权创造创新型等。

三、我国金融创新的主要类型

目前，中国学者对金融创新普遍定义为：金融创新是指金融机构通过各种要素的重新组合和变革所创造或引进的新事物，并将金融创新大致分为六大类型：金融制度创新、金融市场创新、金融产品创新、金融资源创新、金融科技创新和金融管理创新等。

随着我国社会主义市场经济体制的确立和发展，金融业出现高度依靠金融创新来推动的发展态势。进入21世纪以来，国有商业银行的股份制改革改造，各种新型理财品种的蜂拥推出，资本市场中小企业板的探索建立等，金融创新在一定程度上促进了我国金融体系的完善和发展。党的十九届五中全会提出，要坚持创新在我国现代化建设全局中的核心地位，创新被放在国民经济和社会发展更加突出的位置。伴随各种创新活动，金融市场和企业融资结构不合理、金融工具品种单一、业务发展不规范、产品创新缺乏法律保护等问题也存在不少。如何充分发挥金融创新对金融发展的推动效应，如何有效消除制约金融创新的内外部因素，如何科学确定未来金融创新的发展方向和重点，如何将金融创新有机融合于金融改革发展全过程等，一直以来需要我国金融业进行不断深入的研究探索。

第二章
当前金融创新的主要特点与趋势

现代金融创新往往以信息科技为基础，以创新活动为手段，以实现稳定发展、增强竞争力、获取最大化利益为目的，对金融领域多种要素进行新的开发与变革。近年来，人工智能、云计算、大数据等技术在金融领域得到广泛应用，自2019年中国人民银行发布《金融科技发展规划（2019—2021年）》之后，我国各类金融机构加快信息化步伐，金融科技迅猛发展，目前已基本形成了人工智能（AI）、区块链（Blockchain）、云计算（Cloud）、大数据（Data）构成的"ABCD"格局。金融科技快速成长壮大，金融市场传统业态正被重塑，金融产品种类数量迅速增加，金融组织结构不断创新，各类金融机构和金融产品、业务创新层出不穷，互联网理财、P2P网贷、众筹等金融业态快速发展，一些原来难以获得金融服务的领域和部门因此增加许多获得机会，中小微企业融资难融资贵顽症在一定程度上得到缓解，金融创新对优化资源配置、满足市场需求、服务实体经济等发挥了积极而有效的作用。

一、金融业务创新的新特征

就银行业、保险业及金融资产管理领域的业务创新而言，目前呈现出如下特征：一是业务综合化。当前世界各国金融业普遍出现业务一体化的趋势，商业银行、保险公司及其他金融机构适应市场发展需要，积极探索跨业经营、综合经营，拓展业务领域，增强了盈利能力和资金运营效率。二是交易电子化。近年来，蓬勃发展的金融服务电子化程度不断提高，在降低交易成本、便利信息交流与资金融通的同时，也为金融领域的技术创新和经济社会改革注入新的活力。三是活动国际化。随着经济全球化、贸易自由化、生产跨国化、经营一体化的发展，全球性、地区性金融中心和大批离岸金融市场不断建立，构筑了全球性金融网络，资本跨境流动日益活跃，国内金融机构"走出去"拓展市场，投资开辟更为广阔的新渠道，我国金融业正在全面融入国际金融体系。四是衍生产品复杂化。为了规避自身风险以及满足客户投资与避险需求，金融机构开展自营和代客的衍生品交易业务，不断推出形式多样的衍生产品，包括期权、期货和掉期等衍生品工具，还推出与利率、汇率、商品价格和股票指数挂钩的结构型票据，以及其他复合型金融工具。这些产品的推出，提升了金融机构的风险管理能力，但由于产品结构日益复杂，潜在风险也不断增大，这对金融机构的市场定价和风险管控能力提出更高要求。五是服务个性化。随着中国经济快速发展，个人财富积累不断增加，商业银行等金融机构创新开拓财富管理业务，近年来针对特定客户"量身定做"的财务规划、投资分析和私人银行等个性化服务已遍地涌现。

二、金融产品创新的新趋势

金融创新的重点是产品的创新。现阶段，随着金融市场化程度逐步深入，金融产品创新活动激增，其主要趋势与发展方向表现为以下几点：

一是资产证券化。资产证券化是指以基础资产未来所产生的现金流为偿付支持，通过结构化设计进行信用增级，在此基础上发行资产支持证券的过程。传统的证券化资产主要有汽车贷款、住房按揭贷款、信用卡贷款、消费贷款、小额贷款等。近些年来，中国资产证券化市场快速发展。截至2019年末，全年发行各类产品2.34万亿元，存量规模突破4万亿元，其中除了信贷资产外，还纳入了供应链资产、租赁资产、基础设施资产等。

二是结构化产品。结构化金融产品是运用金融工程结构化方法，将若干种基础金融产品和衍生金融产品相结合设计出的新型金融工具。结构化产品一般以一个固定收益产品为基础，加上一个或多个与特定资产挂钩的金融衍生品构成。这种衍生品可挂钩的资产包括股票、债券、利率、外汇、市场指数、大宗商品、基金、混合资产等，由此形成利率联动型产品、股权联动型产品、外汇联动型产品、信用联动型产品以及商品联动型产品。在我国，较为常见的主要有与汇率利率挂钩的银行理财产品、可转换债券、可交换债券等。

三是互联网金融。根据中国人民银行等十部门发布的《关于促进互联网金融健康发展的指导意见》，互联网金融是指传统金融机构与互联网企业利用互联网技术和信息通信技术实现资金融通、支付、投资和信息中介服务的新型金融业务模式。具体而言，是指互联网技术和金融功能相结合，依托大数据和云计算在开放的互联网平台上形成的功能化金融业态及其服务体系，包括基于网络平台的市场体系、服务体系、组织体系、产品体系以及互联网金融监管体系等，并具有普惠金融、平台金融、信息金融和场景金融等相异于传统金融的金融模式。新兴的互联网金融业态主要包括"互联网＋支付""互联网＋借贷""互联网+理财"等模式，具体包括第三方支付、P2P贷款、互联网小贷、众筹融资、余额宝、数字货币、大数据金融等。

三、金融科技创新对行业发展的新影响

金融业不断创新，借助科技手段对整个金融业态、模式等产生新的影响。一是随着金融创新与金融科技的运用，科技赋能传统金融，不断推动传统金融行业转型，数字化金融逐渐成为趋势，更加智能、高效的金融时代已经到来。二是基础服务覆盖面更广且更加精准。金融科技应用已深入很多服务领域，为金融企业提供更优质的服务。如云计算的应用有效降低金融机构IT成本，促进金融企业实现更高程度的运维自动化。三是融资渠道更为多样化。近年来，金融科技不断促进新型融资渠道的快速发展，更好地满足了企业、尤其是中小微企业的融资需求。四是投资管理更加理性高效。随着量化投资、智能投顾等快速发展，金融科技促使交易方式和投资管理模式向自动化、低成本运营方向发展。五是支付结算更加便捷。以手机支付为代表的新型移动支付已经成为中国消费者应用最普遍的支付方式，号称中国"新四大发明"之一。依托新兴技术，移动支付促进城市智慧发展、推动消费升级，使得民众生活更加方便快捷。六是金融创新助力保险精算，提升保险机构核心业务能力。大数据、人工智能、区块链、云计算、物联网、互联网与移动技术、虚拟现实以及基因技术等发展推动了保险业升级，如大数据技术帮助保险公司提供更加精准的保险产品推介与保障服务，对用户更好地实现全生命周期管理。

四、金融创新变化对金融机构的新要求

近年来，面对监管部门出台多项政策对金融业高风险领域进行持续严格监管的态势，如在保险业，取消保险资金开展财务性股权投资行业限制，拓宽保险资金直接投资股权的范围和渠道，对保险公司配置权益类资产赋予更多投资自主权，加大保险公司资金自主运作空间，增强配置权益类资产的弹性和灵活性等，金融保险机构迎来新的发展机遇，同时营运管理和业务创新等也面临不少新的挑战。投资行业、资产配置比例的放开将对机构投资能力提出更高要求，资产资金安全风控压力不断增大。在业务创新探索阶段，也容易出现野蛮生长促生灰色地带等不良现象，机构更加需要通过守法合规，避免在业务创新中出现内幕交易、操纵市场价格和利益输送等舞弊行为。

以观念意识为例，金融创新对金融机构新的要求体现在以下几点：一是前

瞻意识，做到"先知、先觉、先行"，通过异常行为监控等手段，及时发现违规违纪甚至违法风险，提前介入，把问题和风险化解在萌芽状态。二是执行意识，机构上下需从制度建设、宣传引导和监督检查等环节加大工作力度，确保执行力成为公司核心竞争力。三是风险意识，以风险为导向，对干部员工身边主要风险进行主动识别、判断、监控和管理，自上而下传导风险意识，同时运用好风险管理工具，有的放矢防范风险。四是科技意识，主动思考创新科技手段、强化量化数据风险分析等，精准识别评估风险，充分发挥模型、系统、智能工具协助风险管理、合规管理的重要作用。五是责任意识，在明确合规直接责任和管理责任的基础上，进一步强化主体责任和监督责任，机构"一把手"对本单位发生重大风险事件承担主体责任，法务、纪检、审计等部门则承担相应监督责任。

第三章
金融创新对金融监管产生的重要影响

创新是金融业改革发展的灵魂和核心，金融创新对金融市场产生全面而深刻的影响，也给金融监管带来重要影响。

一、金融创新对金融市场的基本影响

近年来，我国金融改革创新持续深化，国际经济形势复杂多变，突如其来的新冠肺炎疫情深入影响全球经济金融格局。随着我国金融供给侧改革持续推进，科技对金融业态的影响更加深刻，党和政府对金融业履行社会责任也提出更高要求。金融机构在防范风险中坚持加强金融创新，更好地服务实体经济发展，同时也大大改变了市场格局。仅就当前我国金融创新呈现的综合化、电子化和个性化三大主要特点来说，金融创新对金融市场产生的影响是全方位、深层次的。

综合化不仅体现在多种多样的产品，还囊括了营销、管理、服务、业务发展、风险控制的全流程，且无论线上还是线下，新兴或是传统业务，都融入了新的思路和创新元素。从趋势上来看，曾经的金融创新更多侧重产品与服务方面的创新，从而提高用户体验。而目前已经有越来越多的金融机构在创新上更关注管理、营销、业务流程等方面，以求提高运行效率和降低成本。

科技与金融结合使创新呈现电子化特点。金融业在本源上天然要求较高的时效性与安全性，而互联网为代表的电子信息技术在近年来的快速发展，可以满足其需求，助推金融机构建立快速、高效、安全及稳定的金融服务平台，不仅可以降低交易成本、增强信息与资本流动速度，还能以科技赋能带动其他形式的创新发展。在数字经济时代，数据逐渐成为重要生产要素，而金融机构拥有巨量数据资源，通过对数据的深度挖掘运用，发现其中的联系与价值，构建以精准的用户画像、知识图谱和关系网络提升机构在业务推广、用户服务及风险管控的效率与能力。金融创新秉持开放原则，结合互联网企业的平台思维，构建创新的新常态，为国民经济供给侧结构性改革提供了内生动力。

随着城乡居民财富的不断积累，个性化服务也逐渐成为金融创新发展的新特点。改革开放以来，我国国民经济实现快速发展并加速居民财富积累，为金融机构开展财富管理提供了广阔空间。在流程改造、机制创新、体制改革、科技赋能之下，金融机构理解和满足客户需求的能力也在逐步得到提升，更好地落实以客户为中心的经营理念。可以预见，金融个性化服务将继续成为未来金融创新的一个重要内容。

二、金融创新中一些值得关注的问题

金融机构积极拥抱创新，也是主动迎接数字经济带来的发展机遇。创新既是国家对金融业的整体要求，又是提升竞争力、补齐产业短板、推动新旧动能转换的迫切需要。如同钱币的正反两面，金融创新在推动金融业发展、促进经济社会进步的同时，也出现一些值得关注的问题。

一是诱导过度负债消费。党的十九大强调，要培育和践行社会主义核心价值观，金融活动也不例外。近年来，有些机构创新价值观扭曲，以金融科技和普惠金融名义，向实际收入低、还款能力弱、却又偏好通过借贷实现超前消费的群体如大学生提供借贷，侵蚀了适度负债、合理消费的金融价值观，可能导致过度负债消费，积聚经济金融风险。

二是造成市场垄断和不公平竞争。在金融科技创新领域，一些机构利用科技手段和网络效应，极力抢占市场份额，做大做强之后打压或兼并其他竞争者，使自己成为"大赢家"，最终形成市场垄断局面，进而吃利差、自融、垄断收费。如一些电商平台所有的担保品交易，在买家确认收货之前使资金沉淀下来，电商不支付利息，却可以利用这些资金进行投资获取利差。

三是容易传导金融风险。金融机构广泛运用大数据、云计算等网络信息技术，经营模式和算法的趋同，增强了金融风险的传导性。大数据、云计算、区块链等网络信息技术在有效提升金融业务便利性和可获得性的同时，也使得金融风险更容易跨区域、跨行业、跨机构传递，引发"羊群效应"，导致市场大起大落。

四是侵犯个人信息隐私。有的机构利用金融创新过度采集客户数据，涉及侵犯客户隐私权。拥有更多的数据可以提升金融服务效率，但过度的数据挖掘也可能侵害客户的隐私，尤其一些违法人员转手倒买倒卖客户信息数据，个人隐私保护愈发困难。

三、以投资业务为例看创新对监管的风险挑战

投资业务具有跨行业、跨市场、跨地域的特点，涉及保险行业与银行及证

券行业、资本市场与货币市场、境内市场与境外市场，接受中国人民银行、中国银保监会、中国证监会及香港证监会等不同监管机构的监管。投资业务面临的风险也是金融创新需要面对的风险，主要有市场风险、信用风险、流动性风险、操作风险、合规风险、道德风险等。市场风险是指由于利率、权益价格、房地产价格、汇率等不利变动导致公司遭受非预期损失的风险；信用风险是指由于交易对手不能履行或不能按时履行其合同义务，或者交易对手信用状况的不利变动，导致公司遭受非预期损失的风险；流动性风险是指公司无法及时获得充足资金或无法及时以合理成本获得充足资金，以支付到期债务或履行其他支付义务的风险；操作风险是指由于不完善的内部操作流程、人员、系统或外部事件而导致直接或间接损失的风险；合规风险是指公司业务行为违反有关法律、法规、规章、行业惯例以及委托投资相关协议的要求而导致监管部门处罚、公司声誉受损或引起索赔诉讼的风险；道德风险是指由于公司员工个人不诚实、不正直或不良企图等与人的品德有关的无形因素，导致公司财产、受托管理的资产资金或其他方面造成损失的风险。

创新导致金融风险的触发因素更为复杂，分业监管对风险的发现难度也在不断提高。受国内外经济形势和监管政策的变化、市场波动等因素影响，监管部门必须对市场风险、信用风险作为投资业务面临的重要风险进行重点关注，对流动性风险高度关注，而操作风险、合规风险相对可控，对于道德风险则需要持续关注。

四、金融创新对金融监管的几点启示

综合违规案例情况，从案发金融机构内部来讲，大都不同程度存在一些普遍性的问题，归纳起来有六个方面：一是政治生态不健康。体现在党内政治生活不认真，执行民主集中制不严格，有的主要负责人不当"一把手"当"一霸手"，小圈子盛行，公司文化不清廉，个人关系不清爽，上下级关系不规矩，交易关系不干净。二是选人用人导向不正确。体现在任人唯亲、任人唯圈、违规提拔等不正之风盛行，缺乏科学的考核激励约束机制。三是公司治理不科学。体现在经营管理混乱，内控制度不完善、工作程序不规范、制衡机制形同虚设，风险事件频发。四是战略执行不通畅。体现在不认真贯彻落实党和国家决策部署，缺乏长远的战略发展规划和目标，存在严重偏离主责主业，战略发展盲目激进，执行措施扭曲变形等问题。五是教育管理不扎实。体现在思想教育和管理培训浮于表面，说一套、做一套，不讲成效，教育管理流于形

式。六是日常监督不得力。体现在单位内部缺乏对"一把手"和关键少数的有效监督手段,管党治党宽松软,执纪问责不严肃等。这些问题容易滋长廉政风险,同时可能导致金融创新偏离方向、走入误区,也会产生一定的金融风险,必须高度重视、加强监管、强化监督。

金融创新要求不断创新监管理念,调整监管方式,改进监管工作,坚持法人监管,实现新业务监管从单一的合规监管向风险与合规并重监管的转变。适应创新形势,监管机构需要增强风险意识,坚持风险为本的监管原则,把风险估计得更全面,把应对措施准备得更充分,坚决守住不发生系统性金融风险的底线。风险监管体现于机构运行方方面面,首先体现在新业务开展的具体流程当中,通过不断沟通与协调,揭示业务风险,及时纠偏纠错,促进新业务在良性循环发展的轨道上运行。金融监管鼓励金融创新,应当最大程度上提高金融市场的资源配置效率,同时构筑金融安全的屏障,最小程度上降低金融机构的运行成本、内在损失和外因风险。具体来说,一是要坚持金融功能和风险实质监管,增强监管的穿透性、统一性和权威性,依法将所有金融活动全面纳入监管,对同类业务、同类主体一视同仁。二是要按照系统重要性的维度来监管,尊重市场规律,切实把握好鼓励金融创新和促进风险防范的平衡。三是要防止核心社会资源的垄断。明确认识数据是核心的金融资源,坚持开放和透明的原则,保持公平合理价格,降低社会经济和行业运行的基本成本。四是区分审慎监管和非审慎监管,如一些金融科技企业涉及盲目扩大金融业务规模、诱导社会超前消费信贷、转移自身金融经营风险等,最近有关部门对其采取必要的审慎监管措施,就是为了严控其杠杆水平、防范风险集聚。

第四章
金融创新给反腐败工作带来的主要挑战

金融行业利益和资本集中,一些金融机构拥有相对密集的资源和资金,监管干部掌握众多金融企业的监管权力,其中均有较高的腐败风险。金融机构腐败案件背后往往隐藏监管腐败,而且腐败"含金量"较高、涉案金额巨大。在中央纪委国家监委这几年的通报中,受贿数千万元的金融行业腐败案件不在少数,同时腐败案件大多具有专业化特点。许多腐败分子精通监管规则、熟悉市场操作,令腐败行为具有隐蔽性,而点点滴滴腐蚀着国家金融安全。还需要警惕的是,金融行业腐败具有极强的蔓延性,它不局限于行业之内,会向其他领域传染、扩散,可能对实体经济发展造成冲击,也可能诱发社会问题。金融腐败案件的巨大危害,以及与其密切关联的防范化解金融风险、维护国家金融安全等问题,必须引起监管部门和纪检监察机关的高度关注。

一、金融产品创新中的潜在风险因素

当前金融创新的重要特点是发展迅速、业务模式多元、渠道工具多样等,尤其在数字经济快速发展的推动下,传统金融行业不断加快数字化进程,业务发展越来越重视互联网科技金融创新,由此也带来业务复杂度加深、系统性风险增强和从业人员道德风险加大等新问题,对风险控制和反腐败工作也提出了新的更高要求和挑战。

以资产管理业务创新为例,强化风险防范底线思维,应该从产品设计、市场营销、考核机制、业务运营、合规内控及公司治理等多个纬度综合考虑,体现出关键环节无禁区、全覆盖。需要重点关注的风险点主要有以下几点:一是产品创新中的监管套利。产品创新一般包括客户范围、收益方式、投资品种、金融科技等重大变化,但就是这些变化恰恰是不同监管机构和规则的差异所在。一些产品打着创新的旗号,实则规避宏观调控和金融监管,以损害消费者权益为代价增加金融机构营收和业务绩效,甚至造成巨大金融风险,影响社会稳定。二是交易中设置过多和复杂的角色。交易中不必要的角色增多,意味着利益分配格局的多元和复杂,为不当利益输送打开了方便之门,隐藏着影响廉洁从业的重大不利因素。三是业务创新中的监管关系扭曲变形。在目前我国规则导向的监管环境下,公司业务创新大都需要首先得到监管部门的支持甚至审批同意,因此,在激烈的市场竞争中,市场主体存在强烈的监管公关动机,必须强调和提倡构建良性的监管与被监管者之间的关系。

二、金融产品创新中的腐败易发领域

金融产品的创新为实体经济提供了低成本、高效率的金融服务;同时,创新的金融产品作为一种投融资工具,目前在融通各个环节也存在着被不当使用的风险,如关联交易、内幕交易、利益输送、多层嵌套等,而这些伴随金融创新出现的风险也是金融业腐败现象易发多发环节和领域。

一是关联交易。金融控股集团内部违规的关联交易通常表现为金融机构向关联方发放无信用增级贷款、向关联方发放担保贷款的条件优于其他借款人同类贷款条件、重大关联交易未按规定审查审批且未向监管部门报告、关联方贷款贷后管理不到位导致贷款资金被挪用等。此外,一些民营金融控股集团,通过旗下银行、保险及信托等金融机构,通过大量关联交易、多层嵌套,以银行保险为资金融入渠道,包装信托等资产管理产品为路径,看似正常投融资行为,实为大股东实际控制人"自融",该类资金后续路径无法追踪,资金用途难以查明。

二是内幕交易。金融资产价格波动幅度大,投资信息披露不健全和不透明,一些企业特别是上市公司未披露内幕消息,往往会对金融资产价格造成巨大的波动,有的金融腐败分子正是利用这一特点,通过滥用职权,故意泄露或违规获取内幕信息,从金融资产价格波动中谋取私利。

三是利益输送。有些金融腐败案件的发生,看似是由公司制度不健全、影子银行和金融产品交叉风险带来的经营风险控制问题,实则不然。表面上违反信贷政策,违规将表内外资金直接或间接、借道或绕道投向股票市场或"两高一剩"等监管明文限制或禁止的领域,特别是失去清偿能力的"僵尸企业",实质上内外勾结、顶风作案。表面上违规操作,实质上是利益驱动;表面上违规违法展业,实质上还存在属于个人好处的"抽屉协议",暗中进行利益输送,为腐败行为提供通道。如某银行120亿元违规担保案就是一起银行内部员工与外部不法分子相互勾结、跨机构跨行业跨市场的重大案件。该案融资链条长,利益链也相对较广,涉及地方交易所、互联网平台、银行、保险等多种机构。该银行内部员工与企业人员和不法中介串通作案，收取巨额好处费，中饱私囊，形成跨部门作案小团体。正是这种金融机构从业者与一些不法分子结成特殊而多重的利益同盟，相互包庇，最终形成利益相互输送、相互勾连的腐败关系网。

四是多层嵌套。金融业态的丰富、参与主体的多样化、金融产品与技术的创新，重塑了金融业务范围。随着银信通道、伞形信托、以P2P平台融资的互联网金融融资业务、股票收益互换等一些附属金融产品、金融工具及金融衍生品逐渐涌现，这些新业务呈现结构复杂、通道繁多、多层嵌套等特点，除了市场配置资金外，也为滋生腐败提供了温床。如2015年股市异常波动期间，某券商股票收益互换业务被推到风口浪尖。虽然该类型业务本身是合法的，且持有国家认可的牌照资格，但由于其业务设计较为复杂、买卖双方权利不匹配等原因，产生了很大的违规可能性，也增加了违规操作的隐蔽性，使得该业务成为权力寻租的集中点之一。

三、金融创新领域腐败现象的主要特点

金融体系作为现代市场体系中资源配置最集中和最重要的场所，其各个子市场具有高度关联性，金融改革深化和创新发展所带来的许多风险因素往往与某些追求私利的腐败共存。在创新背景下，金融业务综合化、金融产品复杂化和金融交易电子化等发展趋势，使得新时期金融腐败的专业性、隐蔽性、复杂性特点更加突出。主要表现为：

第一，假借创新之名谋取实际私利。个别金融机构领导干部将金融圈当名利场，沉溺于过度逐利、异化发展，只重利益、不重信仰，极易造成权力运行偏离正确轨道，推动工作披着创新的外衣，私底下疯狂敛财、输送利益。如某公司被查处的一位领导干部打着"业务创新"旗号，通过成立联合私募、嵌套金融工具等方式，改变资金来源、性质和方向，把利益输送包装成"业务合作"，违纪违法作案手法极具隐蔽性。还有一家发生重大腐败案件的金融机构曾经打着支持"一带一路"和"走出去"的幌子，透支国有金融机构信用盲目发债，募集资金投向与主业无关的项目，以完成公司领导个人好处的"抽屉协议"，给国有资产造成巨大风险敞口。

第二，重创新轻治理易发腐败风险。金融创新是为了分散经营风险、提高资金盈利性，但有的公司盲目追求业绩，不当创新、过度创新，偏离主责主业，忽视内部管理，为腐败行为的产生提供了可乘之机。有的金融机构公司治

理"形似而神不至"，内控制度缺失，信息披露机制不完善；有的金融机构选择性公布公司重要经营数据和业务信息，阻碍公司董监事和经营层的知情权；还有的金融机构层层嵌套金融产品，将资金投向信托计划、银行理财、私募基金等产品，再由信托、银行等将这些资金投向其他基础资产，增加了杠杆，减少了透明度，加大了风险，模糊了资金的实际投向，掩盖了风险的真实状况，难以实现穿透监管。

第三，复杂的创新业务对反腐败专业性提出更高要求。当前市场各类金融机构及金融产品和业务创新层出不穷，金融市场呈现出关系复杂化、产品专业化、利益多样化等特点。大多创新产品结构复杂、交易链条繁琐、信息透明度差，一定程度上形成了腐败行为的高度专业化。近年被查处的某券商股票收益互换业务，其设计复杂，相关业务模块与操作环节对金融管理能力、资本运作能力、会计审计知识储备和工作经验都有很高要求，产生违规的可能性也较高。一些腐败现象被合规合法的表面形式所掩盖，监管难度和反腐败成本逐年增大。此外，随着金融机构数字化转型，推动技术创新使资本有机构成不断提高、利润率逐步下降，有的资本被迫通过金融化狂热逐利，虚拟经济增长严重脱离实体经济的发展，也增加了借助高科技手段从事智能化腐败的风险。

第四，创新与监管的博弈对金融反腐败产生较大影响。金融创新中出现的腐败问题往往伴随着监管腐败，金融创新与金融监管也是一个相互博弈逐步均衡的过程。当前金融创新带来金融业务领域扩展的速度远远大于金融监管改革带来的监管领域扩展的速度，对反腐败工作也产生重要影响。主要体现在三点：一是监管理念方面，有的地方政府金融监管部门盲目扩大管辖范围内金融业务，对金融创新片面鼓励，甚至不遗余力，重支持、轻监督，私募、支付、P2P、小贷、担保等业务牌照大量获批。但由于没有能力进行监管，缺乏清醒的反腐败意识，这些创新活动在带来经营高风险的同时，也暴露出部分地方监管缺失缺位，甚至带来监管失守问题。二是监管制度方面，随着金融行业创新发展和一体化水平提高，混业经营成为我国金融业发展的一个趋向，但长期以来金融业分业经营、分业监管，在金融反腐败方面也呈现"分业监督""线条反腐"的特点，难以与金融创新形成的混业经营模式相协调。另外，在创新型业务方面仍存在监管的滞后性和法律真空地带，风险监管难以穿透新业务的具体流程，对伞形信托、P2P平台等融资新型业态准入把关存在一定程度缺失。三是监管侧重点方面，在金融机构人员监管上，我国金融市场一些"大鳄"、高管为了追求超级经营业绩和高额利益，一度不择手段，以创新为名野蛮增长，人为制造风险。而对于这些人员失职失责、滥用职权等行为的监管也存在薄弱环节；在信用评级机构监管上，大量衍生品在设计过程中涉及众多信用评级环节、资产定价及其规模都是按照评级机构要求设定，由于对信用评级领域的监管相对宽松，在利益驱动下，市场充斥着不少"包装"过度的高评级次级债，而其背后往往隐藏着权钱交易等腐败问题。

第五章
金融创新监督工作的基本内容

金融业发展的目的在于服务实体经济，从而提高社会劳动生产率，增加社会总福利，而金融创新也要有利于实现这些基本目标。因此，创新应着力维护公平发展环境，这就要求各类市场主体不能通过金融创新增加壁垒，人为减少竞争阻碍、降低市场活跃程度；更不应该形成垄断，阻挠阻碍创新发展，破坏公众和市场利益。监管部门要维护公平的市场竞争环境，加强相应监管，减少因垄断等不公平导致的负外部性，保护公众利益，维护市场活力。同时，党的组织要加强政治领导，积极发挥纪检监察工作的监督作用，通过对党员领导干部履行职责、行使权力进行监督，检查金融机构落实党中央决策部署的执行情况，检查金融风险防控体系的建设及运行情况，检查是否存在滥用职权、失职渎职、收受贿赂、利益交换、利益输送、利用内幕信息和未公开信息从事证券交易、违规投资决策等容易产生腐败、引发金融风险的问题，起到查险诊患、矫错纠偏的督察导向作用，促使金融从业人员恪尽职守、履职尽责、依法办事、合规经营，确保党的金融工作方针和监管政策措施得到贯彻执行，守住不发生系统性金融风险的底线，维护金融业稳定健康发展。

就保险资产管理行业而言，以严监督促强监管，推动行业高质量发展，监督工作要突出重点、抓住关键。

一是重点领域和关键人员。资产管理公司资金集中、权力集中，责任和风险也较为集中。监督工作着力点也要跟着资金走、跟着权力走、跟着责任走、跟着风险走。要把"抓早抓小"原则要求具体化，并嵌入业务部门的业务流程当中，着力强化风险事前防范和过程管控。要定期组织对业务领域风险点进行全面分析和系统梳理，定期组织廉洁风险防控自查评估和监督检查，结合新业务领域拓展、流程变化、部门职能调整等情况，进一步梳理新的风险点，不断完善防控措施和要求。定期组织业务骨干开展岗位风险排查，着力查找存在问题和薄弱环节。定期组织开展内控管理大检查，确保各项管理措施落实到位，检验实际操作管理制度的可行性，对需要修改的制度及时修改完善，对重点岗位责任人定期轮岗，切实堵塞制度和管理上的漏洞，最大限度控制和降低重点领域、重要岗位风险。

二是制度规定流程执行情况。监督工作要将机构内控管理制度、风险防控规定、业务运行流程的贯彻落实执行情况作为监督重点内容，特别是要紧盯风险合规制度执行情况，定期协调组织对风险管理体系进行巡察审计监督，必要时可以倒查公司各项风险制度的执行情况。

三是权力运行过程。要发挥纪检监察在监督体系中的主导作用，纪检监察机构相关负责人全程参与单位重大事项决策、重要人事任免、重大项目安排和大额资金运作，保证知情权、监督权。落实党内监督各项制度规定，发现问题敢于和善于纠正，切实保证领导班子科学决策。相信和依靠党员群众，广开言路，广纳意见，加强民主监督。

四是资金运作程序。监督工作要深入保险资金运用具体环节当中，重点监督检查保险资金监管政策、法规制度的落实执行情况，及时发现问题，加强预警提示，查处违法违规违纪问题，有效促使监督对象依法办事、合规经营，在提高投资收益率的同时切实防范经营风险。

五是投资纪律遵守。资产管理公司业务运作具有跨行业、跨市场、跨地域的特点，既要遵守金融监管部门的监管规定，还要遵守境外监管机构有关规定。监督工作要紧密结合资管业务特点和形势要求，广泛关注各相关行业、相关领域、相关地域的监管规定要求，注重借鉴相关行业同类机构好的措施和做法，着力加强机构投资纪律监督。要不断完善投资纪律制度体系，规范投资人员行为。继续以高标准对标基金行业，投资人员本人不得进行股票投资，其他员工个人证券投资要进行申报并持续加强监督检查。要对股票、债券、基金等投资交易行为加强日常监控，监测重要异常交易情况。要强化投资信息管理，进一步落实投资人员交易时间手机集中保管、固定电话录音、外部机构来访接待登记等制度并持续加强监督检查。要充分运用现代信息技术手段加强投资纪律监督，提高监督效能。

六是风险防控协调。要贯通不同类型监督，增强监督合力，建立健全监督工作协调机制。纪检监察机构要加强与其他监督部门的交流，在不同监督渠道之间建立日常沟通协调机制，及时沟通重要情况，协调解决重要事项。对有关工作可采取联合检查、联合教育等形式展开联合行动。探索建立监督信息共享平台，形成常态化监督信息共享机制。

第六章
进一步推动金融业反腐败的几点思考

在十九届中央纪委四次全会上,习近平总书记强调坚决查处各种风险背后的腐败问题,深化金融领域反腐败工作。金融领域利益和资源相对集中,金融领域腐败风险往往与市场风险、政治风险交织在一起,牵一发而动全身,很容易引发系统性风险,影响金融市场稳定和经济发展,必须以"零容忍"的态度坚决惩治。中央纪委国家监委高度重视金融领域反腐败工作,十九届中央纪委二次全会将"审批监管""金融信贷"等列为反腐败重点领域和关键环节;三次全会明确提出"加大金融领域反腐力度";四次全会强调"坚决查处各种风险背后的腐败问题,深化金融领域反腐败工作";五次全会再次强调"深化金融领域反腐败工作","要持续压实金融管理部门、监管机构和地方党委、政府主体责任,做好金融反腐和处置金融风险统筹衔接,强化金融领域监管和内部治理",金融领域反腐败持续不断深化,取得一定成效。仅 2019 年一年,全国纪检监察机关就立案审查调查金融系统违纪违法案件 6 900 余件。在看到成绩的同时,我们也要清醒认识金融业反腐败形势依然严峻复杂,任务艰巨繁重。

一、金融业反腐败形势严峻而复杂

当前,党中央全面从严治党取得历史性成就,反腐败斗争已经取得压倒性胜利,但对金融领域反腐败形势的严峻性和复杂性不能低估。据《中国纪检监察报》公开报道,金融领域腐败问题存量不少,增量仍在发生,高压态势和顶风作案同在,政治问题和经济利益交织,风险挑战和腐败问题关联,传统领域腐败和新兴领域腐败叠加,还有官商深度勾结、不择手段逐利、关系盘根错节、人财转移境外、查处难度加大等,种种现象都是金融领域反腐败亟待解决的问题。从近年来公开通报的金融领域落马高管可以看出,金融领域腐败案件涉及范围广、链条长,涉案人数呈现持续上升趋势,覆盖国有银行和商业银行方方面面,牵涉银行、保险、信托、担保、投融资和金融监管等多个机构和部门,且波及面、隐蔽性和传导性都比较强。这也表明,金融系统诸多深层次问题非常复杂，金融领域反腐败形势相当严峻。

二、金融创新领域的反腐败任重而道远

从已查处违纪违法案件来看，许多金融腐败往往出现在新兴业务、创新或"伪创新"业务领域，这与近年来金融领域创新活动不断增多密切相关。频频发生在新兴业务、创新或"伪创新"业务领域的金融腐败大都具有极其复杂的特点，有的金融机构为规避监管和上级监督，在相关融资项目中层层安置机关，有的通过巧立多种名目的项目公司、任意变更合作协议、改变利益分配计算方法等操作，处心积虑设幌子、搭平台、走渠道、留暗门，环环相扣打造利益输送的灰色链条。相比一般腐败行为中霸道蛮干的"硬实力"，金融领域腐败分子使用隐蔽性更强的"巧实力"，这种复杂形势对金融监管和反腐败工作都提出了更高的要求和更大挑战。

三、金融业反腐败必须坚持标本兼治、综合治理

针对目前形势与问题，金融创新领域强化监管和反腐败任务紧迫。在鼓励金融创新的同时，必须密切关注和防范金融风险与腐败现象。中国银保监会副主席曹宇认为，要始终将是否有利于支持实体经济、是否有利于防范金融风险、是否有利于保护消费者合法权益这"三个有利于"原则，作为衡量金融创新合理性的基本标准，坚决打击偏离实体经济需求、危害金融稳定、侵害消费者权益的"伪创新""乱创新"行为。金融监管机构反腐败工作也是深入推进金融反腐败的重点，中央纪委国家监委驻中国银保监会纪检监察组组长李欣然指出："要聚焦收受被监管机构贿赂，监管严重'放水'，成为重大风险事件助推力量的；利用手中监管权力，大肆收受私营业主、被监管机构财物，甘于被'围猎'甚至主动寻求'围猎'，从监管秩序的维护者蜕变为破坏者的；利用国有金融机构经营管理权、金融信贷资源配置权和内幕信息，通过融资贷款、项目运作等手段大肆谋取私利的，严惩不贷，持续保持案件查办高压态势。"同时，现代化的金融治理体系和治理能力也需要现代化的金融反腐制度机制，中央纪委国家监委驻人民银行纪检监察组组长徐加爱提出："必须强化对金融领域权力运行的监督，在宏观治理层面形成科学决策、执行坚决、监督有力的金融权力运行机制。把金融反腐败机制融入公司治理和内部控制机制当中，在微观主体层面提升金融治理体系和治理能力现代化水平。"

风险管理是金融业的核心，创新的同时要坚守风险底线。金融机构必须正

确处理创新与风险的关系，严格落实风险主体责任，不应将创新当作突破监管制度的工具，守住不发生系统性风险的底线。同时，监管也应把握好时机与力度出台制度将创新固化为成熟业务，做到既不扼杀有价值的创新，也不让"假创新"滥竽充数、鱼目混珠。对于金融创新中出现的腐败问题，要始终不渝以零容忍态度进行坚决斗争，金融安全才能有效维护，金融业发展才能健康有序。在新的金融发展背景形势下，金融业反腐败工作要认真贯彻落实习近平总书记关于做好金融反腐败和一体推进"三不"体制机制建设的系列指示精神，通过制度治理和监督约束强化"不能腐"，通过高压震慑和零容忍查处腐败案件强化"不敢腐"，通过理想教育和警示教育强化"不想腐"，全面抓好"三不"一体推进，使反腐败斗争和纪检监察工作逐步由治标为主向标本兼治、综合治理转化。

综合上述对金融创新、金融监管与金融业腐败现象的研究分析，建议下一步反腐败重点做好以下几项工作：

第一，继续保持反腐败高压态势，重点遏制金融机构腐败问题背后的监管腐败现象。针对当前金融领域反腐败斗争的严峻形势和繁重任务，特别是增量问题当中大多涉及党的十八大之后不收手、不收敛而滥用手中监管权力顶风作案者，必须毫不手软、坚决予以打击，严查违纪违规违法腐败案件，强力震慑那些心存侥幸、"前赴后继"的腐败分子，断绝其造成重大风险和严重危害损失而企图蒙混过关的念想，最大限度地维护监管秩序及金融市场的正常运行，同时也为合理的金融创新营造更加有利的环境条件。

第二，构建金融领域新型监管制度和反腐败体系。一是在市场层面，坚持市场化导向，加强信息披露，增强金融交易的透明度，科学理性对待创新。总体而言，要加强创新引导，建立规范化的创新机制，提供创新空间和容错机制，对金融创新既要推动又要包容，既要注重规范又要重视引导。充分发挥行业协会自律组织对创新活动的引导作用、市场机制的激励约束功能，推动市场机构全面参与创新研究论证，促进金融创新正向发展。二是在监管层面，研究健全适应新形势发展要求的新型金融监管制度，进一步探索完善系统性监管工作机制，优化监管思路，充分利用科技手段创新监管方法，密切监测基于科技创新的金融业态变化，建立新形势下规范化的监管标准，以监管原则不变为前提提升有关创新监管政策的灵活性，防范因制度刚性而产生的创新套利风险。明确创新业务须按业务属性纳入监管范畴，不留盲区、不留法外之地，提高监管的有效性，这也是提升反腐败成效的一个基本途径。三是在反腐败层面，一方面要对违法违规的腐败现象和腐败分子坚决打击，案件查处保持高压状态；另一方面，要运用创新手段加强和改进反腐败工作，探索建立新型反腐败制度体系，深入研究金融领域腐败现象的规律、特点，保持对金融市场新发展、新趋势的高度敏感性，正确处理金融创新、监管与反腐败的关系，推动建设风清气正、守正创新的良好发展环境，提升监督工作的精准度、专业化和有效性，全面提高遏制金融腐败、防范化解金融风险的综合能力。

第三，着眼完善公司治理，健全金融信息披露制度机制。推动金融机构建立完善现代金融治理体系，同时健全现代化金融反腐败工作机制，并融入公司治理和机构内部运行当中。要强化金融创新领域信息披露工作，对普遍性和反复出现的问题全面系统查找风险点，早发现、早警示、早纠正、早处理，依规依纪依法做好反腐败预案，避免引发系统性风险扩散。同时，以严监督促强监管，强化对金融机构重要部门和关键岗位的日常监督，让权力规范透明运行。

第四，着力提高反腐败专业化水平，针对金融创新领域精准发力。随着金融创新力度加大，资本运作日益复杂，反腐败发现问题、审查调查的难度不断提高。在保持反腐败力度不变、尺度不松的同时，要提升金融反腐败专业化水平。特别是针对新的金融创新态势，要培养适应新时代新任务新要求的法律、财政、金融、审计、信息化等人才，运用大数据、人工智能等科技手段，强化对金融腐败风险的监测预警，及时发现问题、堵塞漏洞。

第五，综合运用查办案件等手段，提升金融反腐败执纪效果。结合金融创新的变化特征和金融领域查处的腐败案件特点，坚持查清问题、防控风险、追赃挽损、弥补制度短板、重塑政治生态协同推进，不断提升和扩大查办腐败案件的政治效果、纪法效果和社会效果。同时，充分运用"四种形态"提供的政策策略，通过有效处置化解存量腐败风险，不断强化监督遏制增量腐败问题。

第六，不断加强理想信念教育，推进清廉金融文化建设。进一步深化以案促改，在严肃惩治金融腐败分子、健全完善反腐败工作制度的同时，切实做好干部警示教育工作，深化以案释德、以案释纪、以案释法。在激励干事创业、积极创新的同时，还要进一步强化思想道德、理想信念和党纪国法教育，推动清廉金融文化建设，大力倡导和营造守正创新、清廉从业的环境氛围，引导广大党员干部加强修身律己、清廉用权、廉洁从业，切实树立风清气正的行业形象。

习近平总书记在十九届中央纪委五次全会上强调指出："反腐败没有选

择，必须知难而进。"面对当前金融业防范和化解风险、反腐败斗争相互叠加的局面，我们需要更加增强在复杂困难形势下应对挑战、解决难题的意志和能力，坚定不移地推进反腐败工作，让"党风廉政建设永远在路上，反腐败斗争永远在路上"。经济越发展，社会越进步，金融越重要。作为防范化解金融风险的一个有机组成部分，坚持不懈反腐败，为金融业健康稳定有序发展保驾护航，切实营造良性生态环境系统，全面深化金融改革，深入推动金融创新，大力促进提质增效，中国金融业必将迎来一个更加稳健而高质量发展的良好局面。

参考文献

［1］陈冬梅，王俐珍，陈安霓. 数字化与战略管理理论——回顾、挑战与展望［J］. 管理世界，2020（05）.

［2］郭树清. 金融科技发展、挑战与监管——郭树清在 2020 年新加坡金融科技节上的演讲［R/OL］. http：//www.cbirc.gov.cn/cn/view/pages/ItemDetail.html？docId＝947694&itemId＝915&generaltype＝0，2020－12－18

［3］黎晓宏.《金融反腐论》［J］. 金融电子化，2018（02）.

［4］李波. 2019 年资产证券化发展报告［J］. 债券，2020（01）.

［5］刘莹. 上市商业银行会计信息披露研究——以结构性金融产品为例［J］. 财会通讯，2014（22）.

［6］连平. 互联网金融风险及其防范体系［R/OL］. https：//www.ljzfin.com/news/info/35712.html，2016－11－28.

［7］唐双宁. 后 WTO 时代的金融创新——唐双宁在"中国金融论坛"上的演讲［R/OL］. http：//www.gov.cn/gzdt/2006－09/24/content_397221.htm，2006－09－23.

［8］唐双宁. 营造金融创新有利市场环境［R/OL］. http：//www.gov.cn/zwhd/2006－10/12/content_411078.htm，2006－10－12.

［9］习近平. 习近平在中国共产党第十九次全国代表大会上的报告［R/OL］. http：//cpc.people.com.cn/n1/2017/1028/c64094－29613660.html，2017－10－28.

［10］习近平. 习近平在十九届中央纪委二次全会上发表重要讲话［R/OL］. http：//www.gov.cn/xinwen/2018－01/11/content_5255713.htm，2018－01－11.

［11］习近平. 习近平在十九届中央纪委三次全会上发表重要讲话［R/OL］. http：//www.gov.cn/xinwen/2019－01/11/content_5357069.htm，2019－01－11.

［12］习近平. 习近平在十九届中央纪委四次全会上发表重要讲话［R/OL］. http：//

www.xinhuanet.com/politics/leaders/2020-01/13/c_1125457206.htm,2020-01-13.

[13] 习近平.习近平在十九届中央纪委五次全会上发表重要讲话[R/OL].http://cpc.people.com.cn/n1/2021/0123/c435113-32009576.html,2021-01-23.

[14] 约瑟夫·熊彼特.经济发展理论[M].华夏出版社:西方经济学圣经译丛,2015.

[15] 中国人民银行等十部委.关于促进互联网金融健康发展的指导意见[R/OL].http://www.pbc.gov.cn/goutongjiaoliu/113456/113469/2813898/index.html,2015-07-18

[16] 中国共产党第十九届五中全会.中国共产党第十九届中央委员会第五次全体会议公报[R/OL].https://www.12371.cn/2020/10/29/ARTI16039 64233795881.shtml,2020-10-29.

[17] 中国银保监会办公厅.2021年中国银保监会工作会议召开[R/OL].http://www.cbirc.gov.cn/cn/view/pages/ItemDetail.html?docId=962901&itemId=915&generaltype=0,2021-01-27.

[18] 中国纪检监察报.关于金融信贷领域反腐败问题的调研报告[R/OL].http://www.hzsjwjcj.gov.cn/art/2018/6/14/art_12538_8795000.html,2018-06-14.

[19] 中国纪检监察报.金融领域反腐败工作持续深化[R/OL].http://fanfu.people.com.cn/n1/2020/0413/c64371-31671236.html,2020-04-13.

[20] 中国纪检监察报.把高质量发展作为主题主线,引领正风肃纪反腐不断开创新局面[R/OL].http://www.sdjj.gov.cn/szzx/202009/t20200930_11622659.htm,2020-09-30.

[21] 周小川.守住不发生系统性金融风险的底线[R/OL].http://cpc.people.com.cn/n1/2017/1122/c64094-29660265.html,2017-11-22.

[22] 张学森.金融综合经营法律问题研究[D].华东政法大学,2007.

专题二
保险资管机构公司治理研究*

---

* 本篇源自中国保险资产管理业协会 IAMAC 年度课题《保险资管机构公司治理研究》。课题承担单位：上海政法学院人工智能法治研究院。课题组成员：马炜、杨华、彭辉、王笛、刘琪、侯华楠、田一、胡容、宋朝钦、赵阳、李超田、章晓东、宋菲菲、张宁。

绪　　论

保险资管机构①从单一服务保险资金起步，已经逐渐市场化，受托管理的资金范围明显扩展。据统计，保险资管机构受托管理69%的保险业资产，此外企业年金和银行资金也逐渐成为重要的受托资金来源。从某种意义上看，保险资管机构具有比保险公司更多元的公众属性。

马丁·利普顿（Martin Lipton）提出公司治理是一种手段，而不是目的。保险资管机构公司治理的重点在于"一个核心、两个避免、两个兼顾"，以"投资者利益最大化"为核心，避免股东的不当干预，避免管理层权力的滥用，兼顾股东价值实现和利益相关者权益保护，兼顾经营业绩和ESG表现。就关联交易而言，公司治理是防风险控风险的"牛鼻子"，关联交易则是这"牛鼻子"上的"牛缰绳"。公司交易管理，特别是关联交易管理，是实现公司治理终极目标的基础，是公司治理从形似走到神似的重要路径，是检验公司治理水平的客观标尺。

保险资管机构公司治理基础较好，也需留意其在公司治理和关联交易领域的特殊性针对性地加以明确，不断推动金融市场的健康稳定发展。

1. 保险资管机构在公司治理领域的两大特殊性：

（1）相对于保险公司：属于走向市场化的保险体系内投资机构。

（2）相对于投资机构：属于部分资金委托方控制下的保险机构。

2. 保险资管机构公司治理特殊性相关的主要矛盾：既往保险化与现状资管化的矛盾、管理集团化与业务市场化的矛盾、股权单一化与资金多样化的矛盾。

3. 关于保险资管机构在公司治理的建议：

（1）细化监管规则。在修订《保险资产管理公司管理暂行规定》时，针对保险资管机构的特殊性，细化相关公司治理要求；在《银行保险机构关联

---

① 保险资产管理机构是指保险资产管理公司及其子公司、其他专业保险资产管理机构。此外，专业保险资产管理机构可以设立符合条件的保险私募基金。本课题研究的保险资管机构主要是指保险资产管理公司，相关研究结论也可参照适用于其他类型的保险资管机构。

交易管理办法》的基础上，增补保险资管机构的关联交易管理规范，特别是细化保险资管产品和保险私募基金、资本市场投资等关联交易认定规则，可考虑在关联交易监管系统数据填报规范中发布并及时更新。

（2）建立行业指引。在《银行保险机构公司治理准则》的基础上，汇聚行业力量打造最佳实践的相关指引，例如激励约束管理、利益冲突管理、关联交易管理、信息披露管理等。

（3）强化社会责任。保险资管机构一方面运用ESG企业评价标准，加强自身管理建设；另一方面建立完善ESG投资体系，在受托管理中做出符合ESG评价标准的投资决策。

（4）实施弹性管理。新冠疫情尚未消散，气候危机如影随形，内/外部管理面临的不确定因素不容忽视，保险资管机构需建立并实施常态化的弹性管理机制，做好突发事件的内外部应对，加强业务连续性管理。

（5）支持外部监督。现代公司治理中的外部市场约束作用有待进一步发挥。在监管工作和机构内部管理中考虑外部监督成果的应用。《健全银行业保险业公司治理三年行动方案（2020—2022年）》明确提出，要提升银行保险机构信息披露质量，更好地发挥外部力量（媒体、市场以及社会公众）的监督作用。

第一章
国内外公司治理理论

本章介绍了国内外公司治理及关联交易的学术理论情况，目前国内外相关研究成果在一般公司领域内为以上市公司为主，在保险行业内以保险公司为主。就保险资管机构的相关研究而言，除个别文献外，几乎少有问津。

一、国外理论

1932年伯利和米恩斯发表了公司治理理论领域的第一篇文献——《现代公司与私有财产》，认为现代公司的所有权和控制权实现了分离，通过合理的公司治理制度维护所有者利益，被认定为公司治理理论的诞生标志。1981年克拉克在《资本主义的四个阶段》最早提出关联交易形式上发生在不同当事方之间，实质却只由单方决策，关联交易本质是一方通过控制力或影响力，从而使该交易沦落成为"自我交易"。

李维安教授等基于1978年至2018年公开发表的968篇学术文献，对国内外公司治理研究情况进行了综述。其中就国外研究而言，特别通过文献关键词分析，得出了公司治理两大研究脉络：一是从治理结构研究（例如所有权结构和管理绩效等），到治理机制的研究（例如股东积极主义等），再到行为问题的研究（股东、董事会、管理层等）；二是上升到战略研究（以资源依赖、转型经济、竞争优势等为主要脉络）[①]。

唐未兵教授等通过梳理分析国外2016年至2020年公司治理研究的成果得出结论：一是公司内部治理的焦点在于股东、董事会及高管治理；二是公司外部治理研究的焦点在于信息披露以及利益相关者保护等；三是可持续性发展和生命周期等也成为其他研究热点。[②]

就保险资管机构而言，尚未看到直接相关的文献。但是郝臣教授基于2008年至2017年的国外保险公司治理研究文献，认为现有保险公司治理的研究

---

① 李维安等：《公司治理研究40年：脉络与展望》，《外国经济与管理》2019年第12期。
② 唐未兵等：《国外公司治理研究综述》，《湖南工业大学学报（社会科学版）》2021年第1期。

多围绕外部治理、内部治理和内外部综合治理三个方面展开（见表2-1-1）。其中，外部治理包括外部监督、外部审计、企业伦理与社会责任等，是以市场和竞争为主要特征的，外部的非正式制度安排；内部治理包括组织结构、组织形式、股东董事高管治理等，是以为确保控制权在内部进行有效分配为主要特征的，内部的正式制度安排。①

表2-1-1　　　　国外保险公司治理文献研究主题的统计

研究领域	研究主题	文献数（篇）	占比（%）
外部治理	外部监管	46	19.17
	外部审计	5	2.08
	企业伦理与社会责任	9	3.75
	信息披露	17	7.08
	外部治理综合研究	1	0.41
小计	外部治理	71	29.58
内部治理	组织结构	7	2.92
	组织形式	15	6.25
	董事会治理	12	5.00
	经理层治理	38	15.83
	股东治理	7	2.92
	风险管理	23	9.58
	内部审计	2	0.83
	内部治理综合研究	31	12.92
小计	内部治理	142	59.17
综合治理	内外部治理综合研究	27	11.25
合计	保险公司治理	240	100.00

资料来源：郝臣等：《国外保险公司治理研究最新进展》，《保险研究》2018年第4期。

二、国内理论

李维安教授等总结了我国公司治理研究发展过程，从治理的结构演进到治理的机制，从治理的原则演进到治理的评价，从单法人的治理演进到

---

① 郝臣等：《国外保险公司治理研究最新进展》，《保险研究》2018年第4期。

集团的治理①：

一是从治理的结构到治理的机制：公司治理既要解决制度安排（公司的权属，公司究竟向谁负责），又要解决治理机制（不同利益相关者做到相互制衡并且最终达成科学的决策）。对公司治理有效性起到至关重要作用的是，各个公司治理主体之间的博弈且沟通、约束且激励等，只靠"三会一层"的公司治理结构明显无法应对业务、规模以及技术发展的需求。

二是从治理的原则演进到治理的评价：从传统的定性研究和治理理念研究，逐步发展到行动指南和定量研究。通过公司治理评价的研究，推动了公司治理基础理论的进化发展。

三是从单一法人的治理演进到集团的治理：公司规模化之后往往走向集团化，公司治理也走向了集团治理，从而实现集团与下属公司之间，以及下属公司之间的规范管理和协同发展。

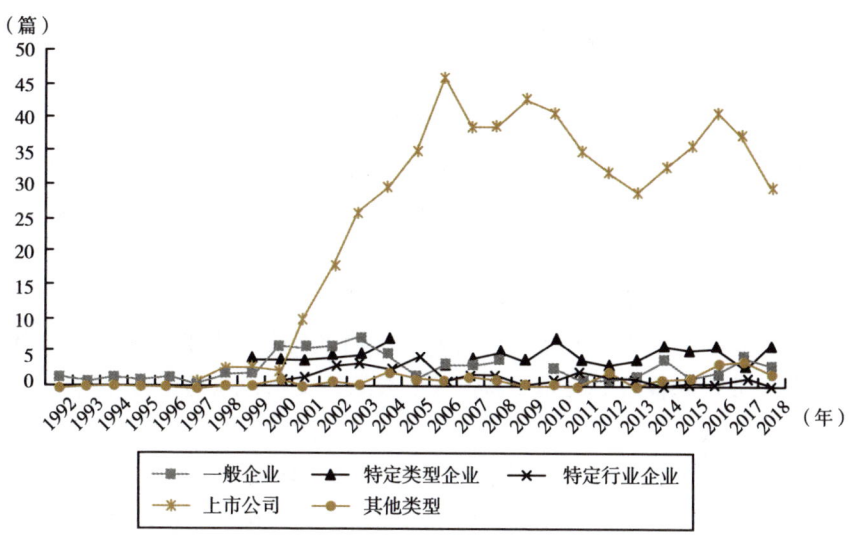

图 2-1-1　公司治理研究对象历年情况

资料来源：李维安等，《公司治理研究 40 年：脉络与展望》，《外国经济与管理》2019 年第 12 期。

然而，国内相关研究以上市公司为主，特定行业公司治理研究较少。就保险资管机构而言，相关研究除个别文献外，几乎少有问津。目前重要文献包括：

---

① 李维安等：《公司治理研究 40 年：脉络与展望》，《外国经济与管理》2019 年第 12 期。

1. 郭树清：《完善公司治理是金融企业改革的重中之重》①

该篇文章强调，要从多方面推动完善公司治理机制，要压实银行保险机构的主体责任；金融监管部门要把公司治理作为基础要求；要把加强党的领导和党的建设落到实处；依法清理规范金融企业股权关系；充分发挥市场、中介机构和各方面利益相关者的监督作用等。文章对持续改进银行保险企业的公司治理结构进行了部署，包括加强董事会建设、做实监事会功能、规范高管层履职、改进发展战略规划、优化激励约束机制、完善风险管理机制、勇于承担社会责任等。

2. 曹宇：《优化体制机制建设 强化投资者保护 全面提升银行保险资管机构公司治理水平》②

该篇文章对推进完善符合我国资产管理行业特点的公司治理机制提出了明确要求，包括坚持将党的领导融入公司治理全过程；以保护投资者利益为核心，不断提高董事会履职效能；强化信息披露，提升运营管理的透明度；强化关联交易管理，严格防范利益输送；完善监管制度体系，强化监督管理等。

3. 梁涛：《奋力构建中国特色银行保险业公司治理机制》③

该篇文章强调中国特色银行保险业公司治理的本质特征是党的领导，重要基石是规范的股东行为，中心要素是高效率的董事会，重要组成部分是良好的外部市场约束和利益相关者权益保护机制，重要保障是科学有效的监管。

4. 袁平海：《数智化关联交易治理框架》④

该篇文章明确定义了关联交易的概念，明确建立了关联交易的治理体系，明确阐释了数据赋智后的关联交易治理实效。该文章还阐述了公司治理和关联交易的三重关系：

（1）关联交易监管内嵌于作为整体的公司治理监管。从银行保险机构的控制权视角解读，股权准入监管，属于控制权的监管确认；治理运作监管，属于控制权的规范行使；关联交易监管，属于控制权的滥用禁止。

（2）公司治理的规范运作是关联交易的管控前提。控股股东和关键管理者存在滥用控制权的天然冲动，一旦出现公司治理失衡和内部监督失灵，极易

---

① 郭树清：《完善公司治理是金融企业改革的重中之重》，《经济日报》2020 年 7 月 3 日第 10 版。
② 曹宇：《优化体制机制建设 强化投资者保护 全面提升银行保险资管机构公司治理水平》，《中国信用》2020 年第 8 期。
③ 梁涛：《奋力构建中国特色银行保险业公司治理机制》，《中国金融》2020 年第 15 期。
④ 袁平海：《数智化关联交易治理框架》，中保登业务公众号 2021 年 4 月 10 日。

通过不当关联交易进行利益输送。如果独立董事和监事会等监督机制能够有效运作，就能从源头上预防不当关联交易。

（3）关联交易监管与公司治理运作规则的相向合力。包括章程指引、董事会运作指引等在内的公司治理运作规则，通过要求银行保险机构"应当怎么做"，建立正向的引导激励机制。关联交易监管规则，则更倾向于通过要求银行保险机构"不得怎么做"，建立反向的监督制约机制。

第二章
国内外公司治理规则

一、国外规则

(一)《二十国集团/经合组织公司治理原则》

中国是《二十国集团/经合组织公司治理原则》(G20/OECD Principles of Corporate Governance,以下简称《原则》)的参与及签署国之一。2016年二十国集团领导人杭州峰会公报明确指出,支持《原则》的有效实施。

自1999年首次发布以来,该《原则》已成为多个国家的监管机构、投资机构、市场主体及其利益相关者普遍公认的基准。《原则》也被金融稳定委员会采纳作为《健全金融体系关键标准》(Key Standards for Sound Financial Systems)之一,并为世界银行《关于遵守标准和守则的报告》(ROSC)提供公司治理方面的根据。《原则》主要适合用于公众公司,无论是金融类公众公司,还是非金融类公众公司。

目前版本的《原则》是修订于2014年至2015年的第二次修订版,共有6个章节,包括确保有效公司治理框架的基础,股东权利和公平待遇及关键所有权功能,机构投资者、证券交易所和其他中介机构,利益相关者在公司治理中的作用,信息披露和透明度,董事会责任,以及附录(理事会关于公司治理原则的建议)等。

《原则》在第二章第F部分对关联交易进行了规定,强调关联交易的批准和执行以保护公司和其股东的利益的方式进行,并且应当确保对利益冲突加以合适的管理,包括关联交易中内在的利益冲突应当予以处理;董事会成员和关键高管应当按照规定向董事会披露,他们是否在任何直接影响公司的交易或事务中有直接、间接或代表第三方的实质性利益。

《原则》在第五章第A部分对关联交易的信息披露也进行了规定,为了使公司的运营能够适当顾及所有投资者的利益,在市场中充分披露所有的重大关联交易及其各自的条款至关重要。如果某一司法管辖区并未界定何谓重大关联交易,应当同时要求公司披露如何确定重大关联交易的判断标准。关联方的定义范围中至少应当包括实施控制人、和公司一样被同一控制的主体、持有大量股份的股东及亲属、关键管理人员等。尽管国际公认的会计准则为关联方的定义提供了有益的参照,但是公司治理框架应当确保对全部的关联方进行适当的界定,并且特殊情况下也要披露存在特定利益的关联方和并表子公司之间发生的重大交易情况等。

2020年中国银保监会公司治理监管部对照《原则》,系统梳理和我国银行业和保险业的具体情况,提出了公司治理良好实践和具体差距,并且明确了今后优化的方向(见表2-2-1)。①

表2-2-1 银行业和保险业现存差距

序号	类别	《原则》要求	相关差距
1	公司治理框架基础	《原则》第一章提出,公司治理框架应提高透明度和公平性,促进资源高效配置,符合法治原则,支持有效监督和执行	差距主要表现在以下三方面:(1)公司治理法规制度仍存在短板,部分规制约束力不足;(2)现行公司治理监管规制尚未充分考虑各类机构的差异性;(3)行业监管、市场监管、国有金融资本管理、地方金融监管在权责划分上还有待进一步明晰
2	股东权利和公平待遇	《原则》第二章提出,应保护和促进股东行使权利,确保全体股东得到平等待遇。在股东合法权益受到侵犯时,应保障全体股东均有机会获得有效救济	差距主要表现在以下五方面:(1)股权代持、隐形股东、违规关联交易等问题在部分中小机构中仍较为突出,如某商业银行向大股东及其关联方发放15亿元贷款的利率明显低于其他同类贷款,且相关交易未经董事会审批;(2)部分机构中小股东的基本权利受到大股东和管理层侵蚀,如某保险公司一度存在控股股东阻碍召开股东大会、董事会的情况;(3)股东间正当协商机制、中小股东救济机制不完善;(4)非上市机构对中小股东投票成本问题关注不足;(5)控制权市场建设相对滞后,部分机构的股东、管理层为争夺控制权激烈内斗,如某保险公司就曾因股东争斗一度陷入治理僵局
3	机构投资者、证券市场和中介机构	《原则》第三章提出,应当发挥证券市场、机构投资者、市场中介机构等投资链条每一环节对促进良好公司治理的作用	差距主要表现在以下三方面:(1)机构投资者参与所投资企业公司治理较少,相关信息披露有待加强;(2)关于机构投资者、市场中介机构披露利益冲突的规定还需要进一步细化;(3)上市机构信息披露质量参差不齐,股价表现不能真实反映公司治理状况

---

① 中国银保监会公司治理监管部:《G20公司治理原则与我国银行保险业实践》,《中国金融》2020年第1期。

续表

序号	类别	《原则》要求	相关差距
4	利益相关者作用	《原则》第四章提出,应承认投资者、员工、客户、债权人、供应商等利益相关者的正当权利,并鼓励公司与利益相关者展开合作	差距主要表现在以下五方面:(1)部分机构利益相关者保护意识仍然淡薄,对涉及环境、社会责任等经济社会可持续发展问题关注不足;(2)部分机构披露信息不充分,利益相关者的知情权难以得到保障;(3)利益相关者救济规定散落在不同制度中,利益相关者维权难度较大;(4)多数机构尚未建立员工向董事会投诉举报违法违规行为的支持和保护机制;(5)银行业和保险业破产及债权人权利执行机制有待进一步完善
5	信息披露与透明度	《原则》第五章提出,应确保机构及时准确地披露公司所有重要事务,包括财务、业绩、股权和公司治理状况	差距主要表现在以下四方面:(1)部分机构信息披露不真实、不充分、不及时,如某商业银行被检查发现存在重大关联交易、重大风险事件未披露情况;(2)部分机构会计信息的真实性、稳健性和可比性明显不足,少数机构未开展外部审计;(3)外部审计质量参差不齐,部分外部审计机构未遵守职业审慎要求;(4)同业示范、媒体报道、社会舆论等市场约束和外部监督有待进一步强化
6	董事会责任	《原则》第六章强调,应确保董事会对公司战略的指导和对高管层的监督,认真履行对公司和股东的责任	差距主要表现在以下七方面:(1)部分机构董事会受控股股东影响较大,有些大股东甚至直接干预董事会决策,部分股权董事完全听命于提名股东,部分独立董事盲目屈从董事长个人意志;(2)部分机构董事会战略决策能力较弱,经营理念滞后;中小机构董事会普遍对建立和执行高标准职业道德准则关注不足、投入不够;(3)部分股权董事和独立董事难以获得履职所必需的机构经营管理信息;(4)部分机构董事履职能力不够、履职意愿不足,如某商业银行召开15次董事会会议,有1名独立董事请假5次;(5)职工监事独立性不足、履职时间有限,监督作用难以发挥,职工董事机制尚处于摸索阶段;(6)董事、高管人员薪酬和考评机制不完善,中长期激励不足

资料来源:中国银保监会公司治理监管部,《G20公司治理原则与我国银行保险业实践》

(二)国际保险监督官协会《保险公司治理核心原则》

国际保险监督官协会(International Association of Insurance Supervisors,IAIS)于1997年首次发布的《保险核心原则》(Insurance Core Principles,ICPs),将保险公司治理监管列为重要内容。此后在2000年、2003年版的ICPs中,保险公司治理监管的内容不断强化和细化。2004年IAIS发布了《保险公司治理核心原则》(Insurance Core Principles on Corporate Governance),提出了保险公司治理的要求和保险公司治理监管的重点与方法。2005年IAIS又明确提出了治理结构、偿付能力和市场行为三支柱的保险监管模式。①

《ICP 7 公司治理》明确，保险监管机构要求保险人建立并执行公司治理架构，该架构必须能够对公司的业务提供健全及审慎的管理与监控，而且要能够适当地辨识及保护保单持有人利益。具体内容分为简介指引（组织架构、相互公司与合作社、保险集团、分公司的营运），适当地分配监控与管理的责任，保险人的企业文化、经营目标与策略，董事会的结构与治理，个别董事会成员的职责，关于风险管理与内部控制的职责，与薪酬有关的职责，可靠且透明的财务报告，外部稽核，沟通，高管职责，监管审查。

现行《保险监管核心原则》对关联交易也有相关规定，例如：

1. 《ICP 3 信息分享和保密要求》要求保险监管机构在向其他相关监管机构请求信息分享时，应当具有履行其监管职责的合法事由和合理的监管目的。合理目的包括获取集团内部交易情况，例如贷款和信贷展期、母公司担保、管理协议、服务协议、费用分担安排、再保险协议、股息及分配等。

2. 《ICP 4 设立许可》要求申请人如属于企业集团的，还需要提供说明集团内所有重要机构之间的关联交易种类或关联关系。

3. 《ICP 7 公司治理》要求保险人应当以正式的形式确保董事会成员的独立性，董事会成员应当避免个人关系或财务或商业利益与保险公司的利益相冲突。如果无法避免该等冲突的，保险人必须制定相关的制度和流程确认和处理利益冲突，例如报告相关利益冲突、进行公平交易和回避表决等。在适当情况下，应当事先取得董事会或股东对董事职位或交易的批准。《ICP 7 公司治理》还要求保险公司将重大关联交易纳入信息披露范围。

4. 《ICP 8 风险管理与内部控制》要求保险人对所有重要的营业程序与政策都有适当的控制制度，例如包括集团内部交易在内的重要的营业决策与交易等；保险人内部稽核部门应当确保保险人的所有风险与义务的范围在一定合理期限内，均被适当地审计或审查，例的集团内部交易（包括集团内部的风险转移与内部定价等）。

5. 《ICP 9 监管审查与报告》要求保险监管机构规定属于保险集团的保险机构说明其集团内部管理机制，包括保险集团内机构之间的关联关系以及集团内部重大交易的性质和规模等信息。

---

① 郝臣：《保险公司治理》，清华大学出版社2021年版。

6. 《ICP 12 退出机制》要求保险监管机构判断启动推出机制的标准可以包括集团内部交易阻碍或者可能阻碍保险人履行其对于保单持有人和/或债权人到期债务的能力。

7. 《ICP 17 资本充足》要求在决定保险集团资本时，包括集团内部交易在内的特定因素应当予以考虑；集团内部交易可能导致复杂的或不透明的集团内部关系，进而导致在保险公司以及集团层面均增加风险；在集团层面，在计算集团资本时，只有风险被转移到集团之外，才能确认为风险消除；保险集团使用内部模型法计量资本前，应当事先获得监管机构核准，核准考量的因素之一包括集团内部交易的处理规则。

8. 《ICP 18 保险中介》要求保险监管机构对保险中介机构的非现场监测信息中包括其通过关联关系或服务协议等方式与保险公司和其他中介机构形成的财务连接。

9. 《ICP 24 总体审慎监管》要求保险监管机构为总体审慎监管收集资料，其中包括集团内部交易情况。

10. 《ICP 25 监管合作和协调》要求在对保险集团监管时，监管机构应当进行包括集团内部交易在内的监管评估；当集团内部有重大交易且相关风险很高时，监管机构应当与其他相关监管机构考虑建立联合监管机制。

（三）巴塞尔银行监管委员会《银行公司治理原则》

巴塞尔银行监管委员会（Basel Committee on Banking Supervision，BCBS）先后四次发布银行公司治理相关原则，其中在 2015 年颁布了《银行公司治理原则》（Corporate Governance Principles for Banks）。2015 年《银行公司治理原则》主要修订内容包括：强调从前期风险政策、到中期风险识别、再到后期风险纠正等全方位的风险管理覆盖；强调董事会与管理层共同构建银行的风险偏好，加强银行薪酬监督及评价，确保与银行风险水平挂钩；强调银行对复杂组织架构的设立、治理、评估、审计等管理机制；强调金融监管机构在银行公司治理中的作用，加强监管机构之间的合作，加强监管机构银行董事会及管理层的沟通等。①

2015 年《银行公司治理原则》对关联交易也加以规定，例如要求董事会确保关联交易进行审核及约束，避免公司或业务资源被挪用；在银行的防范利

---

① 李广子、陈醒：《巴塞尔银行监管委员会银行公司治理原则的演进与启示》，《经济研究参考》2019 年第 1 期。

益冲突政策中建立充分的流程确保关联交易基于公平交易的基础上进行；对关联交易进行信息披露等。

（四）《2010年华尔街改革与金融消费者保护法案》

始于2007年的次贷危机以及由此引发的金融危机是《2010年华尔街改革与金融消费者保护法案》（以下简称《多德—弗兰克法案》）产生的历史背景。

经合组织（OECD）认为，很大程度上，金融危机可以归咎于公司治理安排的孱弱与失败。美国参议院引入的《2009年股东权利法案》包含了国会一项明确的认定，经济危机的核心原因是公司治理普遍的失败；在欧洲，欧洲金融监管高级别小组得出结论，称金融机构公司治理的失败，是危机中"最为重要的失败之一"。在英国，政府委托大卫·沃克（David Walker）先生完成的一项评论认为，"确有必要将公司治理带回到议题的核心位置"①。

该法案涉及公司治理的内容包括：法案赋予了股东对高管薪酬和"金降落伞"（高额离职费）进行顾问性投票的权利，规定了股东可以投票决定高管薪酬安排的"薪酬发言权"政策。② 法案还规定，董事会薪酬委员会的成员必须保持独立性。对于错授的薪酬，法案规定，公司必须设立并执行相应制度，以追回基于错误财务报表而发放的薪酬。法案还禁止某些造成高风险的激励性薪酬安排的结构。

（五）疫情影响下的公司治理制度新变化

受疫情影响，2020年全球公司治理制度更新主要表现在三点③：

一是短期来看，疫情促成了简化流程、放宽时限、调低标准、强化披露、加强指引等规则的应急调整（见表2-2-2）。

---

① ［美］斯蒂芬·M. 班布里奇（Stephen M. Bainbridge）：《金融危机后的公司治理》，罗培新、李诗鸿、卢颖译，上海人民出版社2021年版。值得注意的是，该书作者对此持否定观点，还引用了其他佐证，例如美国法律专家柴芬斯（Brian Cheffins）最近完成的一项调查表明，美国2008年股票市场崩盘的一个令人吃惊的方面是，尽管过去数十年来美国强化了公司治理，并且重新确立了提升股东价值的方向，股市依然崩盘了。2010年纽约证券交易所委托完成的一份报告，得出了相同的结论，认定当前的公司治理制度总体运行良好。

② 赵诚：《美国多德—弗兰克法案解读》，复旦大学2012年硕士学位论文。

③ 杨梦：《2020年全球公司治理制度的重要变化》，深交所研究公众号2021年6月8日。

表 2-2-2 疫情相关的公司治理规则调整

国家或地区	机构	举措
美国	纽交所 纳斯达克	纽交所于 2020 年 12 月 31 日前，纳斯达克于 2020 年 6 月 30 日前，实行股票发行之暂时豁免措施，暂时免除交易所上市公司手册关于某些股票发行须经股东核准之规范
	纽交所	临时放缓发送代理材料的时间要求，规定必须在股东大会召开前至少 15 天传输实物代理材料的天数减少到至少 10 天
英国	FRC	发布《公司披露新冠病毒出现和传播所产生的风险和其他报告后果的指南》
	FRC	发布新版公司治理与报告指引，纳入有关中期报告的新章节，加强疫情风险监测，披露及预案
	FRC	发布、更新新冠肺炎疫情下的公司治理指南，指导董事会：（1）制定并实施缓解措施和流程；（2）考虑如何持续获取可靠和相关的信息；（3）注意资本维护
	ICSA	发布线上董事会议指南
	英国政府	出台《公司破产和治理法》，赋予股东大会召开更多弹性，清盘申请被暂停核发，供应商在公司无力偿债时停止原有供应服务的条款被禁止，暂停公司董事在公司面临破产危机下继续交易的个人责任
新加坡	会计与企业管理局、金管局、新交所	联合更新新冠疫情期间股东大会指南清单，为新冠肺炎疫情期间上市和非上市实体召开股东大会提供指引，鼓励线上远程投票通信等方式

资料来源：杨梦，《2020 年全球公司治理制度的重要变化》，深交所研究公众号，2021 年 6 月 8 日。

二是长期来看，疫情带动了 ESG 理念的深刻传播及迅速行动，对气候变化及风险的关注成为重中之重，人力资源管理、利益相关者保护等社会责任议题迅速升温，董事会治理稳步推进（见表 2-2-3）。

表 2-2-3 病情相关的 ESG 公司治理制度更新

国家或地区	机构	举措
国际	CDP/CDSB/GRI/IIRC/SASB	发布联合声明，期望通过更完整的综合报告，将财务会计和可持续披露联合起来
英国	FRC	规定未来所有优质上市公司必须使用 TCFD 的标准披露气候相关信息，后续会扩大范围，以覆盖更广泛的证券发行机构

续表

国家或地区	机构	举措
日本	金融厅	修订《尽职管理守则》,要求机构投资者在制定投资策略时考量与中长期投资回报相关的可持续因素及ESG因素;重视投资者与公司在ESG因素和可持续议题上的对话
	交易所集团联合东交所	发布《ESG披露实用手册》,将上市公司的ESG信息披露分为四个步骤:(1)ESG议题和ESG投资;(2)ESG议题与战略相联系;(3)监督和实施;(4)信息披露和参与。该手册为自愿参照的指南,不具有强制性。
中国香港	香港交易所	实施新ESG报告指南,增加气候变化层面议题,修订和新增社会关键绩效指标
中国台湾	台湾交易所	公司治理评鉴新增四个指标,增加公司是否制定节能减碳管理政策,评估气候变迁对潜在风险与机会,并采取气候相关议题之因应措施,以促进上市柜公司重视气候变化
巴西	证券交易委员会	拟改革指令跟进ESG趋势,更多地强调披露社会、环境和气候风险因素,并要求在业务范围内注重相关可持续发展目标

资料来源:杨梦,《2020年全球公司治理制度的重要变化》,深交所研究公众号,2021年6月8日。

三是整体来看,公司治理的统筹保障机制不断强化,体现为修订专门规范、设置专职机构/人员、制定统一标准、从事系统实践评估以及设计全面规划等方面。

二、国内规则

(一) 中国银保监会体系相关规定

1. 中国银保监会

参考国际保险监督官协会(IAIS)的《保险监管核心原则(ICP)》,2006年中国保险监督管理委员会引入保险公司治理监管的三大监管支柱,即市场行为监管、偿付能力监管以及公司治理监管。2018年中国银行保险监督管理委员会在组建时,成立了公司治理监管的相关部门,并陆续出台了公司治理的各项监管文件,包括股权管理、内部架构管理、关联交易管理等(见表2-2-4)。

表2-2-4　　　　保险资管机构公司治理主要监管规定
(截至2021年)

序号	年份	名称
1	2021	《银行保险机构公司治理准则》
2	2021	《银行保险机构大股东行为监管办法(试行)》
3	2021	《保险集团公司监督管理办法》

续表1

序号	年份	名　称
4	2021	《保险公司董事、监事和高级管理人员任职资格管理规定》
5	2021	《关于精简保险资产管理公司监管报告事项的通知》
6	2021	《银行保险机构恢复和处置计划实施暂行办法》
7	2021	《关于银行业保险业常态化开展扫黑除恶有关工作的通知》
8	2021	《银行保险机构董事监事履职评价办法（试行）》
9	2021	《银行保险机构声誉风险管理办法（试行）》
10	2021	《关于建立完善银行保险机构绩效薪酬追索扣回机制指导意见的通知》
11	2021	《关于印发保险资产管理公司监管评级暂行办法的通知》
12	2020	《健全银行业保险业公司治理三年行动方案（2020—2022年）》
13	2020	《关于推动银行业和保险业高质量发展的指导意见》
14	2020	《银行保险机构应对突发事件金融服务管理办法》
15	2020	《关于废止和修改部分规范性文件的通知》
16	2019	《银行保险机构员工履职回避工作的指导意见》
17	2019	《关于印发"证照分离"改革全覆盖试点工作实施方案（试行）的通知》
18	2019	《保险公司关联交易管理办法》
19	2018	《保险公司信息披露管理办法》
20	2018	《关于加强非金融企业投资金融机构监管的指导意见》
21	2018	《保险公司股权管理办法》
22	2018	《保险资金运用管理办法》
23	2018	《保险机构独立董事管理办法》
24	2017	《关于完善监管公开质询制度有关事项的通知》
25	2017	《保险公司章程指引》
26	2017	《保险公司合规管理办法》
27	2016	《保险公司资金运用信息披露准则第4号：大额未上市股权和大额不动产投资》
28	2016	《关于进一步加强保险公司股权信息披露有关事项的通知》
29	2015	《保险公司资金运用信息披露准则第2号：风险责任人》
30	2015	《保险资金运用内部控制指引》及应用指引
31	2015	《关于保险机构开展员工持股计划有关事项的通知》
32	2015	《关于保险资产管理产品风险责任人有关事项的通知》
33	2015	《关于优化保险公司章程修改等审批程序的通知》
34	2015	《保险机构内部审计工作规范》
35	2015	《关于加强保险公司筹建期治理机制有关问题的通知》
36	2015	《关于保险业履行社会责任的指导意见》
37	2015	《进一步规范报送〈保险公司治理报告〉的通知》

续表2

序号	年份	名　　称
38	2014	《保险公司资金运用信息披露准则第1号：关联交易》
39	2014	《保险资金运用内控与合规计分监管规则》
40	2013	《保险公司发展规划管理指引》
41	2013	《关于保险机构投资风险责任人有关事项的通知》
42	2012	《关于保险资产管理公司有关事项的通知》
43	2012	《关于贯彻实施〈保险公司薪酬管理规范指引（试行）〉有关事项的通知》
44	2012	《保险公司薪酬管理规范指引（试行）》
45	2012	《保险公司财会工作规范》
46	2011	《关于调整〈保险资产管理公司管理暂行规定〉有关规定的通知》
47	2011	《关于明确保险机构案件责任追究管理有关问题的通知》
48	2010	《关于修改部分规章的决定》
49	2010	《保险公司董事及高级管理人员审计管理办法》
50	2010	《保险机构案件责任追究指导意见》
51	2010	《保险公司内部控制基本准则》
52	2010	《保险资产管理公司统计制度》
53	2010	《保险公司财务负责人任职资格管理规定》
54	2008	《保险公司董事会运作指引》
55	2008	《关于规范保险公司章程的意见》
56	2008	《关于保险资产管理公司年度财务报告有关问题的通知》
57	2007	《关于年度报告编报工作有关问题的通知》
58	2007	《保险公司风险管理指引（试行）》
59	2006	《关于加强保险资金风险管理的意见》
60	2006	《关于保险监管机构列席保险公司股东（大）会、董事会会议有关事项的通知》
61	2004	《保险资产管理公司管理暂行规定》

就保险资管机构的公司治理现行主要监管规则而言，存在如下特点：

（1）原中国保监会和原中国银监会合并后，含保险资管机构在内的金融机构公司治理监管新规数量增长明显。2021年，保险资管机构公司治理监管规则新增数量突破历史最大值（见图2-2-1）。2022年，中国银保监会发布了公司治理领域的重要规定《银行保险机构关联交易管理办法》，并组织开展银行保险机构股权和关联交易专项整治工作。

（2）保险资管机构公司治理监管规则较为完整。目前已经建立了覆盖股东约束、"三会一层"、内控合规、风险管理、监管评级、关联交易、信息披

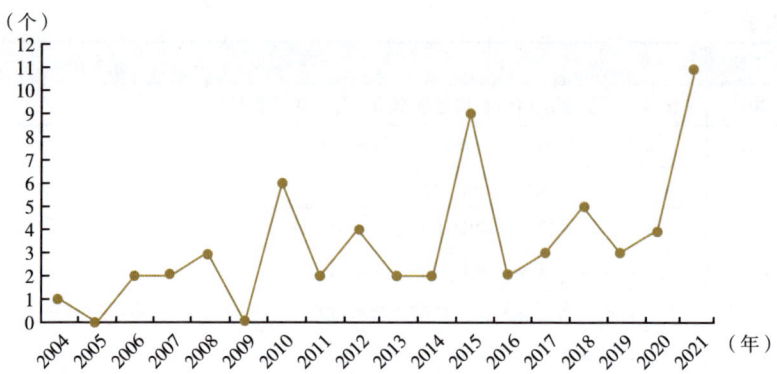

图 2-2-1 保险资管机构公司治理主要监管规则年度数量图（截至 2021 年）

露等全套监管规则，特别是建立了涵盖公司治理的监管评级机制。

根据《保险资产管理公司监管评级暂行办法》的相关规定，保险资产管理公司监管评级要素包括五类内容：一是公司治理与内控；二是资产管理能力；三是全面风险管理；四是交易与运营保障；五是信息披露等。公司治理与内控作为首类评估要素，重点评估两个方面：一方面是保险资产管理公司的公司治理和规范运作，另一方面是保险资产管理公司的内部控制机制运行有效性。具体指标见表 2-2-5。

表 2-2-5　　　　保险资产管理公司监管评级公司治理与内控要素相关指标

保险资产管理公司监管评级指标（公司治理与内控，20 分）				
一级指标	分值	二级指标	权重	计算公式（定量）/评价要素（定性）
1. 股东股权	2	1.1 股东会	30%	按照相关法律法规的要求，按时召开股东（大）会年度会议，相关会议决议报中国银保监会
		1.2 股东行为	40%	公司股东严格履行法定义务，不存在虚假出资、出资不实、循环注资、抽逃出资或变相抽逃出资等行为 公司股东的控股股东、实际控制人发生变化，或者股东所持公司股权被采取诉讼保全措施或被强制执行、质押或解质押、股东更名等情形，在规定时限内通知公司，公司在规定时间内向中国银保监会书面报告上述情况 公司股东不存在通过隐藏实际控制人、隐瞒关联关系、隐性股东、股权代持、表决权委托、一致行动人等隐性行为规避监管审查的情况
		1.3 章程约定	30%	公司章程对股东（大）会的职责和议事规则作出制度安排，对股东权利义务、股东股权管理等监管规定的事项有明确要求

续表1

一级指标	分值	二级指标	权重	计算公式（定量）/评价要素（定性）
2. 董事会、监事会和高管层	6	2.1 董事会-董事会运作	15%	公司章程明确董事会职责和议事规则、董事提名及选举机制，董事会人员构成、董事选举、董事任职资格符合法律法规和公司章程规定。董事会会议定期召开，会议决议按监管要求报送中国银保监会
		2.2 董事会-专业委员会	15%	董事会下设审计、提名薪酬、合规风控、投资决策等相应职能的专业委员会，其人员构成和任职资格符合监管规定 审计委员会、提名薪酬委员会至少包括2名独立董事；担任审计委员会委员的独立董事中，至少有1人为财务、会计或审计专业人士；担任提名薪酬委员会委员的独立董事中，至少有1人具备较强的识人用人和薪酬管理能力，并具备在企事业单位担任领导或者管理职务的任职经历 制定董事会专业委员会议事规则，规范董事会专业委员会运作程序
		2.3 董事会-独立董事	10%	建立独立董事机制，独立董事的选举方式、人数、任职资格、任期、任职公司数量等符合监管要求 独立董事亲自出席董事会会议和所任职董事会专业委员会会议，列席股东（大）会，诚信、独立、勤勉履行职责 建立独立董事履职年度评价机制，并将独立董事履职评价结果与独立董事尽职报告一并报中国银保监会备案
		2.4 监事会	15%	公司章程明确监事或监事会职权。设立监事会的公司，有明确的监事会议事规则，监事会构成、监事选举、任职条件、任期符合法律法规要求；按期召开监事会会议，且每六个月至少召开一次。监事会或不设监事会的公司监事对内部财务、审计工作有权进行检查，并对董事和高级管理人员的职务行为进行监督
		2.5 高管层及关键岗位	15%	按照监管要求配备必需的高级管理人员和关键岗位人员（含总经理、副总经理、首席风险管理执行官、与投资能力相匹配的投资风险责任人） 高级管理人员的选聘、任职资格和禁止兼任等情况满足监管要求
		2.6 履职评价	15%	依据监管规定建立董事、监事和高级管理人员履职评价制度；高级管理人员考核评价体系中包含风险管理与合规经营类指标
		2.7 薪酬管理	15%	建立完善薪酬管理制度，包括基本薪酬和绩效薪酬，其中绩效薪酬根据绩效考核结果确定，基本薪酬与绩效薪酬比例、绩效薪酬延期支付方式符合监管要求 不存在未经中国银保监会批准擅自实施股权激励的行为

续表2

一级指标	分值	二级指标	权重	计算公式（定量）/评价要素（定性）
3. 内部控制	6	3.1 内控制度	15%	内部控制制度体系健全完善，至少覆盖资产配置、投资研究、决策和授权、交易和结算管理、投后管理、风险管理与内部控制、信息披露、绩效评估和考核、信息系统管理、内部审计监督、财务管理、行政管理等方面。公司每年至少开展1次制度体系梳理评估，并据此建立、修订相关制度
		3.2 内控信息化	10%	建立信息技术（IT）治理委员会或信息化工作委员会等信息化决策部门，负责对资产管理信息化工作的重大问题进行决策，对信息化整体工作进行检视和监督，推进业务流程与信息流程相整合，强化业务操作的程序控制
		3.3 内控评价	10%	每年开展1次保险资金运用内部控制评价，对内控制度健全性以及内控措施有效性进行动态监测并及时优化
		3.4 反舞弊机制	10%	反舞弊工作机制健全，相关制度有效执行，能通过开展反舞弊宣传、舞弊风险评估、受理舞弊举报、开展舞弊案件调查处理等措施，切实防范舞弊事件的发生
		3.5 投资分级授权	10%	建立投资业务分级授权机制。投资权限在各管理层级之间逐级授予，能有效防范未经授权或超越授权开展投资、怠于行使授权或未获允许擅自转授权等异常行为的发生 根据公司业务实际，存在公司法定代表人需经常性授权他人代为签署各类法律文件情形的，建立法定代表人授权机制，防范公司员工未经授权擅自代表公司对外签署文件的情形发生
		3.6 公平交易	15%	建立公平交易制度，开展对异常交易的日常监控，管理的不同账户独立建账、独立核算、独立管理，确保受托资金与自有资金、不同客户的资金得到公平对待，各账户及投资组合享有公平的交易执行机会，防范账户间利益输送
		3.7 不相容部门和岗位隔离	10%	前台投资、集中交易、风险管理、信用评估、清算核算、内审稽核等不相容部门和岗位相互分离、制约和监督
		3.8 产品发行与投资端隔离	10%	有效隔离保险资产管理产品发行端与投资端。产品发行部门与产品投资部门分别独立设置，产品销售过程留痕、定价统一，内外部客户平等获取产品信息，产品在客户间的分配规则清晰公平
		3.9 重大非公开投资信息隔离	10%	通过投资系统权限管理、投资信息保密措施等手段，实现不同投资经理之间的交易、持仓等重大非公开投资信息的相互隔离

续表3

一级指标	分值	二级指标	权重	计算公式（定量）/评价要素（定性）
4. 审计监督	2	4.1 内审体系	25%	公司内部设立独立的审计部门，审计部门负责拟定内部审计制度、编制并实施年度内部审计计划、开展其他内部审计 专职内部审计人员数量、任职资格符合监管要求；专职内部审计人员人数不低于公司员工人数的5‰，且不少于3名。其中，持有注册内部审计师、注册会计师等证书或具有与会计、审计、信息技术、投资等内审工作相关的中级以上专业技术资格的人员不低于专职内部审计人员的35%
		4.2 内审实施	25%	根据监管要求对公司董事和高级管理人员实施任中审计和离任审计 按照公司年度内部审计工作计划开展内部审计，保证对公司内设部门、下属子公司等主要机构和业务的审计覆盖率，及时提交内部审计工作报告 建立健全审计问题整改的跟踪、督促机制，督促相关部门对审计发现的问题和提出的审计建议及时予以整改落实
		4.3 外审内容	25%	能够及时开展会计年度公司财务报告、公司发行管理的保险资产管理产品财务报表以及保险资金运用内部控制独立第三方年度审计，按时向监管机构报送专项审计报告
		4.4 外审意见	25%	评价期间独立第三方审计机构出具标准无保留审计意见
5. 关联交易管理	4	5.1 关联交易制度建设	10%	有明确的关联交易管理制度，内容包括关联方的识别、报告、核验和信息管理，关联交易的发起、定价、审查、报告、披露、审计和责任追究等
		5.2 关联方信息管理	10%	关联方信息收集与维护工作机制健全，设置了关联方档案，至少每半年更新一次，并于每年6月末、12月末向中国银保监会报送
		5.3 关联交易管理机构设置	10%	按照监管要求设立关联交易控制委员会和关联交易管理办公室。关联交易控制委员会由独立董事担任负责人
		5.4 关联交易审批	20%	重大关联交易经由关联交易控制委员会审查后，由董事会或股东（大）会批准；一般关联交易按照公司内部管理制度和授权程序审查，报关联交易控制委员会备案或批准 公司存在控股子公司（上市公司和已接受监管的金融机构除外）的，控股子公司与公司的关联方发生的交易，按照公司的关联交易进行管理

续表4

一级指标	分值	二级指标	权重	计算公式（定量)/评价要素（定性）
5. 关联交易管理	4	5.5 关联交易比例控制	20%	公司与控股子公司（上市公司和已接受监管的金融机构除外）的自有资金投资符合保险资金运用关联交易监管比例要求
		5.6 关联交易报告	10%	按监管要求提交各类关联交易报告，包括重大关联交易，统一交易协议的签订、续签或实质性变更，以及中国银保监会要求报告的其他交易，并及时报送季度报告和年度专项报告
		5.7 关联交易公开披露	10%	按监管要求在指定网站公开披露相关关联交易，包括重大关联交易，统一交易协议的签订、续签或实质性变更等，并按季度开展分类合并披露工作
		5.8 关联交易专项审计	10%	每年至少组织一次关联交易专项审计，并将审计结果报董事会和监事会

资料来源：《保险资产管理公司监管评级暂行办法》

（3）保险资管机构的公司治理的特殊性应当予以重视。目前单独适用于保险资管机构的公司治理监管制度占比较低。保险资管机构参照保险公司和银行保险机构的相关规定的情况较多，例如《保险公司股权管理办法》《保险公司内部控制基本准则》《银行保险机构公司治理准则》等。

2. 保险行业协会

2018年中国保险行业协会（以下简称"中保协"）发布四项团体标准：一是《保险业公司治理实务指南总体框架》；二是《保险业公司治理实务指南 会议运作第1部分 股东（大）会》；三是《保险业公司治理实务指南 会议运作第2部分 董事会》；四是《保险业公司治理实务指南 会议运作第3部分 监事会》。其中，"总体框架"部分总结了行业经验，从三个维度明确了保险业公司治理的架构体系，包括治理结构、治理机制和治理监督等。"会议运作"部分重点关注三会运作及相关流程。

2020年中保协对《保险业公司治理实务指南 信息披露 通则》和相关配套指南公开征求意见。相关配套指南由七个部分组成，一是《保险业公司治理实务指南 信息披露 第1部分：基本信息》；二是《保险业公司治理实务指南 信息披露 第2部分：年度信息》；三是《保险业公司治理实务指南 信息披露 第3部分：重大事项信息》；四是《保险业公司治理实务指南 信息披露 第4部分：资金运用信息》；五是《保险业公司治理实务指南 信息披露 第5部分：

偿付能力定期信息》；六是《保险业公司治理实务指南 信息披露 第6部分：股东股权信息》；七是《保险业公司治理实务指南 信息披露 第7部分：拟设立保险公司信息披露基本要求》等。

（二）中国证监会体系相关规定

1. 中国证监会

中国证监会关于公司治理的监管规定可以分为三大类：一是适用于保险资管机构的规定；二是只适用于保险资管以外其他金融机构的规定；三是只适用于上市公司的相关规定。

（1）适用于保险资管机构的相关规定。例如《证券公司和证券投资基金管理公司合规管理办法》，开展公开募集证券投资基金管理业务的保险资产管理机构需参照执行。该办法明确了董事会、监事会或者监事、高级管理人员（特别是合规负责人）、各部门及各分支机构和各层级子公司负责人、全体工作人员的合规职责等。

（2）只适用于其他金融机构的相关规定。

①证券公司：《证券公司治理准则》共计八章七十九条，包括总则、股东和股东会、董事和董事会、监事和监事会、高级管理人员、激励与约束机制、证券公司与客户关系基本原则、附则等。值得关注的是，该准则明确了证券公司与股东之间的相关规定，包括人员管理和独立经营（业务人员资产财务等）要求等，避免损害证券公司、小股东及客户的利益。

《证券公司分类监管规定》明确证券公司分类是指以证券公司风险管理能力、持续合规状况为基础，结合公司业务发展状况，按照本规定评价和确定证券公司的类别。公司治理与合规管理是《证券公司风险管理能力评价指标与标准》的重要指标（见表2-2-6）。

表2-2-6 证券公司风险管理能力评价指标与标准
（公司治理与合规管理）

评价指标	序号	评价标准
公司治理与合规管理	2.01	公司股东符合规定要求，如实报告股东及关联方信息，股东及实际控制人变更严格按规定履行审批或备案程序
	2.02	公司股东的持股期限和质押所持股权的比例符合规定要求
	2.03	公司关联交易管理制度健全并有效执行，能够准确识别关联方，严格落实关联交易审批制度和信息披露制度，避免损害公司及其客户的合法权益，并及时报告关联交易情况

续表

评价指标	序号	评价标准
公司治理与合规管理	2.04	股东会、董事会、监事会有效运作。公司董事、监事、高级管理人员任免变更符合监管要求。董事会、监事会、高级管理人员、合规负责人等的合规管理职责明确并落实到位
	2.05	公司组织架构和内部控制制度健全有效,激励约束机制和责任追究制度科学合理并有效执行
	2.06	合规管理制度和机制健全有效,实现对所有业务、各部门、各分支机构、各层级子公司和全体工作人员的全面覆盖,对子公司的授权管理执行到位,能切实防范合规风险
	2.07	合规保障体系完善并有效执行,合规管理人员配备符合监管与自律管理要求,合规负责人的独立性、权威性、知情权和合理薪酬待遇得到切实保障。合规负责人切实履行职责,并按要求及时向证券监管部门报告违法违规行为或合规风险隐患
	2.08	从业人员管理制度健全并有效执行,能切实防范从业人员利用职务便利从事违法违规或者其他损害客户合法权益的行为。没有发生从业人员在从事与自身证券业务相关活动中,因重大违法违规被实施行政处罚或追究刑事责任的情形
	2.09	没有发生公司董事、监事、高级管理人员及管理人员、主要业务人员,因违法买卖股票被实施行政处罚或者因违规代客买卖证券被采取行政监管措施等情形
	2.10	廉洁从业内部控制制度健全并有效执行,切实防范工作人员直接或者间接向他人输送不正当利益或者谋取不正当利益行为。公司及主管纪检监察部门自行发现、主动处理、有效整改的情形减轻扣分或免于扣分
	2.11	具备规范健全的企业文化制度和工作机制,有效防范公司及员工发生违反公序良俗、诚实信用等对行业社会形象带来重大不利影响的行为
	2.12	充分履行股东职责,依法参与境外子公司的法人治理,对境外子公司的风险管控与管理机制健全,能够及时知悉并处理境外子公司经营管理等重大事项,有效防范化解风险
	2.13	投资银行业务内部控制制度和机制健全有效,能保证相关业务人员诚实守信,勤勉尽责。上一年度股票类、债券类投资银行业务负面执业记录项目分别占项目总数的比例不超过20%

资料来源:中国证监会《证券公司分类监管规定》

②基金管理公司子公司：中国证监会正式发布《基金管理公司子公司管理规定》，全面规范了基金公司（母公司）和子公司的管理机制，重点规定了母公司对子公司的管理和控制，以及子公司内部治理两个层次。

·母公司实施管控：建立对子公司的内部稽核和责任追究机制，建立子公司对母公司的重大事项报告机制，明确母公司对子公司的垂直管理（风控合规），建立风险隔离墙制度（防止风险传染和利益冲突），为子公司的研究、风控稽查、人事科技、运营管理提供支持和服务，建立母公司关联交易管理制度，加强信息披露等。

·子公司内部治理：建立子公司层面的全面风险管理体系和关联交易管理制度，建立高级管理人员和投资经理的离任审计或离任审查制度，建立固有资金的内部控制制度，明确内部交易、从业人员、对外投资等领域的禁止行为。

③私募投资基金：目前，中国证监会尚未出台直接针对私募投资基金公司治理的规定，但部分规定中涉及公司治理，例如《关于加强私募投资基金监管的若干规定》。该规定明确禁止损害私募基金财产或者投资者利益的关联交易等，要求私募基金管理人建立关联交易管理制度，严格规范关联交易定价和审批程序等。

2. 基金业协会

（1）基金公司。中国证券投资基金业协会发布《关于进一步完善基金管理公司治理相关问题的意见》，特别强调基金管理公司治理应当充分体现行业特点，基金管理公司的公司治理具有特殊性，区别于一般企业的公司治理。基金管理是以人力资本为主要资本形态的行业，基金管理公司资本金要求不高，管理运作的是投资者的受托资产。基金管理公司的治理应当充分体现行业特点和不同的公司背景，特别是强调基金持有人利益优先，平衡人力资本与股东的关系，彰显人力价值。

该意见还要求探索多元化治理模式，建立长效激励约束机制；探索多元化的组织形式，鼓励基金管理公司上市探索基金管理公司合伙制、股份有限制等多元化组织形式，稳步推进符合条件的基金管理公司改制，为基金管理公司上市奠定基础、积极准备，推动基金管理公司结合自身实际，合理审慎构建和完善经营管理组织模式，探索集团化、外包化等发展路径，突出综合性、专业性等经营特色，加强对基金管理公司子公司的风险管理；建设具有行业特色的企业文化，认真履行社会责任。

（2）私募投资基金管理人。中国证券投资基金业协会发布《私募投资基金管理人内部控制指引》，明确了私募基金管理人内部控制的目标、原则、要素等。

①内部环境：包括经营理念和内控文化、治理结构、组织结构、人力资源政策和员工道德素质等，内部环境是实施内部控制的基础。

②风险评估：及时识别、系统分析经营活动中与内部控制目标相关的风险，合理确定风险应对策略。

③控制活动：根据风险评估结果，采用相应的控制措施，将风险控制在可承受范围之内。

④信息与沟通：及时、准确地收集、传递与内部控制相关的信息，确保信息在内部、企业与外部之间进行有效沟通。

⑤内部监督：对内部控制建设与实施情况进行周期性监督检查，评价内部控制的有效性，发现内部控制缺陷或因业务变化导致内控需求有变化的，应当及时加以改进、更新。

该指引还明确提出私募基金管理人应当健全治理结构，防范不正当关联交易、利益输送和内部人控制风险，保护投资者利益和自身合法权益。

第三章
保险资管机构公司治理现状

一、整体情况

(一) 公司治理现状

1. 股权结构

截至 2021 年合计共有 33 家保险资产管理公司，股权结构具有如下特点：

(1) 发起人中的相关保险公司均为保险资产管理公司的控股股东。根据《保险资产管理公司管理暂行规定》，保险资产管理公司的主要发起人必须是保险集团（控股）公司或者保险公司。此外，该规定还要求境内保险公司合计持有保险资产管理公司的股份不得低于 75%。值得注意的是，该等保险公司也是保险资管公司受托管理资金的主要来源。

(2) 外资背景的保险资管公司数量不断增加。根据国务院金融稳定发展委员会办公室《关于进一步扩大金融业对外开放的有关举措》的规定，取消境内保险公司合计持有保险资产管理公司的股份不得低于 75% 的规定，允许境外投资者持有股份超过 25%，外资机构被鼓励在国内发起和参与设立保险资产管理公司。2021 年中国银保监会正式批复首家外资独资保险资管公司开业。

(3) 除保险公司以外，保险资管公司的其他发起人呈多元化趋势。例如信托公司、民营投资企业、房地产企业、建筑企业、软件企业等。

(4) 保险资管公司开展员工持股的比例很低。2015 年中国保监会贯彻落实党的十八届三中全会关于"允许混合所有制经济实行员工持股"精神，发布《关于保险机构开展员工持股计划有关事项的通知》，并且对保险资管公司开展持股计划的资质条件和持股比例进行了放宽。然而目前鲜见有相关员工持股计划落地。

2. 董事会及董事会专业委员会

中国保险资产管理业协会发布的《2019—2020 年保险资产管理业调研报告》[①] 显示：

[①] 该调研报告涉及的保险资管机构范围不限于保险资产管理公司。

（1）董事会构成人员整体较为稳定，机构加强独立董事的设置。参与调研的机构共有股东董事135人次，占比57%；执行董事48人次，占比20%；独立董事52人次，占比22%。

（2）行业继续加强董事会专业委员会设置，职能更加丰富与细化。参与调研的机构共设置112个董事会专业委员会（以下简称"董事会专委会"），共计385人次，平均每家机构设有3.7个董事会专委会，每个专委会平均3.4人次。

（3）董事会专委会职能设置更侧重风险管理与投资决策。参与调研的机构风险管理与审计类董事会专委会数量最多，总数为38个，占比34%；战略与投资决策专委会为26个，占比23%；关联交易控制类董事会专委会为14个，占比13%。

3. 经营管理层委员会

中国保险资产管理业协会发布的《2019—2020年保险资产管理业调研报告》显示：

（1）行业经营管理层委员会覆盖条线更广、功能更全。参与调研的机构共设置投资决策、风控合规信评、运营支持、管理服务四大类经营管理层委员会共计205个，同比增长23.49%；委员共计1 539人次，同比增长24.11%。平均每家机构设置有6.4个经营管理层委员会，同比增加12个，每个委员会平均有7.5人次。

（2）行业经营管理层委员会对投资管理、风险管理、信息技术管理方面较为重视。其中，行业共有投资管理类经营管理层委员会29个，委员243人次；风险管理类经营管理委员会30个，委员216人次；另有信息科技类经营管理层委员会16个，委员140人次。

（二）业务发展现状

中国保险资产管理业协会发布的《2020—2021年保险资产管理业调研报告》显示的相关情况如下：

1. 整体概况

（1）保险资金方面：系统内保险资金147 418.22亿元（77.04%），管理第三方保险资金15 750.00亿元（8.23%）；合计163 168.22亿元（85.27%）。

（2）业外资金方面：银行资金9 648.6亿元（5.04%），管理养老金10 894.76亿元（5.69%），其中基本养老金1 420.96亿元（0.74%），企业年金6 810.31亿元（3.56%），职业年金2 664.39亿元（1.39%），管理其他类资金7 645.72亿元（4%），合计28 189.08亿元（14.73%）。

2. 整体趋势

（1）近三年资金来源规模占比。系统内保险资金的规模占比同比微降，第三方资金的规模占比同比有所上升。其中，系统内保险资金的占比同比下降3.96个百分点，第三方保险资金的占比同比增长1.47个百分点，银行资金的占比同比增长1.32个百分点，养老金的占比同比增长0.98个百分点。

（2）近三年各类资金规模增速。系统内保险资金呈稳定增长态势，而第三方资金增速明显快于系统内保险资金。其中，系统内保险资金同比增长13.89%；第三方资金增速为45.69%，较2019年增长29个百分点；银行资金增速最快，达62.16%，同比增长49个百分点；养老金增速为44.54%，连续2年保持较快增长。

3. 机构情况

从各机构管理资金来源看，管理第三方资金规模超过20%的机构已超半数。在调研的26家保险资管公司中，第三方资金规模占比超过20%的机构有14家，较2019年增加2家；其中，有6家机构管理第三方资金规模占比超过50%。

4. 业务情况

从业务视角看，保险资管公司各主要业务类别的资金构成特点较为明显。专户管理业务以系统内保险资金为主，占比超过90%；组合类产品中业外资金（银行资金、养老金和其他资金）占比超过一半，银行资金占比最为突出；债权投资计划、股权投资计划和资产支持计划全部以保险资金（系统内保险资金和第三方保险资金）为主，占比超过80%；公募基金（仅指事业部）以业外资金为主，占比超过七成，其中其他资金占比超过四成。

（三）监管评价

1. 公司治理评价

原中国保监会在2017年开展了首次覆盖全行业的保险法人机构公司治理现场评估工作，其中涉及保险资产管理公司19家。相关监管评价情况如下：

（1）中资机构。监管评价内容主要分为四大类，包括三会一层运作、内部管控机制、股东股权及集团公司等（见表2-3-1）。

表 2-3-1　　2017 年中资保险机构公司治理监管评价之
两大类得分指标平均分及得分率

评价项目	满分	分项	集团公司	财产险和再保险公司	人身险公司	资产管理公司
三会一层运作	63.00	平均分	57.45	52.59	51.88	50.20
		得分率	91.19%	83.48%	83.25%	79.68%
内部管控机制	37.00	平均分	31.16	28.62	29.06	28.75
		得分率	84.22%	77.35%	78.54%	77.70%

资料来源：中国银保监会网站

股东股权及集团公司两大类指标为扣分项，其中集团公司考核项目主要针对集团以及拥有非保险子公司的机构（见表 2-3-2）。股东股权方面的扣分项主要集中在股东行为及股权变更方面，重点是股权质押未及时向监管部门报告、股东之间关联关系未报告等。集团公司指标扣分项主要集中在非保险子公司相关情况未及时披露。

表 2-3-2　　2017 年中资保险机构公司治理监管评价之
两大类扣分指标扣分家数

评价项目	扣分区间	集团公司	财产险和再保险公司	人身险公司	资产管理公司
股东股权	0~20 分	5 家	29 家	28 家	3 家
集团公司	0~9 分	7 家	4 家	5 家	2 家

资料来源：中国银保监会网站

原中国保监会没有单独发布监管评价中发现的中资保险资管公司问题，而是列出了中资保险机构整体存在的问题，部分内容具有参考意义，例如部分机构未建立独立董事制度；部分机构的考核激励机制存在违规；部分机构关联交易管理违规，存在通过金融产品等多层嵌套等方式，进行利益输送。

（2）外资机构。51 家外资保险机构的监管评价平均得分 85.06 分，其中的外资资产管理公司平均得分低于外资机构该等整体平均分，仅为 76.50 分。

监管评价内容主要分为约束性指标、遵循性指标和调节性指标三大类，共计 148 项。其中约束性指标 12 项，满分 12 分；遵循性指标 98 项，满分 88 分；调节性指标为扣分项，共 38 项，每项各 1 分。

总体来看，在得分项中，财产险公司和人身险公司平均得分均高于 80 分，评级均为合格。从指标类型来看，约束性指标得分率均达到 90% 以上，高于遵循性指标；遵循性指标中，考核激励和监督评价得分率较低，财产险公司和人身险公司均低于80%；从公司类型来看，人身险公司各项指标得分均高于财产险公司。从调节性指标看，平均扣分均在2分左右（见表2-3-3）。

表2-3-3 2017年外资保险机构公司治理监管评价得分及得分率

评价项目		满分	财产险和再保险公司		人身险公司		资产管理公司	
总分		100	平均得分	得分率	平均得分	得分率	平均得分	得分率
			84.15	84.15%	87.70	87.70%	76.50	76.50%
约束性指标		12	11.39	94.89%	11.60	96.64%	11.00	91.67%
遵循性指标	小计	88	74.31	84.44%	76.11	86.48%	68.50	77.84%
	组织架构	33	29.48	89.32%	30.33	91.90%	25.00	75.76%
	运行控制	40.50	34.98	86.36%	35.13	86.73%	31.00	76.54%
	考核激励	6.50	4.03	62.06%	4.71	72.48%	5.50	84.62%
	监督评价	8	5.82	72.73%	5.94	74.28%	7.00	87.50%
调节性指标		38	平均扣分	失分率	平均扣分	失分率	平均扣分	失分率
			1.55	4.07%	2.15	5.67%	3.00	7.89%
调节后总分		—	82.60	—	85.55	—	73.50	—

资料来源：中国银保监会网站。

原中国保监会没有单独发布监管评价中发现的外资保险资管公司问题，而是列出了外资保险机构整体存在的问题，部分内容具有参考意义，例如部分机构的董事会人员和管理层具有较高的重合度，缺乏必要的制衡；部分机构的关联方档案不完整；少数机构缺乏绩效薪酬延期支付制度，或延期支付制度不符合实际、比例的要求。

2017年后监管机构没有再次发布覆盖全行业/全部保险资管机构的公司治理现场评估情况，然而保险资管机构公司治理水平持续提高的现状得到普遍认同。

2. 监管评估

2019年中国银保监会出台《银行保险机构公司治理监管评估办法（试

行)》。虽然银行保险机构的公司治理监管评估不直接针对保险资管机构，但由于涉及保险资管机构的股东，仍然具有参考意义。中国银保监会已公布了2021年和2020年银行保险机构公司治理监管评估结果总体情况、2020年保险集团（控股）公司本级公司治理监管评估结果情况、人身保险公司2020年公司治理监管评估结果等。其中，《2021年银行保险机构公司治理监管评估结果总体情况》提及评估发现的主要问题包括：

（1）党的领导方面：部分机构党委前置研究重大经营管理事项落实不到位。有的机构个别重大经营管理事项未经党委会研究讨论直接提交董事会或高管层决策。

（2）股东治理方面：一是部分机构股东行为不合规不审慎，表现为：股东入股资金不实、违规股权代持、主要股东违反"两参一控"规定、主要股东违规干预经营管理、中小股东未能有效参与治理等。二是部分机构股权管理不规范，表现为：股东资质未能持续符合监管要求、股东股权质押比例过高、银行变相接受本行股权质押并提供授信、股东持股比例超过监管限制。

（3）董事会治理方面：一是部分机构董事会运作不规范，表现为：董事缺位或任职超期、董事履职保障不到位。二是部分机构独立董事人数不足、独立性缺失，董事履职不到位，表现为：独立董事人数及履职时间不符合监管要求、董事较少发表意见、董事会及下设专门委员会架构不完善。三是部分机构发展战略不科学不审慎，表现为：发展战略较为激进、扩张冲动较强、发展审慎性不足。

（4）监事会和高管层治理方面：一是部分机构监事会和管理层运作不规范，表现为：监事会构成不符合监管要求、监事会监督作用发挥不足、高管配备不足或长期缺位、高管违规兼任。二是部分机构激励约束机制不健全，表现为：内部问责机制存在缺失、薪酬制度体系不完善、绩效考核指标设置不合规、对绩效考核制度及执行情况的监督评估不足。

（5）风险内控方面：一是部分机构风险管理体系不健全，风险管理能力不足，表现为：风险管理机制不健全、与控股股东间的风险隔离未落实、并表管理能力不足。二是部分机构合规内控不完善，表现为：合规意识不牢、案件风险突出。三是部分机构内部审计不健全，表现为：内审机制不完善、内审部门缺乏独立性。

（6）关联交易治理方面：一是部分机构关联交易管理机制不完善，表现为：关联交易管理制度不完备，关联交易管理组织架构不健全，关联方认定不全面且更新不及时。二是部分机构关联交易审查不到位，表现为：关联交易审查不合规、关联交易集中度较高。三是部分机构关联交易内部监督机制不完善，表现为：内部审计监督缺位、集团内关联交易管理不到位。

（7）市场约束方面：一是部分机构信息披露内容不全面、不准确，不同程度存在未逐笔披露重大关联交易类型及金额、未披露外聘中介机构情况、未披露重要员工薪酬信息、未披露风险信息、对股东股权质押冻结情况披露不准确或不充分等情况。二是部分机构负面舆情造成不良市场影响，受到社会高度关注。

（8）其他利益相关者治理方面：一是部分机构利益相关者参与程度有限；二是部分机构社会责任意识仍需提升；三是部分机构消费者权益保护不到位。

3. 监管评级

2021年中国银保监会发布《保险资产管理公司监管评级暂行办法》，后续将根据评级结果进行差异化监管。

二、关联交易

2020年是直接适用于保险资管机构的《保险公司关联交易管理办法》（以下简称2019年《办法》）颁布后完整实施的首个自然年。该办法明确了从严监管、穿透监管的原则，将大额资金运用行为作为重点监控领域，涉及资金运用相关的主要内容包括"扩范围、控比例、严监管、重处罚"。2022年中国银保监会发布《银行保险机构关联交易管理办法（以下简称2022年《办法》），保险资管机构在内的银行保险业关联交易管理全面升级。本节对保险资管机构关联交易情况进行了分析。

（一）相关对比

相对于2019年《办法》，2022年《办法》主要在以下方面做出了重要调整：

1. 关联方定义向会计准则趋同

2022年《办法》借鉴了《企业会计准则第36号——关联方披露》的内容，在2019年《办法》基础上明确区分了关联关系的情形，包括一方控制另一方或对另一方施加重大影响，以及同受一方控制或重大影响。

在关联自然人领域，2022年《办法》增加了自然人控股股东和实际控制人的一致行动人和最终受益人；持有或控制不足5%股权但对银行保险机构经营管理有重大影响的自然人；保险资金运用等核心业务审批或决策权的人员；以及上述人员的配偶、父母、成年子女及兄弟姐妹。

在关联机构领域，2022年《办法》增加了控股股东和实际控制人，以及其他持有或控制5%以上股权的法人或非法人组织的一致行动人和最终受益人；持有或控制不足5%股权但对银行保险机构经营管理有重大影响的法人或非法人组织，及其控股股东、实际控制人、一致行动人、最终受益人；删除了持有或控制保险公司5%以上股权的法人或其他组织，及其控股股东、实际控制人的董事、监事或高级管理人员控制的法人或其他组织等。

2. 关联交易定义微调，关联交易种类发生重大变化

2022年《办法》在关联交易定义上更加明确强调交易本质——利益转移，但是将关联交易种类从六大类调整为四大类。特别是在资金运用类关联交易的范围中，增加了直接或间接买卖债券和股票等有价证券，增加了间接投资关联方发行的金融产品，删除了与关联方共同投资（含新设、增资、减资、收购合并等）。2022年《办法》还将委托或受托管理资产从保险业务类关联交易，转变为服务类关联交易。值得注意的是，2019年《办法》在三十三条允许委托或受托管理资产在内的保险业务类关联交易签署统一交易协议，2022年《办法》在第四十七条也是做出了类似规定，委托或受托管理资产在内的提供服务类关联交易依然可以签署统一交易协议。统一交易协议的签约、实质性变更及续约按照重大关联交易处理。统一协议内的关联交易不再需要进行单笔的审查、报告或披露，但应当在季度报告中说明执行情况。

3. 关联交易监管比例大部分收紧

2022年《办法》降低了保险机构投资全部关联方账面余额比例，降低了对关联方投资金额占各类资产投资限额的比例，降低了金融产品底层基础资产涉及控股股东、实际控制人或控股股东、实际控制人的关联方时，保险机构对金融产品的投资比例。值得注意的是，2022年《办法》对投资单一关联方账面余额比例有所提高。

4. 新增禁止性规定

例如2022年《办法》新增变相突破监管限制对关联方违规融资的红线，该等违规方式包括但不限于借道不动产项目、非保险子公司、信托计划、资管产品或其他通道，以及嵌套等。

5. 强化内部制度管理

2022年《办法》要求强化关联交易管理架构和职责分工，特别明确对资产转移、保险资金运用等核心业务审批或决策权的人员管理，明确承担合规性责任的部门负责人，明确控股子公司与银行保险机构关联方进行关联交易的具体管控等。

6. 信息披露的方式有所调整

2022年《办法》将保险机构关联交易信息披露的现行做法,在银行保险机构内做了整体推广,保险机构年度、季度和单笔关联交易信息披露实务和经验对其他类型的机构后续将产生较大影响。2022年《办法》在关联交易信息披露方式上有所调整,并未明确沿用之前的机构官网和协会网站双披露方式。值得注意的是,《保险公司资金运用信息披露准则第1号:关联交易》等相关规定是否继续有效,需要后续考虑和明确。

(二) 整体情况

从资金流向看,保险资管机构资金运用关联交易总体可以分为四大类型,即资金流入型、资金流入流出型、资金流出型、未明确披露等。其中,资金流入型关联交易,是指保险资管机构运用关联方的资金且对外投资中不涉及关联方。资金流入流出型,是指保险资管机构运用关联方的资金且对外投资涉及其他关联方。资金流出型关联交易,是指保险资管机构运用非关联方的资金或自有资金对外投资中且涉及关联方。未明确披露,是指保险资管机构相关披露内容未明确具体资金方等。2020年保险资管机构公开披露的资金运用关联交易信息合计约400多次。

2020年保险资管机构公开披露的资金运用关联交易信息具有如下特征:

(1) 保险资管机构与体系内保险机构和其下属公司的关联交易占比较高。具体类型可以归纳为如下四类:①体系内保险资金的委托投资;②体系内保险资金投资保险资管机构发行的保险资管产品;③体系内保险资金投资保险资管机构设立的保险私募基金或公募基金;④保险资管机构自有资金投资于关联方发行的金融产品或以关联方资产为基础资产的金融产品等。其中,在委托投资情形下投资保险资管机构发行的保险资管产品较为复杂,涉及投资决策和关联交易定价的双重公允性。

(2) 保险资管机构体系内保险资金以外的关联交易占比相对较低,但有典型意义,部分交易是否属于关联交易尚存争议。具体类型可以归纳为如下四类:①非保险机构的关联方投资于保险资管机构设立的组合类产品或保险债权投资计划等保险资管产品;②保险资管机构受托资金投资于保险资管机构关联方发行或以关联方资产为基础资产的金融产品;③保险资管机构发行的组合类产品投资保险资管机构关联方发行或以关联方资产为基础资产的金融产品;④保险资管机构关联方发行的金融产品投资于保险资管机构发行的组合类产品等。

（3）存在个别未披露具体资金方的交易。例如，保险资管机构发行的组合类产品投资其发行的其他保险资管产品等。

（三）监管通报

1. 关联交易情况核查

原中国保监会在 2015 年对保险公司关联交易情况进行了核查及通报，其中发现的行业问题主要包括：

（1）关联交易资金运用比例违反监管规定。

（2）重大关联交易未进行监管报告。

（3）重大关联交易未按照有关规定在行业协会网站披露。

（4）重大关联交易未按照有关规定在公司网站披露。

（5）关联交易季度报告未按照有关规定向中国保监会报告。

上述第 3 及第 5 项问题涉及保险资管机构，其他问题涉及部分保险集团（控股）公司和保险公司。

2. 银行保险机构股权和关联交易专项整治

2021 年中国银保监会通报了银行保险机构股权和关联交易专项整治的情况，通报的问题集中于规避监管行为（通过隐瞒隐藏关联关系等）、对银行保险机构进行控制、获取不正当利益等，例如关联交易违规进行利益输送。

（四）外部约束

观澜榜® 科技在国内首次对保险机构关联交易公开信息披露进行了研究，主要观点包括：

1. 观澜：中国银保监会《银行保险机构关联交易管理办法》参照了《保险公司关联交易管理办法》的相关要求，全面升级关联交易信息披露监管体系。研究保险机构关联交易信息披露现状，对银行保险业具有重要参考价值。

2. 慎独：保险机构关联交易信息披露规则尚有制度留白。在外部约束的"无人区"，最能体现机构合规文化和合规管理的硬实力。

3. 静思：公司治理是防风险的"牛鼻子"，关联交易管理则是"牛鼻子"上的"牛缰绳"。信息披露作为关联交易管理的重大内容，其内核在于铸造避免掏空行为的"达摩克利斯之剑"。如何发挥关联交易监管系统的既有经验，实现关联交易信息披露的监管目标和合规成本的和谐与平衡，有待监管细则。

针对于保险资管机构而言，当下关联交易管理的主要问题、痛点和亮点如下：

问题：一是信息披露不规范，部分机构存在信息披露的时效和内容存在瑕疵，具体体现在披露不及时，披露不完整等情况；二是关联交易管理机制存在疑似盲点，部分保险公司和保险资管机构的资金委托管理中，涉及关联交易的决策流程存在改进空间，特别是资金委托管理中交易行为发生在保险公司及其关联方之间，相关决策机制值得关注；三是部分机构关联交易定价政策和定价依据披露有待优化。

痛点：一是监管规则效力有待进一步明确，例如《保险公司资金运用信息披露准则第1号：关联交易》基于已废止的《保险公司关联交易管理暂行办法》，该准则是否继续有效在行业内存在争议。二是监管规则口径有待进一步明确，例如保险公司和保险资管机构的资金委托管理是否可以被认定为统一交易协议，该协议下发生的关联交易从而可以无需逐笔进行审查、报告和披露在行业内存在争议。又如二级市场的股票买卖等具体关联交易业务及关联交易金额的认定规则在行业内存在争议。三是保险公司和保险资管机构之间的关联交易，是否保险公司和保险资管机构均需要进行信息披露在行业内存在争议。

亮点：保险资管机构关联交易信息披露整体质量较好，部分机构信息披露具有行业标杆意义。目前关联交易信息披露包括三类：一是单笔披露（包括重大关联交易、统一交易协议、资金运用关联交易）；二是季度披露（分类合并）；三是年度披露（公司年报），其中季度披露和年度披露的具体规则尚待细化。特别是年度披露领域的规则几乎空白，部分保险机构采取简约式模版式披露（可以年年套用），部分保险资管机构则采取详细式自愿披露，甚至披露了当年度关联交易的详细情况，值得行业借鉴。

值得注意的是，除了关联交易信息披露以外，保险机构另外一个重要的信息披露内容是投资能力。在行业首次投资能力信息披露外部评价中，2020年度保险业投资能力信息披露具有以下主要特点：

1. 从行业披露的合规情况看，多数机构信息披露符合《关于优化保险机构投资管理能力监管有关事项的通知》要求，具有多个投资能力的保险机构信息披露效果具有一定优势；从行业披露的有效情况看，部分机构达到甚至超过了制度预期，例如有部分机构在信息披露监管规定之外，增加了自愿披露内容。

2. 保险资管机构的投资能力信息披露整体情况好于保险公司（含保险集团）。

3. 有部分机构存在"举手式合规"披露的情况，披露内容简单对标监管规定后直接"举手式"给出合规结论。

4. 有个别机构的披露内容存在明显瑕疵，例如缺少披露监管规定要求的披露内容。

此外，本次外部评价报告中也对保险机构投资能力信息披露提出了相关建议：

1. 进一步优化信息披露监管规定，例如：

（1）对投资能力信息披露质量优秀的机构，特别是监管规定以外有效开展自愿披露的机构，给予政策激励。

（2）细化《关于优化保险机构投资管理能力监管有关事项的通知》中"人员资质"和"流程机制"的披露规则。

2. 建议制定保险机构投资管理能力信息披露行业规范，完善行业信息披露管理平台，进一步提高行业整体披露水平，例如：

（1）固化形式标准，要求保险机构在公司官网公开信息披露的具体时间并对信息披露内容进行有效分类和标签，便于查询。

（2）强化内容标准，参照国际保险监督官协会（IAIS）2019年修订的ICP20《保险监管核心原则20 信息披露》，要求披露内容解释充分，避免"举手式合规"披露等。

（3）深化效果标准，建议考虑保险机构投资财务信息披露和投资能力披露的有效结合。

（4）优化平台标准，除表单式呈现以外，采取科技手段强化披露内容有效性。

3. 建议关注公司官网信息披露功能的完善，避免信息披露页面无法打开；强化信息披露平台和官网披露系统的技术衔接，避免官网版披露内容参照协会版披露内容时，引用风险责任人披露内容无法阅读等。

第四章
保险资管机构公司治理特殊性及相关建议

一、保险资管机构公司治理的特殊性

(一) 特殊性的主要背景

保险资管机构公司治理特殊性和保险资管机构发展阶段密切相关。保险资管机构的发展主要可分为以下四个阶段:[①]

一是起步阶段(2003年至2012年),该阶段的标志是建立集中化、专业化、规范化的保险资金运用体制和拓展投资渠道。

二是改革阶段(2012年至2017年),该阶段的标志是"新国十条""十三项新政"等新政策出台,进一步深化保险资金运用及其监管体制的市场化改革。

三是严监管阶段(2017年至2020年),该阶段的标志是原中国保监会下发"1+4"系列文件,进入到"严监管"周期。

四是整合阶段(2020年至今),该阶段的标志是中国银保监会下发保险资管行业"1+3"规则体系和健全银行业保险业公司治理三年行动方案。该阶段有三大特点:

(1) 业务规则整合:保险资管产品规则整体重塑,并与大资管市场同类私募产品规则拉平,保险资管市场化提速。

(2) 公司治理整合:中国银保监会成立后公司治理相关规定趋向统一,普适性规则与保险资管机构特殊性之间有待调和。

(3) 社会责任整合:疫情和气候变化对社会和经济产生了深远影响。对保险资管机构而言自身ESG(Environment, Social and Governance)的表现和责任投资原则的践行日益重要。正如中国银保监会副主席肖远企在"2021青岛·中国财富论坛"上指出,2020年新冠肺炎疫情暴发以来,ESG标准在全球重视程度被推向新高度,各项内容大为扩展:"环境"因素中,更关注生态平衡和生活环境清洁;"社会"因素中,更关注食品和日用品的安全性;"治

[①] 参考曹德云:《中国保险资产管理业发展现状和趋势》,《上海保险》2019年4月。

理"因素中更关注企业在困难时期对员工的人性化关怀。[①]

（二）特殊性的主要内涵

结合当下保险资管机构的发展阶段，保险资管机构公司治理的特殊性集中体现在两大方面：

1. 相对于保险公司：属于走向市场化的保险体系内投资机构。保险公司的主要业务提供风险保障，从事《保险法》意义下的负债经营；保险资管机构的主要业务是提供资金运用，从事信托法意义下的受托经营。两者具有根本性的差异，特别是随着市场化程度的不断深入，保险资管机构的资金运用不限于保险资金。

2. 相对于投资机构：属于部分资金委托方控制下的保险机构。从现有保险资管机构的股权结构上看，保险股东对保险资管机构形成股权控制；从保险资管机构的监管规则适用上看，保险体系的监管规则也较多适用。

（三）特殊性的主要矛盾

保险资管机构公司治理特殊性相关的主要矛盾：

1. 既往保险化与趋势资管化的矛盾。保险资管机构已经走在了大资管的征途上，保险资管机构的外部监管和内部管理均需跳出保险视角，增加券商视角和基金视角等。

2. 管理集团化与业务市场化的矛盾。保险资管机构的保险股东需平衡好对保险资管机构进行的并表管理、股东管理、委托管理等，避免违法违规干预。

3. 股权单一化与资金多样化的矛盾。保险资管机构需防范利益输送和利益冲突，公平对待客户。

（四）特殊性背后的差异性

保险资管机构公司治理整体特殊性背后，也需要留意不同机构之间的差异性：

1. 部分机构以服务保险股东为主：从股权结构看，这部分机构股权结构单一，甚至为保险股东100%持股；从具体业务看，这部分机构业务聚焦在服务保险股东的保险资金。

2. 部分机构以服务市场客户为主：从股权结构看，这部分机构股东较多，

---

① 肖远企：《资管行业要做长期价值投资者》，中国银行保险报公众号2021年7月24日。

股权相对分散；从具体业务看，这部分机构保险股东的资金规模相对较小，业务聚焦在服务市场化资金，包括其他保险机构的保险资金和保险业外资金等。

3. 部分机构居于两者之间：这部分机构虽然股权结构也较为单一，但业务发展同时兼顾保险股东的保险资金和市场化资金，并且市场化资金规模占比逐渐提升。

二、保险资管机构关联交易特殊性

除上述内容外，保险资管机构在关联交易领域的特殊性值得额外关注。2020 年中国银保监会《保险资产管理产品管理暂行办法》保险资产管理机构应当建立健全关联交易规则，对关联交易认定标准、定价方法和决策程序等进行规范，不得以保险资管产品的资金与关联方进行不正当交易、利益输送、内幕交易和操纵市场等违法违规行为。

观澜榜® 科技发布的研究认为，不同于保险公司，保险资管机构的关联交易管理具有明显的特殊性，主要体现在监管规则适用，自有资金、保险资金、非保险资金的差异性，各类保险资管产品之间的差异性等。

（一）监管规则适用

保险资管机构关联交易监管规则适用具有双层性。一方面，保险资管机构适用《银行保险机构关联交易管理办法》及其相关规则；另一方面，保险资管机构适用《保险资产管理产品管理暂行办法》及实施细则、《保险资金间接投资基础设施项目管理办法》《资产支持计划业务管理暂行办法》等业务规则中的关联交易监管要求。《银行保险机构关联交易管理办法》对该等规定具有溢出影响，例如影响具体执行口径等。

（二）自有资金的关联交易管理

对于保险资管机构的自有资金关联交易而言，本质上是保险资管机构自身对外进行的交易，主要适用《银行保险机构关联交易管理办法》等规定。

保险资产管理公司以外，其他类型的保险资管机构则相对特殊：

一方面，其与母公司（保险公司）的关联方发生的转移资源或者义务的事项，按照保险公司的关联交易进行管理；

另一方面，其与自身关联方（不属于保险公司的关联方）的关联交易如何管理，有待明确，理论上应当按照保险资管公司的规则同样处理。

（三）委托投资合同项下受托保险资金的关联交易管理

委托投资合同项下受托保险资金的关联交易主体仍然是保险公司及其关联

方,保险资管机构并非该等交易的直接主体,该等交易应当适用《银行保险机构关联交易管理办法》的有关规定。值得注意的是:

1. 保险公司和受托的保险资管机构构成关联方的,委托合同构成保险公司和保险资管机构的关联交易,属于《银行保险机构关联交易管理办法》规定的关联交易(委托或受托管理资产),保险公司和受托的保险资管机构各自均需完成关联交易管理流程。

2. 如果委托投资合同项下交易相对方属于保险公司关联方的,该笔投资交易只构成保险公司的关联交易,多属于《银行保险机构关联交易管理办法》资金运用类关联交易,主要是保险公司履行关联交易管理各项流程。

3. 如果委托投资合同项下交易相对方属于保险资管机构关联方,但不属于保险公司关联方的,通常情况下,该笔交易既不属于保险公司的关联交易,也不属于保险资管机构的关联交易。此时,保险资管机构应当按照《保险资金委托投资管理暂行办法》和委托协议处理,避免利益冲突损害保险公司利益。

(四) 保险资管产品的关联交易

保险资管产品包括债权投资计划、股权投资计划和组合类保险资管产品等。需要注意的是:

1. 保险资管产品具有独立性,可以理解为拟制的法律主体。保险资管产品财产独立于保险资产管理机构、托管人和其他为产品管理提供服务的主体自有或管理的财产。

2. 需要区分关联交易管理和利益冲突管理。保险资管产品的利益冲突管理,并不完全等同于保险资管机构本身的关联交易管理。保险资管产品的利益冲突管理主要解决的是基础资产涉及保险资管机构关联方时,如何避免损害投资者利益的问题,本质是保险资管产品拟制的法律主体与保险资管机构关联方之间的交易,考虑参照《商业银行理财子公司管理办法》的规定。

3. 需要区分产品认购层面的交易和产品投资层面的交易。产品认购层面的交易构成保险公司和保险资管公司之间的关联交易,特别的是,对于债权投资计划和股权投资计划而言,目前都是事先确定投资标的,现行监管规定也穿透将投资基础资产包含关联方资产的金融产品纳入了保险公司关联交易管理范围。对于向单一投资人发行的定向组合类保险资管产品,也可以参照委托投资合同项下受托保险资金的关联交易管理。

4. 对于组合类保险资管产品中向多个投资人发行的集合产品,产品投资层面关联交易的穿透监管相对困难，并且受托方的投资决策也不宜受单个或多个投资人内部关联交易规则的限制，建议侧重于信息披露监管和事后监管。

5. 现行规定中对保险资管产品中特定关联关系的禁止，本质是为了避免利益冲突。保险资管产品中存在未禁止的关联关系，例如债权投资计划的受托人与托管人等。

三、保险资管机构公司治理相关建议

完善保险资管机构公司治理的具体建议：

1. 细化监管规则。在修订《保险资产管理公司管理暂行规定》时，针对保险资管机构的特殊性，细化相关公司治理要求；在《银行保险机构关联交易管理办法》的基础上增补保险资管机构的关联交易管理规范，特别是细化保险资管产品和保险私募基金、资本市场投资等关联交易认定规则，可考虑在关联交易监管系统数据填报规范中发布并及时更新。针对保险资管机构的差异性，对于以服务保险股东为主的保险机构，在公司治理架构的监管要求上给予一定的灵活度。

2. 建立行业指引。在《银行保险机构公司治理准则》的基础上，汇聚行业力量打造最佳实践的相关指引，例如激励约束管理、利益冲突管理、关联交易管理、信息披露管理等。

3. 强化社会责任。保险资管机构一方面需运用 ESG 企业评价标准，加强自身管理建设；另一方面需建立完善 ESG 投资体系，在受托管理中做出符合 ESG 评价标准的投资决策。

4. 实施弹性管理。新冠肺炎疫情尚未消散，气候危机如影随形，内外部管理面临的不确定因素不容忽视，保险资管机构需建立并实施常态化的弹性管理机制，做好突发事件的内外部应对，加强业务连续性管理。

5. 鼓励外部监督。外部市场约束是现代公司治理的重要内容，建议一方面推动保险资管机构完善信息披露的及时性和有效性；另一方面，通过政策引导，对社会舆论监督加以扶持，推动行业合规健康发展。

参考文献

［1］李克穆. 保险业信息披露研究［M］. 中国财政经济出版社，2007.

［2］陈文辉. 国际保险监管核心原则的最新发展与中国实践［M］. 人民日报出版

社．2012．

［3］李维安，郝臣．公司治理手册［M］．清华大学出版社，2015．

［4］郝臣，李慧聪，崔光耀．治理的微观、中观与宏观——基于中国保险业的研究［M］．南开大学出版社，2017．

［5］冯根福．中国公司治理前沿问题研究［M］．经济科学出版社，2009．

［6］郝臣．中国保险公司治理研究［M］．清华大学出版社，2015．

［7］斯蒂芬·M.班布里奇．金融危机后的公司治理［M］．上海人民出版社，2021．

［8］郭树清．完善公司治理是金融企业改革的重中之重［N］．经济日报，2020 年 7 月 3 日．

［9］曹宇．优化体制机制建设 强化投资者保护 全面提升银行保险资管机构公司治理水平［J］．中国银行业，2020（7）．

［10］梁涛．奋力构建中国特色银行保险业公司治理机制［J］．中国金融，2020（15）．

［11］曹德云．中国保险资产管理业发展现状和趋势［J］．上海保险，2019（4）。

［12］何肖锋．迎接公司治理的挑战［J］．保险业风险观察，2017（1）．

［13］李维安等．公司治理研究 40 年：脉络与展望［J］．外国经济与管理，2019（12）．

［14］唐未兵等．《国外公司治理研究综述》［J］．湖南工业大学学报（社会科学版），2021（1）．

［15］罗胜．《保险公司治理评价与治理监管研究》［D］．天津：南开大学 2012 年．

［16］赵诚．《美国多德—弗兰克法案解读》［D］．上海：复旦大学 2012 年．

［17］中国保险资产管理业协会《2019—2020 年保险资产管理业调研报告》．

［18］中国保险资产管理业协会《2020—2021 年保险资产管理业调研报告》．

［19］袁平海．数智化关联交易治理框架．中保登业务公众号，2021 年 4 月 10 日．

［20］罗胜．保险公司治理十年建设 穿越历史和现实的"变"与"不变"．慧保天下公众号，2016 年 10 月 18 日．

［21］杨梦．2020 年全球公司治理制度的重要变化．深交所研究公众号，2021 年 6 月 8 日．

专题三
防范不当关联交易风险的监管制度与行业建设

专题 3.1
防范不当关联交易风险 促进保险资产管理行业高质量发展

近年来，中国银保监会深入贯彻落实党中央、国务院关于打好防范化解重大金融风险攻坚战的决策部署，持续开展银行保险机构股权和关联交易专项整治，取得积极成效。2022年1月，中国银保监会印发《银行保险机构关联交易管理办法》，实现监管标准一致性基础上的差异化监管，既立足于银行保险资金运用实际情况，又坚决地打击用复杂交易结构掩盖不当关联交易等违规行为，对于防范不当关联交易风险、促进保险资产管理行业高质量发展具有重要意义。

一、明确区分关联交易和不当关联交易

银行保险机构关联交易是指银行保险机构与关联方之间发生的利益转移事项。其中，保险机构资金运用类关联交易包括在关联方办理银行存款；直接或间接买卖债券、股票等有价证券，投资关联方的股权、不动产及其他资产；直接或间接投资关联方发行的金融产品，或投资基础资产包含关联方资产的金融产品等。与此同时，不当关联交易是指以关联方之间的交易为名，一方或多方利用其优势地位，采用不正当手段损害另一方或有关人员的利益，以实现其不正当利益的非正常的交易行为。

在业务实践中，各种市场主体合作竞争，形成大量关联交易。一方面，关联交易在降低信息、管理和监督成本，提高交易效率和市场竞争力等方面起到了积极作用。另一方面，不当关联交易因涉及利益冲突、信息不对称、非公允定价等行为，容易成为关联方操控公司、攫取利益、逃避赋税、转移债务的手段，最终造成股东及其他相关市场主体的损失。

我国的法律制度明确禁止违反交易公平性、损害各市场主体合法权益的不

---

* 本专题作者：中国保险资产管理业协会，曹德云。

当关联交易。最高人民法院公布的相关判例显示，不当关联交易主要体现为强制交易、利用关联关系人为制造盈亏、不公平交易、滥用支配地位、违反竞业禁止和忠实义务等行为。

二、坚决落实保险资产管理关联交易监管要求

随着保险机构的关联交易种类和规模增长，市场对关联交易和不当关联交易的认识逐步深化，监管部门陆续出台了一系列政策法规规范保险资产管理相关的关联交易。

（一）第一阶段（2000—2006 年）：探索起步，促进有序发展

2000 年，《保险公司管理规定》明确保险资金可以买卖监管部门指定的中央企业债券，规定关联公司之间开展资产管理业务应当报监管部门批准。2004 年，该项政策作出修订，进一步明确保险资金可以买卖企业债券、证券投资基金，要求保险公司建立关联交易管理制度，关联方包括关联公司和关联自然人，并将保险公司关联交易的监管由事前批准调整为重大关联交易事后报告机制。

此外，《保险机构投资者股票投资管理暂行办法》《保险资金间接投资基础设施项目试点管理办法》《关于规范保险公司治理结构的指导意见（试行）》对保险机构投资于直接或间接持有其股份的上市公司及其关联公司股票的行为予以限制，就股东的关联关系报告义务、独立董事的重大关联交易审查权责、关联关系管理等方面作出规定。这些监管规定的出台，推动了相关市场主体高度重视保险资金运用关联交易管理。

（二）第二阶段（2007—2013 年）：建章立制，鼓励创新发展

2007 年，《保险公司关联交易管理暂行办法》及其配套文件首次对保险公司关联交易进行专门规范，将"保险公司资金的投资运用和委托管理"作为单独的一类关联交易实施监管，明确关联交易金额计算，提出加强保险公司关联交易管理制度建设并报监管部门备案等监管要求。

2009 年，《保险法》作出修订，规定保险公司应建立关联交易管理和信息披露制度，禁止关联方利用关联交易损害公司利益，为保险公司关联交易监管提供了上位法依据。

这一时期，监管部门鼓励保险资金开展资产配置、丰富投资品类，先后出台《保险资金境外投资管理暂行办法》等 14 份政策文件，要求保险机构在开展股权投资、不动产投资、债券投资、债权投资计划、境外投资、突发事件应

急管理、起草公司章程和治理报告等业务活动时，应采取有效措施，建立资产隔离制度和流程，清晰界定关联关系，向监管部门及时报告因关联交易导致保险资金被非法侵占的情形，防范不当关联交易。

（三）第三阶段（2014—2018年）：加强监管，推动规范发展

在信息披露方面，监管部门印发《保险公司资金运用信息披露准则第1号：关联交易》等8份文件，明确资金运用关联交易信息披露的监管要求，对保险资金运用关联交易类型、比例、审批程序、穿透管理以及投资集合资金信托计划、设立股权投资计划、保险私募基金等监管政策进行完善和细化。

在内控管理方面，《保险法人机构公司治理评价办法（试行）》《保险资金运用内部控制指引（GICIF）》先后出台，从专项审计、公司治理监管评价、内部控制、股权管理等方面强化关联交易的穿透监管，要求按照实质认定保险公司股东、实际控制人、关联方、一致行动人等。

在业务规范方面，《保险资金运用管理办法》及其配套文件规定，保险公司股东不得违法违规干预保险资金运用，保险资金运用关联交易应遵守法律法规、国家会计制度以及有关监管规定，并对保险资金在设立专项产品、开展资产支持计划业务、间接投资基础设施项目等经营活动中形成的关联交易提出管理要求。

（四）第四阶段（2019年至今）：精准施策，助力高质量发展

在统筹监管方面，2019年《保险公司关联交易管理办法》整合系列监管规定，要求保险公司按照实质重于形式原则，跟踪监控保险资金流向，穿透至底层基础资产，识别业务风险。2022年《银行保险机构关联交易管理办法》整合银行业保险业制度，实现监管标准一致性基础上的差异化监管，对借助复杂交易结构、通道业务向关联方输送利益、规避监管等违规行为设置禁止性规定，厘清业务边界。

在公司治理方面，《保险资产管理公司监管评级暂行办法》《银行保险机构董事监事履职评价办法（试行）》《银行保险机构公司治理准则》《银行保险机构大股东行为监管办法（试行）》《保险集团公司监督管理办法》强化关联交易管理要求，夯实主体责任。

在专项整治方面，中国银保监会针对关联交易认定不清晰、信息披露不规范、报告不及时、违规进行关联交易等问题，开展银行保险机构股权和关联交易专项整治。2022年，中国银保监会印发《关于开展保险资金运用关联交易专项检查的通知》，首次对保险资金运用关联交易开展专项检查，聚焦制度建设、信息披露、交易审查、资金运用类关联交易行为等四个方面，落实穿透监管。

在业务发展方面，中国银保监会聚焦重点机构重点业务，对保险资金参与集合资金信托计划、债转股投资计划、财务性股权投资、证券出借、保险资管产品相关业务活动分类施策，提高关联交易监管的有效性，促进稳健发展。

三、深刻认识保险资金运用相关不当关联交易的危害

（一）不当关联交易助推终极控股股东利用控制权侵占保险资金，损害各方合法权益

在保险资产管理业务中，保险消费者是保险资金的债权人，拥有保险资金的大部分所有权，保险公司和保险资产管理公司拥有保险资金的使用权，运用保险资金开展投资。保险资金所有权和使用权分离的特征，使其与股权关系、债权关系、信托关系或委托关系有所不同，规制难度相对较大。

当保险资金参与的投资活动中出现以复杂交易结构、嵌套交易合同隐瞒不当关联交易等情形时，保险消费者无法识别不当关联交易，难以维护自身权益。与此同时，不当关联交易超期占用或侵占保险资金，影响保险公司持续经营，直接损害公司价值，不仅使保险公司股东（尤其是中小股东）的股利分配减少、股权被间接稀释，而且导致投保人和债权人受偿付能力降低。

（二）不当关联交易故意隐匿资金的真实流向逐渐掏空保险机构，扰乱市场运行秩序

不当关联交易操控盈余资金，利用信息的不对称性粉饰报表，进行循环虚假注资，影响市场资源的有效配置。部分关联方利用不当关联交易构建非公允价值交易，既扰乱资本增资秩序，直接损害保险资金价值和其他股东增资权益，又隐匿资金真实去向，蒙蔽开展评估、审计、法律事务的中介机构，造成国家税收等损失。

不当关联交易无视保险机构董事会和高管层的决策权责，违规进行利益输送，成为部分大股东、实际控制人、终极控股股东的"提款机"。不当关联交易的长期累积，将逐渐掏空保险资金，极易导致保险资金链条出现断裂，引发风险事件，对保险机构稳健经营和持续发展造成负面影响。

（三）不当关联交易规避各类治理和保障机制极易损害保险行业，耗费大量社会资源

不当关联交易的复杂性，加剧了信息不对称问题，使保险机构资金、资

产、资本的协同管理失效，抬高规范运营成本。不当关联交易的隐蔽性，掩盖了"掏空"行为，因不当关联交易导致偿付能力严重不足的保险机构，必须投入大量监管资源、社会资源进行查处、整顿、接管、重组、清算，加大风险处置成本。

不当关联交易导致的风险事件具有突发性，一旦大规模快速暴露，将对经济稳定发展造成影响，耗费社会治理成本。不当关联交易的危害性，使其减损的保险机构估值和行业声誉难以修复，在维护市场公平竞争、发挥保险主业功能、服务实体经济等方面，形成大量隐形成本。

四、共同加强保险资金运用关联交易风险防范

良好的公司治理，是规范金融业务运营、促进保险机构稳健发展的基本保障。加强不当关联交易管理，是保险机构开展公司治理的必要环节，也是保险资产管理行业提升公司治理水平的重要举措。

（一）加强公司治理，履行风险防范主体责任

在新发展阶段，保险机构必须深入贯彻新发展理念，不忘初心使命，专注主责主业，按照监管要求、规范标准和治理框架，持续健全公司治理结构，将股东会、董事会、关联交易控制委员会和管理层的保险资金运用关联交易管控职责落在实处，确保独立董事、监事会、内审等监督机制有效运行，防范不当关联交易，实现健康可持续发展。

（二）加强内控建设，确保有效管理经营活动

面对更趋复杂和不确定的外部环境，保险机构必须健全公司治理，加强不当关联交易管理，逐渐形成分工合理、职责明确、制约有效、信息披露清晰的保险资金运用关联交易内控机制，有效约束控股股东行为，完善关联方识别、报告、信息收集与管理，建设关联交易定价、审查、回避、报告、披露、审计和责任追究等全流程管控体系，严防利益输送。

（三）加强信息披露，借助科技力量提升质效

在数字技术与经济金融深度融合形势下，保险机构必须积极配合监管监督，逐步加强行业监督，主动接受社会监督，借助大数据等技术手段和金融基础设施等专业力量，提升系统管理、交易管理、人员管理、关联关系管理和信息披露水平，持续健全关联交易的数字化全流程管理、重大关联交易管理、监管指标动态监测等，提升管理精准度和时效性。

（四）加强自律管理，营造合规文化促进发展

在中国银保监会指导下，中国保险资产管理业协会将继续发挥行业自律作用，推进保险资金运用关联交易合规建设、不当关联交易筛查调查和自律监督检查；加强保险资金运用关联交易管理制度、披露标准、公允要求和相关法律责任研究；延续政策宣传、内控建设和经验交流等良好实践，切实提升从业人员关联交易合规意识和管理能力，持续助力保险资产管理行业建设审慎经营、管控风险的合规文化。

专题 3.2
加强穿透管理　防范不当关联交易风险*

自 2012 年我国监管部门首次提出穿透原则以来，围绕保险业务穿透管理这一主题，监管部门多次出台政策。2022 年，中国银保监会印发《银行保险机构关联交易管理办法》，再次强调穿透原则对于关联交易管理的重要性，要求银行保险机构开展关联交易应当遵守法律法规和有关监管规定，健全公司治理架构，完善内部控制和风险管理，遵循诚实信用、公开公允、穿透识别、结构清晰的原则。

一、深刻理解保险资金运用关联交易穿透管理的必要性

穿透原则，是指透过金融业务的表现形式，看清业务实质，将资金来源、中间环节与最终投向连接起来甄别金融业务和经营行为，根据产品功能、业务性质、法律属性等建立管理机制，对金融机构的经营活动实施全流程管理。

金融市场具有动态性。金融业务涉及的机构组合随客户需求适度调整，金融监管政策的出台、实施和修订紧跟市场机构实践逐步发展，金融创新的各类尝试推动相关经营活动、技术应用等方面的逐渐优化。

金融业务具有互补性。不同金融产品相互组合以满足机构和居民多样化的金融服务需求。不同金融交易为实体经济提供的服务各具特点，相互衔接可达成价格发现、风险分散、提高投融资效率等运营目标。不同区域营商环境和政策要求有所差异，相互契合，以落实金融支持区域发展战略。

金融服务具有协同性。金融运行需同时满足客户需求、经营诉求和监管政策，实现外在要求和内生动力的协同。金融活动需平衡机构、业务、客户、其他专业服务机构管理方式，适应市场变化。提供金融产品和服务需机构前中后台人员进行专业协作。

金融业的动态性、互补性和协同性，为保险资金运用关联交易的种类和规模增长提供了基础，使其呈现跨市场跨行业趋势，促进了保险业快速发展。同

---

* 本专题作者：中国保险资产管理业协会，张倩、薛永前。

时，监管部门和市场机构对关联交易管理的探索经历了较长过程，出现了不当关联交易的主体责任未落实、审查审核审批机制不健全、管理权限不清晰、缺乏监督监测处理处罚措施，以及部分企业个人通过不当关联交易获利等现象，造成保险资金、资产、资源的损失。因此，对保险资金运用关联交易实施穿透管理，是适应市场、机构、产品发展的需要，在防止监管套利、防范金融风险、促进稳健发展等方面具有重要意义。

二、充分认识保险资金运用关联交易穿透管理的可行性

一是将加强资产识别作为加强保险资金运用关联交易穿透管理的出发点，提升服务质效。2014年，《保险资产风险五级分类指引》要求穿透分析和评估标的基础资产的质量和风险状况。2015年，《资产支持计划业务管理暂行办法》和《保险公司偿付能力监管规则》规定应按照穿透原则确定基础资产，并根据金融产品投资的各项基础资产风险状况计算该项金融产品的风险因子。

二是将筛查违规行为作为加强保险资金运用关联交易穿透管理的切入点，维护合法权益。2017年，《关于强化保险监管打击违法违规行为整治市场乱象的通知》等7份监管文件，对保险机构投资人、最低资本计量、重大股票股权投资、另类及金融产品投资、不动产投资和境外投资等领域加强穿透性核查、审查和检查。2018年，《保险公司股权管理办法》《打赢保险业防范化解重大风险攻坚战的总体方案》《关于规范保险机构开展内保外贷业务有关事项的通知》要求穿透审查保险机构股东背景、资质、关联关系，对保险机构及其特殊目的公司的境外投资项目按穿透原则估值和会计核算。2019年，《关于2018年保险法人机构公司治理现场评估结果的通报》指出部分保险公司未按"层层穿透"原则严格审核底层基础资产，强调应对保险机构关联交易和金融产品加强管理，切实维护各方合法权益。

三是将切实防范风险作为加强保险资金运用关联交易穿透管理的落脚点，促进稳健发展。2019年，《保险公司关联交易管理办法》要求保险公司跟踪监控保险资金流向应穿透至底层基础资产，对可能导致利益倾斜的自然人、法人或其他组织，穿透认定关联方和关联交易。2022年，《银行保险机构关联交易管理办法》强调坚持问题导向，加强关联方管理，将直接认定和实质重于形式认定相结合，穿透认定关联方，重点防范向股东输送利益风险；加强关联交易管理，要求保险机构主动穿透识别关联交易，动态监测交易资金来源和流向；准确评估基础资产状况对风险暴露和资本占用的影响程度，建立有效的关

联交易风险控制机制。

三、逐步强化保险资金运用关联交易穿透管理的实践性

一是坚持实质重于形式原则，透过现象看本质。实质重于形式最初是会计核算基本原则，即按照交易或事项的经济实质进行会计确认、计量和报告，不仅以交易或事项的法律形式为依据。随着社会经济发展，该原则逐渐扩大适用范围。在金融领域，实质重于形式原则要求基于金融业务的实质经济关系决定适用的法律和制度，而不仅以其表现形式决定其应适用的法律和制度。

实质重于形式原则是穿透管理要求的重要组成部分。保险资金运用关联交易穿透管理必须透过复杂的股权结构、资金运用具体形式等，确认关联方和关联关系，根据业务实质进行管理，防范不当关联交易风险。

二是坚持向上向下层层穿透，提升市场透明度。关联交易穿透管理必须向上实现资本端穿透。对保险机构股东的穿透识别，原则上应穿透至实际控制人或最终受益人，审核业务资质，并由股东对是否存在实际控制人等作出明确承诺。对股东入股资金的穿透识别，应综合考量股东经营情况和出资能力，确认资金来源，核查资金流向，严防通过保险资金运用进行自我注资，股东应按保险资金的性质和来源作出承诺。

关联交易穿透管理必须向下实现资产端穿透。对保险资金投资的产品或项目，应实施关联交易穿透管理，应穿尽穿。对保险资金流向及风险状况应强化穿透追踪，识别最终投向。对资产端交易对手与保险机构及其股东（含上级股东）之间、交易对手之间的关系，应结合保险机构股东背景穿透排查，防止不当利益输送。对资产端项目所涉自然人之间的关系，应基于关联交易涉及的机构和人员综合判断，防止隐性关联交易。

三是坚持动态协同分类穿透，确保管理有效性。在开展动态穿透管理方面，保险机构不仅需静态穿透分析当前时点的关联交易，明确交易目的，还需按时间顺序动态穿透分析，筛查潜在风险。穿透管理保险资金运用的全过程，需综合分析不同时期的资金来源、资金流向、参与主体、资金用途等信息，梳理内在逻辑关系。

在实施协同穿透管理方面，保险集团应加强子公司关联交易的统筹管理，基于穿透视角管控容易传递风险的内部交易。保险公司应加强与保险资金受托管理人、交易对手、专业服务机构的业务协调和信息共享，提高关联交易数据的可得性、完整性和准确性。保险资产管理公司等应坚持穿透识别、规范筛

查、动态监测、加强管理、严肃问责，有序推进相关经营活动。

在强化分类穿透管理方面，针对不同对象，侧重点有所不同，在对非直接非显性关联交易进行穿透管理时，主要关注资管产品等容易产生多层嵌套、底层资产不清的投资板块，投资对象股东间的关联关系，资金链条上的搭桥公司，以股权代持、资产代持、互相投资等方式开展资金运用关联交易等。

四、持续提升保险资金运用关联交易穿透管理的效益性

一是落实主体责任，逐步优化经营行为。关联交易穿透管理是践行良好公司治理的重要环节。保险机构应按监管部门提出的治理框架、制度规范和工作要求，落实股东大会、董事会、关联交易控制委员会和管理层的保险资金运用关联交易管控职责，形成分工合理、职责明确、制约有效、报告及时、满足信息披露要求的保险资金运用关联交易内控机制，加强制度和流程建设，严防利益输送等不当关联交易风险。

二是聚焦主责主业，积极促进发展质效。关联交易穿透管理应积极应对监管成本、机构成本、市场效率、金融创新等方面的挑战，在坚持科学性、适当性和成本效益协调性的基础上，以风险实质为计量基础，完善穿透管理原则、标准和尺度，拓宽利率风险计量范围，完善信用风险计量方式，强化集中度风险计量管理，明确区分关联交易和不当关联交易，积极运用科技手段解决信息不对称等难题，实现高效合理的穿透管理，促进可持续发展。

三是强化主动作为，切实加强行业自律。关联交易穿透管理既要关注保险资金运用相关市场机构个体职责，也应加强行业自律形成合力。保险行业自律组织应积极配合监管部门，推进保险资金运用关联交易穿透管理自律规则和标准建设，加强数据治理、信息共享、风险监测，开展不当关联交易筛查调查和自律监督检查，加强监管政策宣传和内控良好实践交流，助力提升保险机构关联交易穿透管理能力。

专题 3.3
加强关联交易管理
促进保险资金运用稳健发展[*]

在不同的国民经济发展阶段和保险行业发展进程中，保险机构提供的保险服务有所不同。20世纪80年代至21世纪初，我国金融市场逐步建设，保险机构主要侧重提供各类保险保障。自2014年《关于加快发展现代保险服务业的若干意见》提出建设与我国经济社会发展需求相适应的现代保险服务的战略目标以来，我国境内机构和居民对保险服务的认识逐渐深入，对保险资金运用的需求日益凸显。保险资金运用在提升保险机构核心竞争力方面起到重要作用。

2022年1月，中国银保监会印发《银行保险机构关联交易管理办法》，对规范保险机构关联交易管理、促进保险资产管理公司资金运用高质量发展提出了更高要求。

一、坚持底线思维，穿透管理关联交易

关联交易在市场经济活动中广泛存在，不仅对跨国公司、集团公司、母子公司、总分公司之间配置收入、分摊费用、规划税负等起到积极作用，而且可通过穿透式管理有效地提升交易效率、节省交易成本，实现规模效益。同时，关联交易也是市场经济活动中的双刃剑。如果关联人通过关联交易滥用控制权，将损害中小股东合法权益；基于非公允价格进行交易，将损害公司合法利益；借道关联交易在母子公司之间转移利润或掩盖亏损，将损害投资者合法利益。

因此，保险资产管理公司开展关联交易管理，必须落实穿透管理原则，坚决守住防范风险的底线，将隐蔽的关联关系明晰化，将复杂的关联交易结构透明化，将各类监管要求制度化系统化，主动穿透识别关联方和关联关系，动态

---

[*] 本专题作者：太平资产管理有限公司，曹琦。

监测交易资金来源和流向，及时掌握基础资产状况，评估对风险暴露和资本占用的影响程度，建立有效的关联交易管理机制，防范不当利益输送。

二、明确管理红线，加强重点领域监控

对近年来出现的高风险机构进行分析显示，在关联交易中可能发生利益输送的主体，主要包括具有大额授信、资产转移、保险资金运用等核心业务审批权或决策权的人员，银行保险机构的自然人控股股东、实际控制人的一致行动人或最终受益人，银行保险机构的法人控股股东、实际控制人的一致行动人或最终受益人等。在关联交易中可能引发风险的行为，主要包括形成复杂交易结构、借助多种通道业务、拉长资金流动链条、偏离公允价格交易、在非必要情况下嵌套交易合同、违规向关联方输送利益等规避监管要求的行为。在关联交易中可能隐匿风险的现象，主要包括资产负债关系过于庞杂、多种关联关系相互交织、资金流动方式复杂难以监测、交易涉及机构过多难以穿透追溯关联方等。

针对上述需重点关注的领域，保险资产管理公司开展关联交易监测，必须坚持风险管控导向，落实市场主体责任。风险管理既是促进公司稳健发展的重心，也是优化各类资产配置的基础，更是提高资产管理业务核心竞争力的关键环节之一。保险资产管理公司必须清晰认识自身合作机构类型多、投资标的种类多、投资期限结构多样的特点，既提升专业投资能力，又强化主体责任意识，将关联交易相关风险的识别、计量、监测和控制与发展战略、业务决策等经营管理活动有机结合，完善多维度多层次的关联交易管理体系，将关联交易相关监管要求和风险管理要求分解并落实到日常经营管理相关制度、指标、系统中，逐渐提高保险资金运用风险管控的精细化程度。

三、加强边线管理，控制总量以及规模

《银行保险机构关联交易管理办法》对保险公司的控股子公司提出统一管理要求，不论是上市公司还是非上市持牌金融机构，均需纳入关联交易管理体系加强风险管理。同时，明确规定包括保险资产管理公司在内的保险机构控股子公司具有关联交易管理自主权，应按照实质重于形式原则开展关联方、关联关系、关联交易的识别和管理，建立符合自身业务特征的管理机制，不再直接套用保险公司的关联交易管理制度。

根据监管要求，保险资产管理公司必须对关联交易实施更严格的比例上限

控制，调降全部关联方投资余额在总体保险资金运用中的比例上限，并降低关联方投资在权益类资产、不动产、金融资产和境外投资中的比例上限，防范不当关联交易相关风险。从管控关联交易实质性风险出发，保险资产管理公司应维护公司日常经营决策独立性，控制关联交易的数量和规模，重点防范向股东及其关联方进行利益输送风险，避免多层嵌套等复杂交易安排。同时，保险资产管理公司应做好大类资产比例监测、资金运用类关联交易数据等统计工作，协助委托人做好关联交易管理。

四、突破协同界线，统筹规范关联交易

保险机构与银行、信托、基金、证券、期货、交易所、登记中心、结算中心等的相互合作不断发展和深化。在金融稳定委员会的统筹下，中国人民银行、中国银保监会、中国证监会等监管部门逐渐形成基本监管标准一致性基础上的差异化监管机制。对于关联方认定、关联交易管理总体要求、关联交易披露和报告、关联交易管理红线、监管措施手段等方面内容，形成统一的监管要求。对于关联交易类型、重大关联交易标准、关联交易比例限制等方面，根据保险、银行、信托、基金、证券、期货等机构的业务特点，进行差异化认定与规范。

保险资产管理公司受托开展保险资金运用，涵盖各类资产配置、投资咨询服务、托管、金融产品销售等多种业务模式。作为连接多种金融机构、金融产品、金融服务的纽带，保险资产管理公司不仅需要深刻领悟对于保险机构关联交易管理的监管要求，还需要了解其他金融机构相关的关联交易管理规定，加强金融同业合作与协同，确保与金融同业的关联交易依法合规运行。

五、专注稳健发展，持续提升管理水平

一是做好充分的沟通，明确委受托关联交易管理职责。保险资产管理公司应与委托人有效沟通，在委托管理协议中明确约定关联方确认、关联交易识别、审查审核审批、协同开展资金溯源、共同加强风险管控、信息披露及报告等职责，了解相关各方关联交易管理情况并及时更新，落实委托人和受托人双方的关联交易管理要求。

二是兼顾合规与效率，防范资金运用类关联交易风险。保险资产管理公司需统筹兼顾《银行保险机构关联交易管理办法》《保险资产管理产品管理暂行办法》等监管要求，建立健全关联交易管理制度，梳理明确资金运用类关联

交易管理口径，加强关联交易相关培训宣传，提升全体员工关联交易管理意识、管理水平、协同效率，提升关联交易管理有效性。

三是推进系统化建设，提升关联交易管理能力和水平。保险资产管理公司需逐步优化投资交易系统，提升关联交易识别能力，动态更新关联方信息及其相关资产信息，合理设置业务和风险管理的指标、流程、监测、统计、数据校验等。进一步提升关联交易记录识别、关联交易数据管理和信息披露的准确性，落实新要求，迎接新挑战。

专题 3.4
保险关联交易最新监管规定解读[*]

近年来，我国经济金融发展迅速，关联交易类型日趋多样化复杂化，不当关联交易引发风险暴露的情况时有发生。对此，中国银保监会基于防风险和强监管的原则，结合保险业发展实际，不断完善对保险机构关联交易的监管。

一、保险机构关联交易的监管趋势

从 2007 年 4 月 19 日发布《保险公司关联交易管理暂行办法》到 2022 年 1 月 14 日发布《银行保险机构关联交易管理办法》，中国银保监会始终强调实质重于形式原则和关联交易总量控制，强化保险公司主体责任的要求日益凸显。

2022 年，中国银保监会印发《关于开展保险资金运用关联交易专项检查的通知》，在全国范围内组织银保监局开展保险资金运用关联交易专项检查，重点关注以资本运作为主业的金控公司或隐形金控平台，以及以多元发展激进扩张的产业资本为股东的中小型保险机构。专项检查的重点内容包括关联交易制度机制、关联交易信息披露、关联交易审查、资金运用类关联交易行为等四个方面。中国银保监会成立以来首次专门针对保险资金运用关联交易开展专项检查，显示了中国银保监会加强保险资金运用的有效监管、做好金融风险防范工作的决心。

二、保险机构关联交易的最新政策

与以往监管政策相比，2022 年出台的《银行保险机构关联交易管理办法》体现出三个主要变化：一是在关联方认定、控股子公司关联交易管理方面，给予保险公司更多自由裁量权和自主管理权；二是在分类监管、比例限制等方面提出更严格的监管要求；三是明确了关联交易方面的禁止行为。

---

[*] 本专题作者：北京安杰律师事务所，詹昊。

（一）明晰关联方认定，落实穿透监管要求

根据《银行保险机构关联交易管理办法》，银行业保险业的关联方认定可采取直接认定和自行认定相结合的方式，并对部分特殊的关联方认定予以豁免，按照实质重于形式原则落实穿透监管要求。

从重要性角度考虑，在涵盖以往可直接认定的关联方基础上，2022年出台的监管政策主要增加了以下关键关联方：（1）控股股东、实际控制人的一致行动人、最终受益人；（2）持股不足5%但对保险机构经营管理有重大影响的自然人，持股不足5%但对保险机构经营管理有重大影响的法人或非法人组织，及其控股股东、实际控制人、一致行动人、最终受益人；（3）重要分公司的高级管理人员；（4）具有大额授信、资产转移、保险资金运用等核心业务审批或决策权的人员。对这些关联方采取直接认定方式，并向上穿透至控股股东、实际控制人，重点防范向股东不当输送利益的风险。同时，《银行保险机构关联交易管理办法》删减了部分以往政策要求直接认定的关联方，比如保险机构、保险机构的控股股东、实际控制人、保险机构主要股东（及其实际控制人）这些主体的董监高所控制的法人或非法人组织；保险机构主要股东施加重大影响的法人或非法人组织。

直接认定的关联方范围有增有减，有利于督促保险机构在关联交易密切相关的范围内界定关联方，逐步提高关联方认定的精准度，避免漫天撒网的"形式化穿透"行为，将市场资源集中到明确清晰界定关联方、依法合规开展关联交易、准确高效监测关联交易、及时妥善处理交易风险等环节。从直接认定范围删减部分市场主体，并不意味直接认定其"不属于保险机构关联方"，必要时仍需纳入保险机构自行认定范围，基于实质重于形式原则进行识别。

从风险性角度考虑，保险机构自行认定关联方相关规定更具灵活度。比如，直接认定关联方之外的市场主体，交由保险机构自行认定。比如持有保险公司控股子公司10%以上股份的主体、金融产品或其他协议安排的实际权益持有人或其他最终受益人、与保险公司在借贷、担保等方面存在关系的企业等市场主体不再属于必须由保险机构自行认定的范畴。需要注意的是，该监管政策既提出了穿透原则，又增加了兜底条款，进一步强化了保险机构在关联方识别层面的主体责任，对保险机构甄别相关交易对方是否存在规避、隐瞒关联关系等有风险情形的能力提出了更高要求。

从效率性角度考虑，监管机构扩展了不宜认定为关联方的主体。除同国家控股企业之间不构成关联方之外，豁免认定的白名单中增加了：国家行政机

关、政府部门,中央汇金投资有限责任公司,全国社保基金理事会,梧桐树投资平台有限责任公司,存款保险基金管理有限责任公司,以及经中国银保监会批准豁免认定的关联方。上述机构派出同一自然人同时担任两家或以上银行保险机构董事或监事,且不存在其他关联关系的,所任职机构之间不构成关联方。

(二) 调整关联交易类型,实施统筹监管政策

《银行保险机构关联交易管理办法》不再将投资入股类交易(含增资、减资、收购合并等)直接视为关联交易的一种类型。在关联方投资入股保险机构时,保险机构应按照实质重于形式和穿透原则,判断交易是否"可能引致保险机构利益转移",并根据业务状况、风险识别和评估情况、相关管理机制约束效力等,决定是否将相关交易纳入"其他类型关联交易"管理。

《银行保险机构关联交易管理办法》对资金运用类关联交易相关规定进行调整。一方面,共同投资在关联交易认定、关联交易金额计算等具体操作中曾出现争议,共同投资涉及的业务实践十分多样化,不宜简单"一刀切",因此保险机构与关联方共同投资(含新设、增资、减资、收购合并等)的交易情形,不再被直接列为关联交易的一种类型,而是要求保险机构具体分析业务性质、交易关系并研判,必要时采取有效的关联交易管理措施。另一方面,对资金运用类交易的界定,从以往规定的"投资金融产品交易"扩展为"直接或间接"投资金融产品。因此,对于债券、股票等有价证券、金融产品投资,应进行穿透核查,即使保险机构没有直接投资,通过资管计划、信托计划等间接投资也应纳入关联交易管理。

《银行保险机构关联交易管理办法》取消了"同一保险公司与多个关联方在同一笔交易中的金额,应合并计算进行认定"要求,以消除以往关于重大关联交易的部分争议。例如,在保险集团的子公司共同分摊金额并签署为期数年的合同时,对于是否"纵向"跨年合并计算、"横向"将所有子公司分摊金额合并计算并认定为"同一笔交易",存在较多争议。对于保险集团而言,该交易合并金额大,视为重大关联交易;对于子公司而言,相关分摊金额不符合重大关联交易的界定,两者对同一性质的交易采取不同级别、不同强度的管理措施,容易出现风险管理的错位或空白点。新出台的监管政策有助于统筹解决此类问题。

(三) 加强关联交易计量,形成动态监管机制

结合市场实践经验,《银行保险机构关联交易管理办法》对关联交易的计量分类施策，对动态变化的业务活动更具兼容性。

从关联交易计量标准来看，自2022年开始，监管机构不再明确要求保险机构及其控股子公司采用完全相同的关联交易计算方式，在认定一笔关联交易是否属于重大关联交易时，两者应按业务实质和穿透原则确认，不宜硬套同一标准。上述监管政策调整更加契合业务实践，缓解了子公司内部管理压力。

从关联交易计量金额来看，对于资金运用类关联交易，若基础资产涉及其他关联方，应以投资金额计算交易金额；若基础资产不涉及其他关联方，则以发行费或投资管理费计算交易金额。对于服务类关联交易，应以业务收入或支出金额计算交易金额。

从关联交易合并计算来看，新的监管政策从"关联自然人"和"关联法人或非法人组织"两个维度规定合并计算规则，逻辑更加严谨。其中，计算关联自然人与保险机构的关联交易余额时，应将关联自然人的配偶、父母、成年子女、兄弟姐妹等与该保险机构的关联交易合并计算。

从关联交易比例限制来看，新的监管政策对资金运用关联交易的比例管理规定更加严格，在全部关联方总投资额、大类资产投资额、集中度和金融产品发行额方面采取了更低的比例限制，进一步降低保险机构资金运用对关联交易的依赖程度，防范出现向大股东不当提供融资等利益输送行为。

三、加强保险机构关联交易的有效管理

积极落实《银行保险机构关联交易管理办法》各项规定，有利于各类保险机构在管理机制、穿透识别、资金来源与流向、动态评估等方面提升管理能力，全面加强关联交易管理，防范不当关联交易相关风险。

（一）强化科技应用，提升关联交易管理信息化水平

关联交易管理涉及识别、计量、监测、处理等多个环节。传统的手工录入方式无法有效落实关联方识别和管理等要求，保险机构应采取措施优化关联交易的数字化管理和交易数据的系统监测，以全面有效监控关联交易。在新监管政策实施的过渡期内，新增关联交易应按《银行保险机构关联交易管理办法》执行，存量关联交易应抓紧进行调整以符合监管要求。

（二）建设管理机制，完善内部制度和业务流程梳理

关联交易管理遵循实质重于形式原则对各类交易关系进行穿透管理。保险机构应尽快完善包括公司章程在内的关联交易管理制度，逐步优化公司内部审

查审核审批程序。对于关联方识别、关联交易识别、重大关联交易审批等相关的标准、流程、业务资料管理、电子数据留存等，应按照新的监管要求及时更新调整。

（三）加强队伍建设，优化关联交易管理部门人员构成

保险机构应设立跨部门的关联交易管理办公室，明确牵头部门，设置专人专岗。关联交易管理办公室需要配置合规、业务、风控、财务等相关部门人员，根据实际业务需求统筹关联交易管理的制度建设、流程配备、队伍建设、人员培训、审核监督、风险监测、信息披露和特殊情况处理等多方面的工作。

专题 3.5
《银行保险机构关联交易管理办法》对保险资金运用关联交易管理的影响*

保险资金运用领域一直是保险机构关联交易管理的重点与难点领域。

从对保险资金关联交易的监管来看,在原中国保监会发布《保险公司关联交易管理暂行办法》(保监发〔2007〕24 号)之后,陆续发布的《关于进一步规范保险公司关联交易有关问题的通知》(保监发〔2015〕36 号)、《关于进一步加强保险公司关联交易信息披露工作有关问题的通知》(保监发〔2016〕52 号)和《关于进一步加强保险公司关联交易管理有关事项的通知》(保监发〔2017〕52 号)均以保险资金运用作为规范的重点。

2019 年 8 月 25 日,中国银保监会整合保险领域关联交易监管方面的经验,发布了《保险公司关联交易管理办法》(银保监发〔2019〕35 号,以下称2019 年《办法》),就保险机构关联交易管理作出了全面的规定。2022 年 1 月,中国银保监会以 2022 年 1 号令发布了《银行保险机构关联交易管理办法》(以下称 2022 年《办法》)。

2022 年《办法》在保险资金运用关联交易管理方面继续强调实质重于形式原则和穿透原则。本文中,笔者就 2022 年《办法》对保险资金运用关联交易管理的影响进行简要分析。

一、关联交易的类型

根据 2022 年《办法》第 10 条的规定,银行保险机构关联交易是指银行保险机构与关联方之间发生的利益转移事项。

就保险资金运用类关联交易的类型,2022 年《办法》在 2019 年《办法》的基础上进行了调整(见表 3-5-1)。

---

* 本专题作者:天元律师事务所,黄再再、韩如冰、苏斐。

表 3-5-1　　　　　　　保险资金运用类关联交易的类型

2019 年《办法》（资金运用类关联交易）	2022 年《办法》（资金运用类关联交易）	比较
在关联方办理银行存款	在关联方办理银行存款	相同
（无）	直接或间接买卖债券、股票等有价证券	增加
投资关联方的股权、不动产及其他资产	直接或间接……投资关联方的股权、不动产及其他资产	增加"直接或间接"
投资关联方发行的金融产品，或投资基础资产包含关联方资产的金融产品	直接或间接投资关联方发行的金融产品，或投资基础资产包含关联方资产的金融产品	增加"直接或间接"
与关联方共同投资（含新设、增资、减资、收购合并等）	（删除）	删除

从表 3-5-1 的比较来看，2022 年《办法》的调整主要体现在以下方面：

1. 明确要求将直接投资与间接投资均纳入管理的范围。

直接投资系指保险机构直接向基础资产进行投资。间接投资主要指保险机构通过信托计划、基础设施或不动产投资计划、资产管理计划、股权投资基金、资产支持计划等金融产品间接向基础资产进行投资，间接投资的交易结构如图 3-5-1 所示。

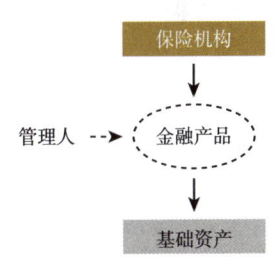

图 3-5-1　间接投资交易结构

在间接投资的情形下，需要贯彻穿透识别的原则。"穿透识别"是我国金融监管机构近年来广泛采用的穿透式监管方式在关联交易领域的体现。"穿透"包括"向上穿透"和"向下穿透"，重点是向上穿透至实际投资者，向下穿透至实际投资的基础资产，并重点防范向股东输送利益的风险。

2. 将"直接或间接买卖债券、股票等有价证券"增加作为资金运用类关联交易的类型之一。

实际上，在 2022 年《办法》发布之前，保险机构普遍已经将直接或间接买卖债券、股票等有价证券作为投资关联方的资产纳入关联交易管理。因此，2022 年《办法》此项增加并无实质影响。

3. 删除"与关联方共同投资（含新设、增资、减资、收购合并等）"。

在 2019 年《办法》中，将共同投资界定为"一般限于权益性投资，或者以投资于私募股权基金等金融产品的形式实质上进行权益性投资的行为"。就共同投资关联交易的认定，在 2019 年《办法》发布后一直存在争议。尤其是在保险机构与关联方作为财务投资人，共同投资由管理人主动管理的私募股权基金的情况下，一般并不涉及利益转移，是否需要认定为共同投资对保险机构产生了较大的困扰。2022年《办法》将共同投资从资金运用类关联交易的类型中予以删除，可以使保险资金运用关联交易的认定更为合理。但是需要注意的是，根据2022年《办法》第11条第1款的规定，在识别、认定、管理关联交易时需要遵守实质重于形式原则。因此，对于共同投资，尚需要根据实质重于形式的原则考虑是否因存在利益转移而需要认定为关联交易。

同时，需要注意的是，2022年《办法》将"委托或受托管理资产"纳入服务类关联交易，不再作为保险业务类关联交易。

从实务情况来看，在保险资金运用时，存在自主投资与委托投资两种基本的模式。在委托投资模式中，保险公司与投资管理人签署委托投资管理协议，并由保险公司制定委托投资指引，投资管理人按照委托投资管理协议、委托投资指引进行投资。从法律关系来看，保险公司委托投资时，保险公司与投资管理人之间形成委托法律关系。此种委托法律关系与基于金融产品而形成的信托法律关系存在本质的差异。

就"委托或受托管理资产"关联交易而言，因其持续的时间一般较长，因此，最为关键的事项是需要签署统一交易协议，否则难以操作。根据2022年《办法》第47条的规定，需要反复签订交易协议的提供服务类关联交易可以签订统一交易协议，因此，2022年《办法》将"委托或受托管理资产"纳入服务类关联交易对"委托或受托管理资产"关联交易的操作并无实质影响。

二、关联交易金额的计算

关联交易金额的计算一直是保险资金运用关联交易管理过程中的难点。

（一）计算原则

从2019年《办法》和2022年《办法》来看，保险机构关联交易金额计算的基本原则均确定为以交易对价或转移的利益计算。由此，就保险机构发生的特定关联交易而言，其需要计算的最大关联交易金额应当为保险机构所支出的全部交易对价或者转移的全部利益。

例如，保险机构投资由关联方管理、关联方托管、基础资产包含关联方资产的私募股权投资基金的，在该交易中有三种情形构成了关联交易：其一为资金运用类关联交易，即投资了关联方管理的金融产品；其二为服务类关联交易，即关联方提供了托管服务；其三为资金运用类关联交易，即投资了基础资产包含关联方资产的金融产品。虽然有三种情形构成了关联交易,但是从保险机构的角度来看,其交易对价或者转移的利益还是以保险机构对该私募股权投资基金的投资额为限。因此,在该关联交易中,保险机构关联交易金额不应超过保险机构对该私募股权投资基金的投资额。

(二) 具体情形中的关联交易金额的计算方式

对于具体情形中关联交易金额的计算方式,就 2019 年《办法》与 2022 年《办法》比较如表 3-5-2 所示。

表 3-5-2 关联交易金额的计算方式

情形	2019 年《办法》	2022 年《办法》	比较
基本规则	以保险资金投资金额计算交易金额	以保险资金投资金额计算交易金额	相同
投资金融产品	投资于关联方发行的金融产品且基础资产不涉及其他关联方的,以发行费或投资管理费计算交易金额	投资于关联方发行的金融产品且基础资产涉及其他关联方的,以投资金额计算交易金额	进一步细分为两种情形
		投资于关联方发行的金融产品且基础资产不涉及其他关联方的,以发行费或投资管理费计算交易金额	
买入资产	买入资产的,以交易价格计算交易金额	买入资产的,以交易价格计算交易金额	相同

在 2022 年《办法》中,就投资金融产品的关联交易增加了"投资于关联方发行的金融产品且基础资产涉及其他关联方的,以投资金额计算交易金额"的规定。实际上,2019 年《办法》虽然对投资于关联方发行的金融产品且基础资产涉及其他关联方的交易金额计算方式未作明确的规定,但是在未作明确规定时适用基本规则,即按照保险资金投资金额来计算交易金额。因此,就投资于关联方发行的金融产品且基础资产涉及其他关联方的关联交易金额计算方式,2022 年《办法》与 2019 年《办法》并无实质差异。

在保险资金投资金融产品的情况下,存在两个投资行为:其一为前端投资行为,即保险资金向金融产品进行投资;其二为后端投资行为,即金融产品向基础资产进行投资。并且,如果基础资产涉及关联方的,关联方一般持有特定比例的基础资产(见图 3-5-2)。

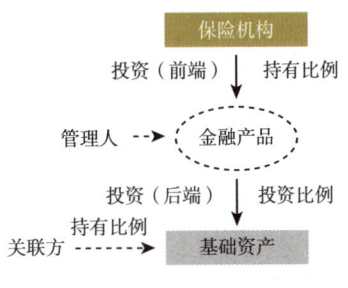

图 3-5-2 保险机构投资金融产品的架构

由此来看，上述交易涉及三个比例：其一为保险资金在金融产品中的持有比例；其二为金融产品在基础资产中的投资比例；其三为关联方持有基础资产的比例。那么，在认定关联交易时，上述三个比例是否需要达到一定的标准才认定为关联交易？比例标准如何确定？对此，尚有待监管机构予以明确。

三、关联交易比例限制

为了降低关联交易总额，防范保险资金运用过程中向关联方提供融资的乱象，监管机构就关联交易设置了比例限制。

（一）保险资金运用类关联交易比例上限

与2019年《办法》相比较，2022年《办法》调降了保险资金运用类关联交易的比例上限，部分指标降幅达到40%。后续保险机构与关联方之间的交易将受到进一步的限制（见表3-5-3）。

表3-5-3　　　　　保险资金运用类关联交易比例规定

适用情形	2019年《办法》	2022年《办法》
投资余额上限	保险公司对全部关联方的投资余额，合计不得超过保险公司上一年度末总资产的30%与上一年度末净资产二者中金额较低者	保险机构投资全部关联方的账面余额，合计不得超过保险机构上一年度末总资产的25%与上一年度末净资产二者中的金额较低者
类别资产投资上限	保险公司投资未上市权益类资产、不动产类资产、其他金融资产和境外投资的账面余额中，对关联方的投资金额不得超过上述各类资产投资限额的50%	保险机构投资权益类资产、不动产类资产、其他金融资产和境外投资的账面余额中，对关联方的投资金额不得超过上述各类资产投资限额的30%
单一关联方投资上限	保险公司对单一关联方的全部投资余额，合计不得超过保险公司上一年度末总资产的15%	保险机构投资单一关联方的账面余额，合计不得超过保险机构上一年度末净资产的30%
金融产品投资上限	保险公司投资金融产品，若底层基础资产涉及控股股东或控股股东的关联方，保险公司购买该金融产品的份额不得超过该产品发行总额的60%	保险机构投资金融产品，若底层基础资产涉及控股股东、实际控制人或控股股东、实际控制人的关联方，保险机构购买该金融产品的份额不得超过该产品发行总额的50%

与2019年《办法》相比较，2022年《办法》作出了以下调整：

1. 就投资全部关联方的账面余额上限，将合计"不得超过保险公司上一年度末总资产的30%与上一年度末净资产二者中金额较低者"调整为"不得超过保险机构上一年度末总资产的25%与上一年度末净资产二者中的金额较低者"。由此，在以总资产作为指标时，比例下降了5%。

2. 就类别资产中对关联方的投资金额上限，一方面，2022年《办法》将比例由"各类资产投资限额的50%"调整为"各类资产投资限额的30%"；另一方面，2022年《办法》将"未上市权益类资产"调整为"权益类资产"。

根据《中国保监会关于加强和改进保险资金运用比例监管的通知》（保监发〔2014〕13号）的规定，投资不动产类资产的账面余额合计不高于本公司上季末总资产的30%，投资其他金融资产的账面余额合计不高于本公司上季末总资产的25%，境外投资余额合计不高于本公司上季末总资产的15%。按照2022年《办法》的规定，对关联方的投资金额不得超过上述各类资产投资限额的30%。由此，在上述类别资产中，对关联方的投资金额上限分别如表3-5-4所示。

表3-5-4　　　　　　　　对关联方的投资金额上限

资产类别	投资限额	对关联方的投资金额上限（≤投资限额30%）
不动产类资产	上季末总资产的30%	上季末总资产的9%
其他金融资产	上季末总资产的25%	上季末总资产的7.5%
境外投资	上季末总资产的15%	上季末总资产的4.5%

就权益类资产投资限额，《中国银保监会办公厅关于优化保险公司权益类资产配置监管有关事项的通知》（银保监办发〔2020〕63号）等规定作出了具体规定。保险机构投资权益类资产的，对关联方的投资金额不得超过上述权益类资产投资限额的30%。

3. 就投资单一关联方的账面余额上限，由"上一年度末总资产的15%"调整为"上一年度末净资产的30%"。虽然比例调升，但是计算基数从"总资产"调整为"净资产"。对于保险公司而言，基于负债经营的特性，其净资产的数值往往远低于总资产的数值。因此，此项实际上大大降低了保险公司投资单一关联方的数额上限。

4. 就投资底层基础资产涉及控股股东、实际控制人或控股股东、实际控制人关联方的金融产品，投资份额的比例上限由金融产品发行总额的60%下调为50%。此项调整进一步限制了保险机构投资底层基础资产涉及控股股东、实际控制人或控股股东、实际控制人关联方的金融产品。

(二) 关联交易比例限制中的合并计算、豁免计算

就关联交易比例限制，还涉及两项合并计算和一项豁免计算：

1. 合并计算之一：母子公司合并计算

2019年《办法》与2022年《办法》均就母子公司合并计算作出了规定，见表3-5-5。

表3-5-5　　　　　　　关于母子公司合并计算的规定

2019年《办法》	2022年《办法》
保险公司与其控股子公司的投资金额应当合并计算并符合上述比例要求	保险机构与其控股的非金融子公司投资关联方的账面余额及购买份额应当合并计算并符合前述比例要求

比较来看，在合并计算适用关联交易比例限制时，2022年《办法》将"控股子公司"调整为"控股的非金融子公司"。一般认为，"金融子公司"系指受中国银保监会、中国证监会监管的金融机构。因此，保险机构设立的私募基金管理人需要作为非金融子公司看待。

2. 合并计算之二：关联主体整体合并计算

2019年《办法》仅考虑了关联主体为企业集团的情形。2022年《办法》进一步扩大了关联主体整体合并计算的适用范围，不仅适用于关联方为企业集团的情形，还适用于非企业集团，但存在控制关系的情形（见表3-5-6）。

表3-5-6　　　　　　关于关联主体整体合并计算的规定

2019年《办法》	2022年《办法》
保险公司与关联方及其企业集团的其他成员之间发生的资金运用类关联交易，应当合并计算金额并适用本办法第十四条的规定。上述主体不属保险公司关联方的除外	计算关联法人或非法人组织与银行保险机构的关联交易余额时，与其存在控制关系的法人或非法人组织与该银行保险机构的关联交易应当合并计算

由此，在2022年《办法》项下，关联主体整体合并计算包括以下两种情形：第一种情形是关联主体为企业集团的，将企业集团作为整体来看待并合并计算；第二种情形是关联主体并非企业集团，但是互相之间存在控制关系，那么也需要将存在控制关系的法人或非法人组织作为整体，合并计算。

3. 豁免计算：保险机构内部交易

就可以豁免关联交易比例限制的情形，2019年《办法》与2022年《办法》均作出了规定（见表3-5-7）。

表 3-5-7　　　　　关于豁免关联交易比例限制的规定

2019 年《办法》	2022 年《办法》
保险公司与其控股子公司，以及控股子公司之间发生的关联交易，不适用	保险机构与其控股子公司之间，以及控股子公司之间发生的关联交易，不适用

比较来看，就可以豁免关联交易比例限制的情形，2022 年《办法》并无实质修改。保险机构与其控股子公司之间，以及控股子公司之间发生的关联交易，可以豁免关联交易比例限制。

四、免予按照关联交易的方式进行审议和披露的情形

2019 年《办法》就免予按照关联交易的方式进行审议和披露的情形在第46 条、第 47 条中作出了规定。2022 年《办法》第 57 条将该两条合并，并就适用情形作出了一些调整（见表 3-5-8）。

表 3-5-8　　　　　关于免予按照关联交易的规定

2019 年《办法》	2022 年《办法》
与关联自然人单笔交易额在 50 万元以下或与关联法人单笔交易额在 500 万元以下的关联交易	与关联自然人单笔交易额在 50 万元以下或与关联法人单笔交易额在 500 万元以下的关联交易，且交易后累计未达到重大关联交易标准的
一方以现金认购另一方公开发行的股票、公司债券或企业债券、可转换债券或其他衍生品种	一方以现金认购另一方公开发行的股票、公司债券或企业债券、可转换债券或其他衍生品种
按照关联交易有关协议约定产生的后续赎回、赔付、还本付息、分配股息和红利、再保险摊回赔付、调整再保险手续费等交易	（删除）
在关联方办理活期存款业务	活期存款业务
同一自然人同时担任保险公司和其他法人的独立董事且不存在其他构成关联方情形的，该法人与保险公司进行的交易	同一自然人同时担任银行保险机构和其他法人的独立董事且不存在其他构成关联方情形的，该法人与银行保险机构进行的交易
交易的定价为国家规定的	交易的定价为国家规定的
中国银保监会规定的其他情形	中国银保监会认可的其他情形

比较而言，2022 年《办法》主要修改了以下内容：

1. 就小额关联交易免予按照关联交易的方式进行审议和披露，2022 年《办法》增加了"且交易后累计未达到重大关联交易标准的"的限制。

就保险机构重大关联交易，2019 年《办法》与 2022 年《办法》均以交易金额为标准，为保险机构与单个关联方之间"单笔或年度累计交易金额达到

3 000 万元以上"，且"占保险机构上一年度末经审计的净资产的 1% 以上"。重大关联交易在内部管理上，需要经由关联交易控制委员会审查后提交董事会批准；在外部报告上，需要在签订交易协议后 15 个工作日内逐笔向中国银保监会或其派出机构报告。

2019 年《办法》发布之后，因小额关联交易可以免予审议，那么，是否可以进而视同小额关联交易已经进行审议，从而不需要纳入重大关联交易的累计额度之内一直存在争议。2022 年《办法》就小额关联交易增加了"且交易后累计未达到重大关联交易标准的"的规定。由此来看，在计算重大关联交易的累计额度时，小额关联交易需要纳入累计范围。

2. 删除后续实施性交易免予按照关联交易的方式进行审议和披露的规定。

按照关联交易有关协议约定后续实施的赎回、赔付、还本付息、分配股息和红利、再保险摊回赔付、调整再保险手续费等交易一般称为后续实施性交易。2022 年《办法》删除了后续实施性交易免予按照关联交易的方式进行审议和披露的规定。

就后续实施性交易是否需要继续作为关联交易进行识别和管理，笔者认为，需要区分两种不同情形：

（1）情形之一：无选择权的协议实施行为。主要指"还本付息"和"分配股息和红利"。就该类交易，当事人在签署协议后就需要履行，并无选择权。因此，笔者认为，就无选择权的协议实施行为，不宜再作为关联交易进行识别和管理。

（2）情形之二：有选择权的协议实施行为。除"还本付息"和"分配股息和红利"之外，按照关联交易有关协议约定产生的后续赎回、赔付、再保险摊回赔付、调整再保险手续费等交易虽然也是签署协议之后的实施行为，但是，交易相关方对实施与否、何时实施具有一定的选择权。

对于该类交易，存在两种不同的观点：一种观点认为，2022 年《办法》不再对该类交易免予按照关联交易的方式进行审议和披露。从该类交易的特征来看，其亦可能导致保险机构与关联方之间发生利益转移，因此，应当被认定为关联交易。另一种观点认为，该类交易基于已经按照关联交易进行识别和管理的关联交易协议而实施，不需要作为一个单独的关联交易来看待。并且，如果作为一个单独的关联交易提交关联交易控制委员会、董事会或其他经营决策机构审查批准时未能通过，保险机构将违反之前已经签署的关联交易协议，从而不必要地承担违约责任。

专题 3.6
借力新监管：保险资管机构关联交易管理及不当风险防范[*]

一、国内资管行业关联交易管理经验

我国保险资管机构形成了以关联方保险资金为主、第三方保险资金及业外资金为辅的资金来源模式。根据中国保险资产管理业协会披露的数据，截至 2020 年末，我国的保险资产管理机构资金管理规模总体量已经达到 22.5 万亿元，管理了来自系统内关联方的保险资金 15.6 万亿元、第三方保险资金 1.7 万亿元，合计已占 20.1 万亿保险资金的 86.1%；另外还承接了来自银行、养老金、年金及其他业外资金约 5.2 万亿元（见图 3-6-1）。

在这样的业务结构下，保险资管机构对关联交易的管理，显得尤为重要。然而，背靠险资、迅猛发展的保险资管机构在关联交易管理上也暴露了一些问题。保险资管行业由于关联交易数量攀升带来教训的重要案例有哪些，以及我们从案例中可以得到的经验和启示又有哪些呢？以下，我们将从资管行业关联交易乱象及风险，以及从乱象背后的管理痛点和难点两个方面来进行探讨。

（一）保险资管行业关联交易乱象

从中国银保监会于最近一次发布的《关于保险资金运用违规问题和风险自查有关情况的通报》来看，目前涉及关于资管机构的几大典型违规行为如下：

一是违规开展资金运用关联交易。保险资金通过集合资金信托计划、股权投资基金、非保险类子公司等渠道违规流入关联方。个别保险公司通过组合类保险资管产品为通道，层层嵌套、向关联方及相关企业违规开展关联交易，进行利益输送。涉及 4 家保险公司，金额 28.66 亿元。

---

[*] 本专题作者：普华永道中国金融行业风控及合规服务部，杨丰禹；中国风险与控制服务部，刘晓莉、黄梓杭、钟雅欣。

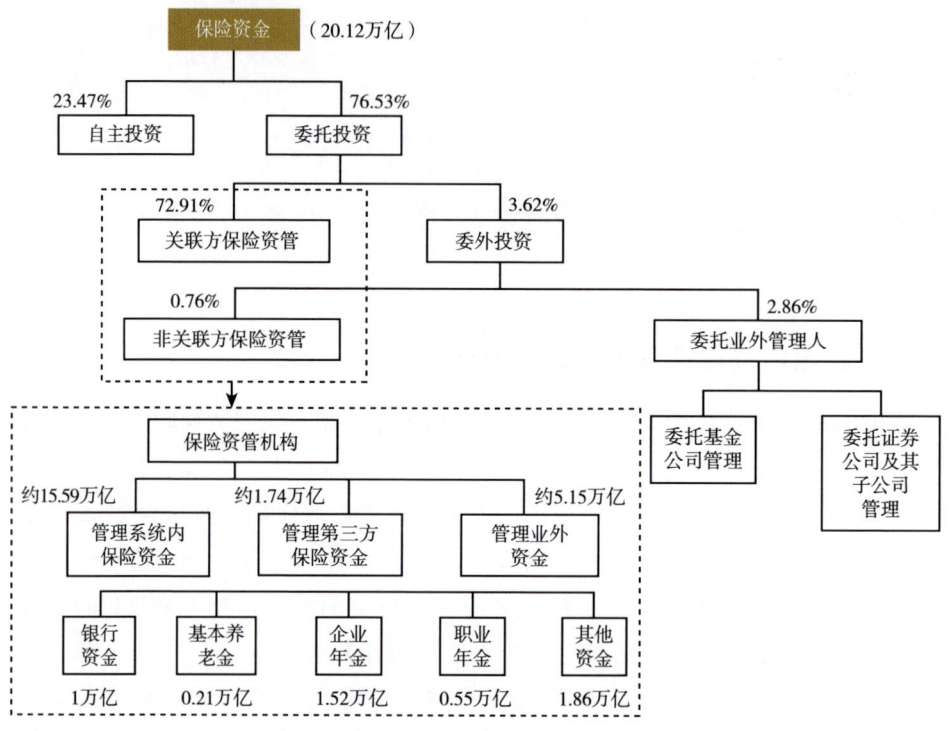

图 3-6-1　2020 年末保险资产管理机构资金管理规模

资料来源：中国保险资产管理业协会

二是保险资金通过直接投资或金融产品投资方式，违规流入房地产领域。保险资金通过金融产品投资的间接渠道，主要是通过参与信托、资管计划，使资金从信托、资管机构违规进入房地产领域。涉及 5 家保险公司，金额 244.37 亿元。

三是保险资管产品仍有存量的通道业务。保险资管机构通过发行通道性质组合类产品，为保险公司规避关联交易监管提供便利。涉及 4 家保险资管公司，金额 327.33 亿元。

（二）保险资管行业关联交易管理痛点及难点

针对关联交易管理中面临的关联关系隐蔽、关联交易结构复杂、规避监管手段多样等问题，中国银保监会在 2022 年初发布的《银行保险机构关联交易管理办法》（以下简称 2022 年《办法》），在管理机制、穿透识别、资金来源与流向、动态评估等方面提出了具体要求，强调全面加强关联交易管理。

监管层层加码，但目前仍有不少保险资管机构在关联交易管理方面存在不足，为此，我们从造成关联交易乱象的背后根因出发，重点总结出以下几个方面的痛点及难点：

1. 关联方及关联交易内部管理不到位

第一，关联方识别及管理不到位。一是关联方识别不全面，对应该纳入关联方的范围界定不清晰、不全面；二是由于新旧规衔接、关联方自然人及法人组织关系在不断变动、关联方信息报告不及时等原因，导致法律合规部门不能在短时间内做出明确判断。

第二，关联交易管理不到位。一是由于业务发起部门本身对于主动管理关联交易的积极性不足，而公司在机制设置上也未能压实、厘清各相关部门的主体责任；二是由于关联交易存在多种多样的业务场景、交易条件和结算方式，但公司内部却没有明确统一认定和判断的规则，都会导致关联交易无法在业务发起的第一时间被完整准确地识别出来。

第三，动态监测和预警管理不到位。一是未严格从内部管理的角度建立关联交易的各项限额及比例的动态监测、预警和主动管控机制；二是对于数据的统计缺乏有效的系统记录、或统计不及时。这些管理机制上的缺失，可能导致公司关联交易限额及比例突破监管要求却未被及时发现。

2. 穿透管理、主动管理存在重重困难

首先，在穿透管理方面，保险资管机构依然面临着多重困难。资管新规规定资产管理产品与底层资产之间最多可以存在两层嵌套且需要向上向下穿透，但目前部分保险资产管理公司仍有存量的多层嵌套产品（见图3-6-2），该模式下可通过层层嵌套的组合类保险资管产品，为关联方开展通道业务，为其规避投资范围、资金运用比例及杠杆约束。然而，对于监管已明确要求的去存量、去嵌套的执行未落实是一方面的困难，另一方面资管机构存在的主要管理难点在于，如何在现有的监管框架下，明确穿透认定规则、划分各相关方权责以及落实穿透管理机制的问题。最后，则是目前实质上很难从根源上消除保险资管机构采用多层嵌套的动机、从工具上丰富穿透检查的手段，这些均为保险资管机构落实穿透管理带来了困难。

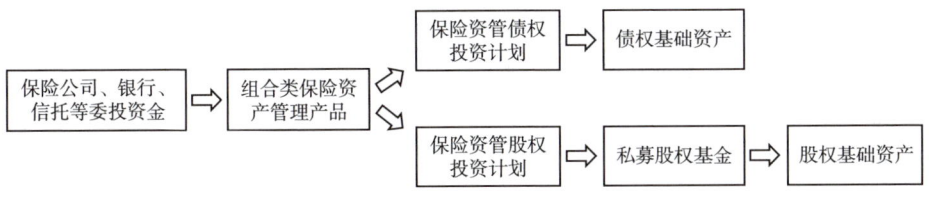

图3-6-2 存量的多层嵌套产品架构

另外，主动管理如何落到实处无疑也是业内现存的一大难题。客观上由于投资标的在产品形态、交易结构、资金投向上存在复杂性和多样性，部分保险资管机构还处于庞大的保险集团体系内，存在复杂的内部控股关系和资金往来，均使得厘清相关方在交易结构中的利益转移情况存在困难；主观上由于管理架构不清晰、内部职责交叉或悬空，使得公司主动管理的成本高企。这些问题都可能会导致资管机构无法扎实地从投前、投中、投后落实对关联交易的全方面主动管控。

3. 公司治理问题

大股东实际控制，是引发不当关联交易风险的根源性问题之一。公司缺乏对关联交易的有效决策程序控制，大股东通过控制资管机构的投资决策话语权，违规开展关联交易，利用关联交易为关联方提供资金或输送利益。保险资管机构在集团内部无法保证独立运营、风险隔离，对投资安全性及投资表现上产生了负面影响，就不能很好地履行专业受托义务、保障投资者合法权益。

审查监督机制缺位，也是另外一个由于公司治理失灵从而导致关联交易内部管理失效的重要问题。内部职责边界不明确，风险管理"三道防线"流于形式；董事会、监事会履职有效性不够，对关联交易审查管理、风险及合规控制的职责弱化，针对关联交易的内部审计监督缺失。

结合上述的三大痛、难点分析，不难看出，保险资管行业关联交易乱象问题，究其原因既有内部管理层面的问题，也有行业层面的共同困境，更深层次的还体现出股东利益与治理结构之间存在的冲突关系。

二、国外对于保险关联交易的监管要求

放眼全球，美国拥有世界上规模最大的保险市场，研究美国在关联交易方面的案例及教训、监管要求及手段，对于我国保险资管关联交易监管具有一定的参考借鉴意义。

（一）美国保险不当关联交易典型案例

20世纪90年代的Anglo-American保险集团通过关联交易骗取保费，供股东挥霍。Anglo-American保险集团于1989年在美国成立，在经营过程中以超低价格发行保单吸收保费，然后凭借这些低成本资金作为资本金设立多家壳公司，并虚构各家关联公司之间的保险合同，以此将资金转入集团股东的个人腰包。该行为最终被保险监管当局发现，保险集团破产清算。

2005年，美国纽约州司法部部长对美国保险业巨头美国国际保险集团

（AIG）提出起诉，AIG 通过关联方虚假的再保险合同和其他交易，将净利润夸大 27 亿美元，AIG 还在 2004 年帮助一家关联公司转移债务。AIG 为此向司法部和证交会缴纳了 1.26 亿元罚款。

2014—2018 年，William Penn 寿险公司与关联公司进行了违规的再保险关联交易，进行交易的目的是逃避纽约州的保证金要求。交易实施前未经相关部门审批、未在报表中披露，从而被美国金融服务部门（DFS）处以 630 万美元罚款，并要求公司在未来 5 年的任何再保险协议都必须事先获得 DFS 批准。

由此可见，不管是 20 世纪 90 年代 Anglo - American 保险集团内部关联交易被股东掏空，到 21 世纪初 AIG 公司引发巨大风险，再到最近几年对于关联交易处罚还在发生，关联交易引发的问题在美国保险业内引起了高度重视，我们有必要借鉴美国相关监管机构是如何对其进行规制的。

（二）美国保险关联交易监管体系

美国对保险业实行联邦政府和州政府双重监管制度，联邦政府和州政府拥有各自独立的保险立法权和管理权。美国对保险行业的关联交易监管及风险防控方面，主要体现为以下几个特征：

一是以全美保险监督协会（NAIC）制定的标准及规范作为指引，将信息披露作为规范关联交易的重要抓手。全美保险监督协会的一大重要任务是协助每个州的保险监管部门，围绕保险公司的偿付能力和经营稳健性，制定年度报表、风险资本管理和法定会计等一系列标准及规范。对于关联交易方面，美国《保险公司关联交易信息披露的会计准则》把关联交易分为两类，依据是否具有可衡量的商业目的，分为经济性质及非经济性质的关联交易，关注非公允的关联交易，实质上是通过规范化、标准化的披露要求来对关联交易实行透明度监管。

二是借力信息技术手段，建立了现场监管和非现场监管相结合的监管体系。全美保险监督协会通过推行应用一系列工具，如保险监管信息系统、财务分析与偿付能力跟踪系统、基于风险的资本监控系统、监管信息追溯系统、特别行动数据库，构建了包括财务分析、风险监测、违规交易信息追溯等关键领域和环节的非现场监管体系，从而帮助州监管部门尽早发现风险和问题。如果，某一特定保险公司被监测到存在异常的交易，则意味着要接受州监管部门的进一步调查。

三是将防范保险集团关联交易重大风险作为各州重要监管任务。保险业在美国主要由州政府负责管理，在监管思路方面，引入全美保险监督协会所提倡的注重全集团监管理念和方法，对于保险集团内存在不正常的关联交易和资金往来进行严格监管，防止风险过度集中。

四是通过立法保障事前风险防范、落实事后惩戒。在全美保险监督协会的努力下，美国各州保险法的内容已无太大差别。以保险业较发达的纽约州为例。纽约保险法将关联交易管理的一般性原则和具体要求纳入法律，例如在1608、1712中规定的订立公平条款、公允价格、及时披露交易性质细节等要求。除此之外，显著的一个特点是，还会将行之有效的经验做法纳入法律进行固化，通过控制特定关联交易审批权利的方式构建起事前的"防火墙"，通过严厉的惩戒措施拿起事后的"戒尺"。例如，纽约保险法1505明确规定大于认可资产3%的购销、交换、借贷及信用展期、投资，以及再保险合约、协定等交易，须于交易前30天应获得州监管部门的事先批准。对于违反监管要求的事后惩戒措施，纽约保险法还规定可以对公司提起诉讼，依法处以高额罚款；对于严重违反规定、造成重大风险和损失的，还可通过法定监管手段，强制保险公司进行复健、清算、保全及解散。

（三）经验和启示

美国对于保险行业关联交易的监管遵循一些基本准则，包括防范风险积聚、利益冲突和不当关联交易等。从监管法规体系来看，美国将关联交易管理明确纳入了保险法，通过立法保障事前风险防范、落实事后惩戒。从监管模式来看，美国是典型的全过程监管，覆盖事前准备及事后披露，同时基于风险导向，在事中对保险公司进行非现场、动态监控。

三、对保险资管机构规范关联交易的建议

（一）提升关键环节的内部管理水平

保险资管机构首先应完善关联交易管理的内部框架，确保从顶层架构、政策制度，再到具体的管理工具和系统，都能对关联交易的管理要求形成良好的承接。同时，也应梳理全链条的管理薄弱环节、针对性地提升管理水平（见图3-6-3）。

从全流程的角度来看，保险资管机构对关联交易的管理与保险公司较为相似，应当严格依据监管要求，按照关联方管理、关联交易发起与识别、金额计算、审批、报告与披露等对关键环节进行管控。在规范关联交易管理方面可有以下的几个具体的着力点：

专题三 防范不当关联交易风险的监管制度与行业建设

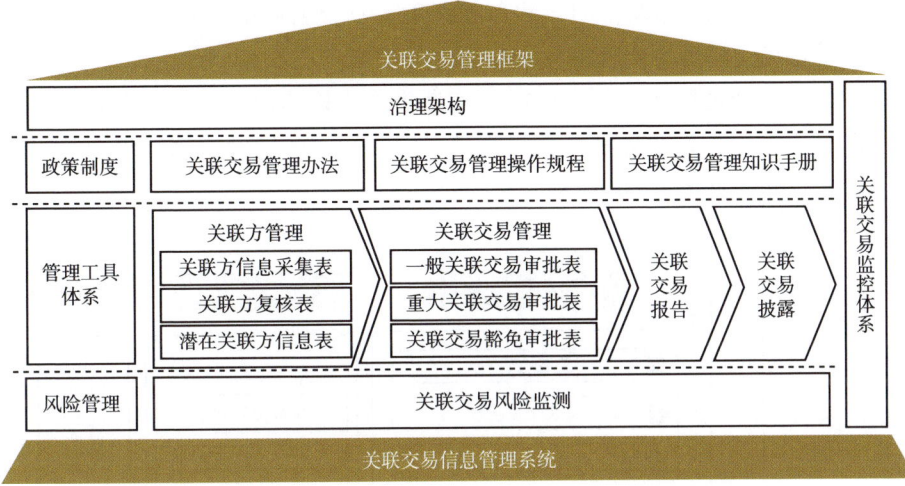

图 3-6-3 普华永道关联交易管理框架

1. 关联方管理

（1）明确关联方范围：机构应守住合规底线，建议保险资管机构加强对关联方信息的管理，明确关联方和关联交易的认定及识别要求，确保及时、准确、完整识别自身及关联保险公司的关联方。

（2）完善关联方信息管理：对于在大型保险集团中的保险资管机构，可建立关联交易管理信息化平台，以便交叉比对、动态更新和分类管理关联方信息。

2. 关联交易管理

（1）厘清权责分工：公司应建立关联交易识别及管理的责任体系，明确关联方及关联交易识别的责任部门并下沉至具体岗位；同时，也应按照监管要求在管理层面设立关联交易管理办公室统筹管理，促进跨部门的信息沟通。

（2）明确计算原则：公司应尽快组织梳理关联交易新规的相关条款效力和具体适用规则，梳理各类别、全业务场景下应重点关注的领域，明确关联交易业务逻辑及处理原则。针对复杂的资金运用类关联交易，应明确具体业务场景，区分直投或委投的交易主体及利益相关方，根据实质重于形式、穿透原则明确关联交易的计算原则。

3. 关联交易风险控制

（1）加强穿透管理：公司应加强金融产品、保险资管产品投资的穿透管理。建立以资金流向为线索的全程监控制度，对资金运用增强银行托管环节，实行投后跟踪、穿透检查机制。

（2）动态管理监测：公司可利用信息化方式构建动态管理平台，督促业务部门主动在系统上提交数据，对关联交易状态、限额及比例实现数据可视化、动态管理（见图3-6-4）。

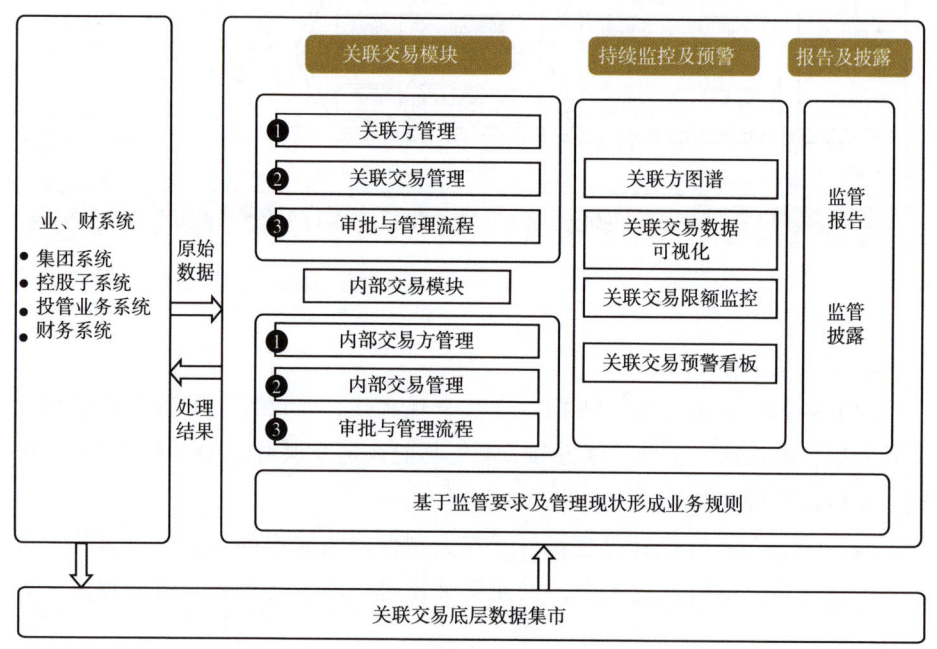

图3-6-4　普华永道关联交易管理系统架构图

（3）定期检查及追责：公司应基于监管要求，梳理关联交易限额及比例，建立动态监控、实时评估、风险预警的事中控制体系，并加强风控合规管理，建立关联交易风险防范制度、关联交易定期检查机制与追责机制。

（二）落实主动管理、穿透管理

对于保险资管业内普遍存在的主动管理、穿透管理方面的问题，重点在于探讨及明确现有的监管框架下，是否需要、谁来负责以及怎样落实关联交易穿透管理的问题。在实际操作中，保险资管机构在管理其自有资金、保险资金、非保险资金，以及在管理各种保险资管产品时，在现有的监管框架下适用的管理规则及侧重点会存在一些差异。对于保险资管机构应如何做好主动管理、穿透管理，分类讨论如下：

1. 自有资金关联交易

我国的保险资管公司主要为股东或母公司为保险公司的资产管理机构,即保险系的资管机构。对于保险资管公司而言,本质上是其自身对外进行的交易,应直接适用2022年《办法》的有关规定,落实主体责任。

其余的保险资管机构,主要为大资管行业政策框架下具有受托管理保险资金资格的公募、券商、券商资管等专业机构,对于这些机构的自有资金投资,则应适用各自行业的监管规定,并在内部管理中与保险资金投资进行明确隔离和划分。

2. 保险资金关联交易

在委托投资合同项下,本质上是委托方即保险公司自身对外进行的交易,主要应当由保险公司来履行关联交易各项流程,同时由保险资管机构主动承担、重视加强配合管理义务。

保险资管机构履行对受托保险资金的关联交易管理义务,首先需要区分构成关联关系、不构成关联交易的情形。例如:交易对手方为保险资管机构的关联方、但不构成委托方保险公司关联方,则该情形既不属于保险机构关联交易也不属于保险公司关联交易,理论上不需要按照关联交易的方式进行管理。

对于构成关联交易的,建议保险资管机构区分公开资本市场投资和非公开资本市场投资,按照不同的侧重进行管理。对于公开市场的被动管理型投资,比如涉及投资于关联方公开发行的股票、债券、可转债或其他衍生品,应注重信息披露和事后管理。对于非公开市场的主动管理型投资,则应侧重进行底层资产穿透识别、事前管理,并配合保险公司的主动管理要求,进行及时、准确的信息披露。例如:一些保险资管机构采取的名单式管理,由保险公司定期提供关联方名单,对保险公司要求未经其同意不得进行关联交易的实行事前报告制。

3. 业外资金关联交易

对于业外资金关联交易的管理,重点在于需要区分交易的实质主体:大部分情况下是机构委托人,如涉及信托、银行等金融机构,适用2022年《办法》的有关规定,履行对受托资金的关联交易管理义务。

对于保险资管机构与母公司、子公司、母公司控股的子公司之间发生的企业年金投资管理业务等相关业务,其受益人为参加企业年金计划并享有受益权的企业职工,则是按照企业年金管理的相关规定执行,不适用关联交易管理规定。

4. 保险资管产品关联交易

根据保险资管产品的"1+3"规则母办法及三个配套细则，保险资管产品包括：债权投资计划、股权投资计划和组合类保险资产管理产品。应重点关注如下几个方面：

第一，资管机构需明确禁止类关联交易，并对该类交易设置好有效的事前拦截措施。现行"1+3"规则、《保险资金股权投资暂行办法》对保险资管产品设置了一系列禁止的关联关系。投资于债权计划的，保险资管机构不得与债权融资主体存在关联关系；投资于股权计划的，股权所指向的企业不得与保险公司、保险资管机构存在关联关系。

第二，对于非禁止类关联交易，建议资管机构区分产品认购层面的关联交易和产品投资层面的关联交易，在交易中明确管理责任的主体，同时做好关联交易认定和计算。在产品认购层面，是保险资管机构和委托人之间的关联交易，根据2022年《办法》，委托合同构成保险公司和保险资管机构的关联交易，以发行费或投资管理费计算，保险资管机构及委托人各自均需完成关联交易管理流程。在产品投资层面，对于债权投资计划和股权投资计划而言，目前监管要求事先穿透、明确投资标的，如果基础资产包含保险公司关联方，应以投资金额计算并纳入保险公司的关联交易管理范围。

第三，建议资管机构主动梳理交易链条中各方的关联关系，并结合实质重于形式、利益转移，主动配合、甚至督促由最终受益方对资管产品进行穿透管理。

对于债权投资计划的委托人、受托人与担保方：当保险资管产品涉及到担保方时，由于资管产品本身属于一个独立的拟制法律主体，此时交易双方为担保方和债权计划的拟制法律主体，保险资管机构和保险公司与担保方之间未发生交易。在这种情形下，是否可直接适用于关联交易管理的相关规定目前业内尚存在一定的争议。根据2022年《办法》的监管原则，建议机构结合利益转移、实质重于形式进行判定，由委托人进行穿透管理。例如，可参考业内一些保险公司的实践，对于关联担保方为资管计划提供了保证保险、抵质押担保的产品，由于穿透来看实质上委托人才是最终的受益方，因此按照委托人的利益转移类关联交易进行管理（见图3-6-5）。

对于股权投资计划的委托人、受托人与托管人：与上述情况类似，也是建议结合利益转移、实质重于形式进行判定，并进行穿透管理（见图3-6-6）。

专题三 防范不当关联交易风险的监管制度与行业建设

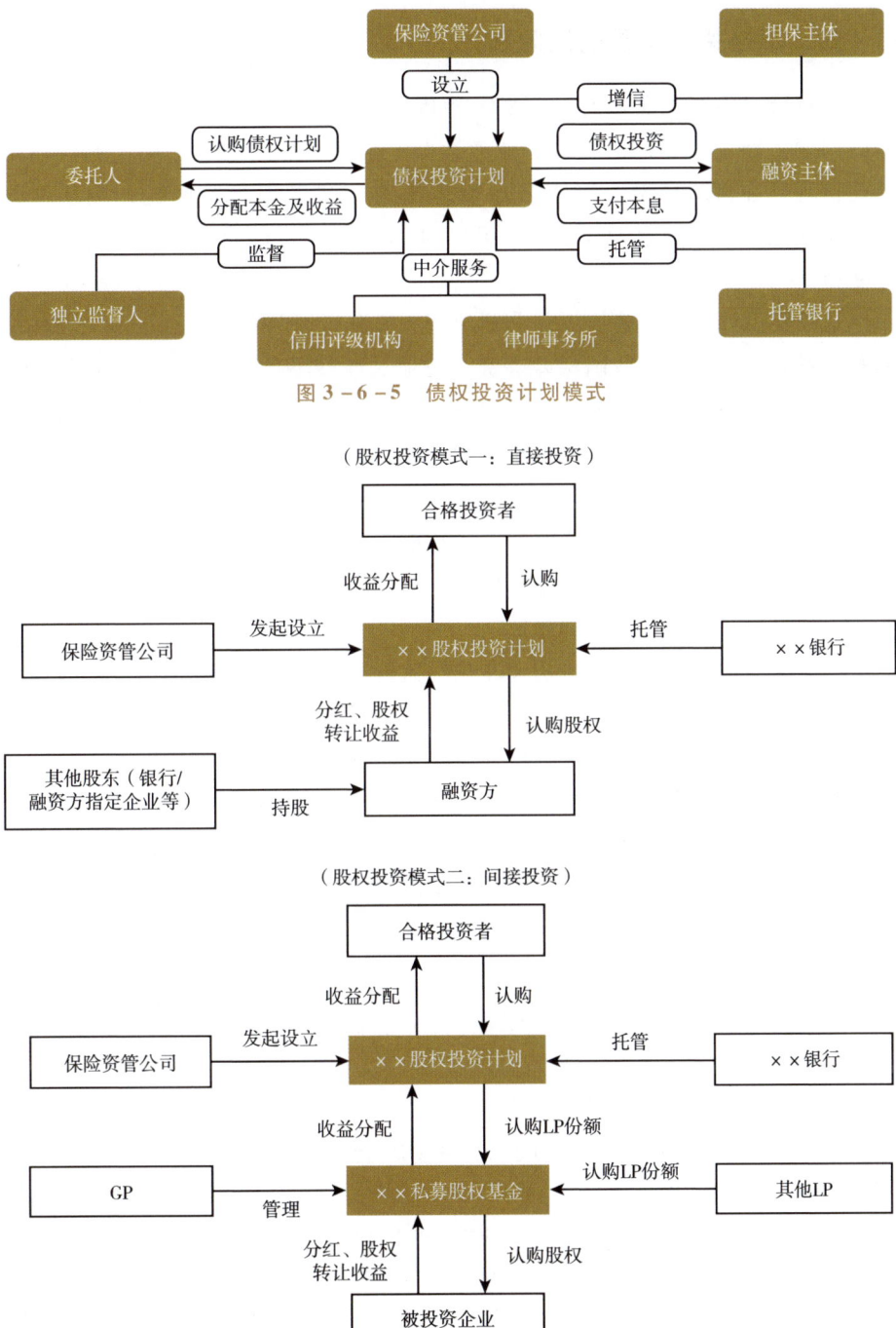

图 3-6-5 债权投资计划模式

图 3-6-6 股权投资计划模式

四、不当关联交易的风险防范

针对层出不穷的关联交易问题,中国银保监会也发文指出,个别机构暴露的问题表面上看是产品管理、业务运营、内部风控问题,深层次原因还是公司治理存在薄弱环节。对于公司治理的这一"老大难"问题,应从加强监管角度出发,建议从以下两个方面强化对保险资管行业不当关联交易的风险防范。

从顶层设计上看,建议抓住公司治理、股东行为两大关键点,加强立法保障和建章立制。当前,我国保险、资管行业关联交易的监管体系在不断完善,对关联交易管理的相关监管要求,虽然已然在公司治理、保险资管公司评级、保险资管产品管理、董监履职评价、大股东行为等一系列监管领域开始有所渗透,但关联交易治理体系建设仍应不断深化。建议监管机构继续强化保险业风险防控的顶层设计,如对大股东的行为约束、对董监高管履职的要求,应争取纳入相关保险法律法规,参考国际做法,通过推动立法保障事前风险防范、落实和加强事后对于违规行为的惩戒。

从监管体系上看,可逐步构建非现场监管和现场监管结合的风险导向型监控体系。借鉴美国保险行业监管经验,监管部门开展的现场检查应该建立在较为完善的非现场监管体系之上,增强风险导向及针对性。对我国保险关联交易监管当局而言,建议进一步加强全流程的非现场监管体系建设,在2020年上线试运行银行业保险业关联交易监管系统的基础上,应进一步向信息化、数字化、智能化探索和进阶,充分发挥技术手段在监管领域的应用。

参考文献

[1] 普华永道:《银行保险机构关联交易管理办法》1号令的解读,https://www.pwccn.com/zh/industries/financial-services/insurance/publications/banking-insurance-institutions-apr2022.html

[2] 曹宇:强化投资者保护 提升银行保险资管机构公司治理水平,https://baijiahao.baidu.com/s?id=1673001453685587385&wfr=spider&for=pc

[3] 中国保险资产管理业协会:《2019—2020年保险资产管理业调研报告》

[4] New York Insurance Law:https://newyork.public.law/laws/n.y._insurance_law

[5] United States: Investments By Insurers: How They're Regulated And Why It Matters:https://www.mondaq.com/unitedstates/insurance-laws-and-products/858110/investments-by-insurers-how-they39re-regulated-and-why-it-matters

[6] Department Of Financial Services Levies $6.3 Million Civil Penalty Against William Penn For Improper Reinsurance Transactions: https://www.dfs.ny.gov/reports_and_publications/press_releases/pr1805031

[7] 险资投资监管政策梳理及境外经验（下）：国际监管对比研究 https://mp.weixin.qq.com/s/ntvC6YK7sGO0NLbWH19tIg

[8] 浅谈美国保险的监管体系 https://mp.weixin.qq.com/s/qvt0JO6rI3jSeeyv1EyJmg

[9] 二百年来美国银行保险被坏股东拖垮的典型案例 https://finance.sina.com.cn/zl/china/2020-08-17/zl-iivhvpwy1547619.shtml

专题 3.7
新规视角下的保险资金运用关联交易管理[*]

近年来，中国银保监会持续改进和加强保险业关联交易监管，规则体系逐步完善，监管手段更为精准有效，有力地遏制了行业内关联交易违规现象。随着监管形势的发展变化，为进一步提升监管质效，防范利益输送风险，2022年1月中国银保监会发布《银行保险机构关联交易管理办法》（中国银行保险监督管理委员会令〔2022〕1号，以下简称2022年《办法》），将银行、保险、信托等金融机构的关联交易监管纳入统一规范体系。2022年《办法》总体上延续了《保险公司关联交易管理办法》（银保监发〔2019〕35号，以下简称2019年《办法》）的监管理念和管理要求，但对其中诸多具体规则也进行了调整和优化。

一、关于保险资管产品的关联交易审查

基于专业化经营等需要，保险公司通常以委托保险资产管理公司或者以认购保险资产管理产品的形式开展投资，这是保险资金运用的常态。交易的主体至少包括保险公司、保险资产管理公司以及交易对手三方。如果交易对手仅与保险公司或保险资产管理公司中的一方具有关联关系，则由该保险公司或保险资产管理公司履行关联交易审查程序即可。但如果交易对手与保险公司、保险资产管理公司都存在关联关系，如何履行关联交易审查程序在现行监管规定中并不明确。例如，保险资产管理公司发行股权投资计划投资关联方担任管理人的私募基金，或者与关联方发起设立的金融产品或私募基金共同参与某股权投资，保险公司作为投资人认购前述股权投资计划，上述三方主体之间都具有关联关系，由保险资产管理公司还是保险公司履行关联交易审查程序存在争议。特别是共同投资以出资金额计算关联交易额，此时很容易达到重大关联交易的金额标准，履行的审议程序更加复杂。有的观点认为，产品管理人保险资产管理公司是投资行为的交易主体，应当履行重大关联交易由董事会或股东大会审议的程序，并且按照穿透管理的审查要求，保险公司作为投

---

[*] 本专题作者：中国人民保险集团股份有限公司，姚兆中。

资人对底层的投资项目同样具有影响力,也要履行重大关联交易审议程序。如此一来,冗长的审查程序往往难以满足投资项目的时限要求,给项目实施带来障碍。

上述问题的争议点在于如何理解或实现穿透管理规则。实际上,在传统的公司法、证券法领域,穿透的法律规则并不鲜见,例如公司法规定的刺破公司面纱、证券法关于发行主体股东人数是否达到公开发行标准(超过200人)的认定等,都体现了穿透核查的要求。《关于规范金融机构资产管理业务的指导意见》(以下简称《资管新规》)进一步明确了"实行穿透式监管,对于多层嵌套资产管理产品,向上识别产品的最终投资者,向下识别产品的底层资产"的监管原则。对于穿透式监管的利弊,学者的论述已经非常充分。有学者指出,穿透式监管出于审慎监管需求,但难免与民商事体系部分制度设计的初衷格格不入。在商事制度完备的环境下,每个组织的分工、权力制衡都有一以贯之的方式,责任承担也自有其明确的主体,这是商事组织法的题中之义。[①] 尽管在不同的法律领域,特别是处理长期存在的资管乱象时穿透管理是非常有效的监管思路,但并不代表穿透一般的法律关系或法律形式可以成为常态,穿透的标准也需要结合每一类行为进行整理和细化,并尽量使之规范化,否则不仅会导致在执行监管要求时出现混乱,甚至与《资管新规》大力推动的"卖者尽责、买者自负"基本理念造成冲突,产生适得其反的效果。实际上,中国银保监会2022年《办法》中对于穿透监管的规定也是谦抑的,主要集中在两方面:一是从主体的角度穿透识别关联方;二是从资金流向的角度穿透识别交易的资金来源和基础资产,并没有要求对产品基本的法律关系进行穿透,这和《资管新规》的穿透原则具有一致性。[②]

对于前述保险资管产品发行时涉及三方关联方的情形,应从基本的法律关系入手,区分一般和特殊的情形进行分析。一般意义上,按照《资管新规》的规定,保险资产管理公司作为资管产品的管理人,应当按照诚实信用、勤勉尽责原则切实履行受托管理职责。《保险资产管理产品管理暂行办法》第三十三条规定:"保险资产管理机构应当切实履行主动管理责任,不得让渡管理职责。"管理人对资管产品承担主动管理责任,且资管产品对外的投资行

---

① 白牧蓉,《穿透式监管的理论探讨与制度检视——私主体权利实现的视角》,兰州大学学报(社会科学版),2020年5月。
② 有学者将我国穿透式监管的实践类型化为主体穿透、产品属性穿透以及嵌套层级穿透等。参见叶林、吴烨,《金融市场的"穿透式"监管论纲》,《法学》2017年第12期。

为需以管理人的名义进行，管理人无论从形式上还是实质上都是投资行为的具体实施者，投资行为的责任显然不由投资人来承担。并且，从产品开发的实际情形来看，股权投资计划、债权投资计划都是由管理人筛选和确定投资项目之后，再发起产品并向投资人发售，即所谓投行型的产品，投资人在项目选择过程中一般难以发挥重要作用。资管产品通常还有其他非属于关联方的投资人，在此情况下，即使投资人是管理人的兄弟公司或者控股股东，受到公平对待投资人原则的约束，管理人也很难给予其条款或者管理费等方面的特殊待遇。

因此，在保险资管产品正常的法律关系中，管理人既是形式上也是实质上的交易主体，由其承担关联交易审查职责是恰当的。此种情况下没有必要由投资人再对保险资管产品的投资行为履行一道关联交易审查决策程序。

二、关于共同投资关联交易

2019年《办法》规定了资金运用类关联交易包括"与关联方共同投资（含新设、增资、减资、收购合并等）"，而2022年《办法》第十七条删去了这一内容。有观点认为，删除共同投资后，关联方共同开展权益投资可不再认定为关联交易。这一观点值得商榷。由于关联交易的类型多种多样，难以通过列举的方式穷尽，2022年《办法》不可能对每一项关联交易都详细列明。是否构成关联交易的判断不能以2022年《办法》有无直接规定为依据，应回归关联交易的基本定义，基于是否可能发生利益转移进行判断。共同投资行为中，投资人通过出资方式、权利义务、利润分配、损失承担等方面做出安排，存在一方向另一方输送利益的空间，因此共同投资仍应认定为关联交易。《上海证券交易所股票上市规则》明确规定，"与关联人共同投资"属于关联交易，并且上市公司与关联人共同出资设立公司，如果所有出资方均全部以现金出资，且按照出资额比例确定各方在所设立公司的股权比例的，可以豁免重大关联交易审议程序。上海证券交易所的上述规则较为合理，在确认共同投资为关联交易的基础上，再考虑现金出资且同股同权情况下难以发生利益输送，予以豁免关联交易审议程序。

关于共同投资关联交易金额的认定，虽然2022年《办法》没有直接作出规定，但相关规则实际上已有所优化。《上海证券交易所股票上市规则》规定共同投资应当以上市公司的出资额作为交易金额。近期发布的《上海证券交易所上市公司自律监管指引第5号——交易与关联交易》第三十八条关于上市公司与专业投资机构共同投资的规定中，进一步明确上市公司与专业投资机构共同投资，应当"以其承担的最大损失金额，参照上市公司对外投资相关规定履行相应的审议程序，构成关联交易的还应当履行关联交易审议程序"，"最大损失金额"以上市公司因本次投资可能损失的投资总额、股份权益或者承担其他责任可能导致的损失金额的较高者为准。"最大损失金额"更加合理地界定了共同投资行为中投资人可能承担的风险，通常意义上就是出资额。而2019年《办法》规定"资金运用类以保险资金投资金额计算交易金额"，同时又存在"同一个保险公司与多个关联方在同一笔交易中的金额，应合并计算进行认定"的要求，这就带来了共同投资是以本公司出资额还是总投资金额计算关联交易金额的争议。2022年《办法》删除了上述合并计算的含混规定，相关规则的适用将更加简明、清晰、可操作。

建议在实务操作中，保险机构应继续将共同投资认定为关联交易，按照保险机构的出资额计算交易金额。同时，对于同等对价同比例现金出资的共同投资情形，考虑其风险可控，建议从监管的层面明确可豁免关联交易审议、报告、披露等要求，以合理简化程序，提高关联交易管理效率。

三、关于银行存款关联交易

（一）银行存款关联交易金额的认定

2022年《办法》第十七条规定保险机构资金运用类的关联交易包括"在关联方办理银行存款"；第十八条规定"资金运用类关联交易以保险资金投资金额计算交易金额。其中，投资于关联方发行的金融产品且基础资产涉及其他关联方的，以投资金额计算交易金额；投资于关联方发行的金融产品且基础资产不涉及其他关联方的，以发行费或投资管理费计算交易金额；买入资产的，以交易价格计算交易金额"。其中，没有对银行存款关联交易金额的计算作出明确规定。从"以保险资金投资金额计算交易金额"的表述理解，似乎保险机构在关联方办理银行存款应以存款本金计算关联交易金额，实践中也有保险机构按此标准执行。但是，保险机构的银行存款金额通常较大，很容易达到重大关联交易的标准，履行董事会或股东大会审议程序往往难以满足资金运用时效要求，占用资金运用关联交易比例也很高。活期存款的存取通常还较为频繁，存款余额波动，关联交易金额的认定都存在困难。定期存款、协议存款等其他存款类型的银行存款也同样存在到期后继续滚动存储的操作。如果按照2022年《办法》第十九条的规定对交易金额还需要在年度内累计计算的话，将更容易达到重大的标准，给保险机构的关联交易管理带来不可承受之重。

关联交易金额认定是开展关联交易审查的基础要素，决定了审查程序的复杂程度，是关联交易管理中非常重要的环节。金额认定标准隐含了对关联交易重要性的价值判断。就银行存款而言，真正转移的利益只有利息，合理的做法是以利息而非本金作为关联交易金额。从上市公司的实践来看，通常也以银行存款利息作为关联交易金额。如果以本金作为关联交易金额，将动辄构成重大关联交易，使程序恰当性与交易风险相比失衡。因此，实务中保险机构在关联方银行存款的，以利息作为关联交易金额较为合理。建议从监管的角度对第十八条中"保险资金投资金额"作出限制性解释，明确"投资"不包括银行存款，给予将银行存款利息作为关联交易金额的操作空间，避免实务中出现的困惑。

（二）活期存款是否纳入资金运用比例限制

2022年《办法》第十八条规定了保险机构资金运用关联交易应符合的比例要求。鉴于2022年《办法》第十七条规定资金运用类关联交易包括"在关联方办理银行存款"，活期存款属于银行存款，似乎也应当适用资金运用的比例限制。但是，根据经营管理需要，每个保险公司都有一定数量的活期存款，或者用于员工工资等日常经营开支，或者为应对理赔、退保等业务活动的流动性需求。此类活期存款并不是以投资收益为目的的保险资金运用，从性质上和保险资金运用存在差异。并且，原中国保监会《关于规范保险资金银行存款业务的通知》（保监发〔2014〕18号）第一条也规定："保险公司应当将除维持日常经营需要的活期存款之外的银行存款（以下简称银行存款）纳入投资账户管理，严格执行授信评估、投资决策和风险管理等制度"，即维持日常经营需要的活期存款并不作为投资进行管理。从保险机构管理实际来看，此类活期存款一般由财务部门进行管理，而保险资金运用一般由投资部门负责。

2022年《办法》目前仅在第五十七条规定了活期存款业务可以免予按照关联交易的方式进行审议和披露。建议从监管的角度进一步明确，维持日常经营需要的活期存款可不纳入资金运用关联交易的比例统计，使资金运用比例的监管更为精准合理。

四、结语

保险资金运用关联交易涉及的资金量大，主体较多，交易结构和利益转移的形态复杂。银行保险机构开展资金运用关联交易审查，应当注意从交易结构的法律关系出发，聚焦于分析可能发生的利益转移，进而就是否构成关联交易、交易金额计算等作出合理的判断。同时，还可以上市公司关联交易监管的规则或实践为参考，将成熟的经验运用到保险行业关联交易管理工作中来，使相关分析认定更加扎实可靠。

2022年《办法》的出台建立了银行、保险、信托等金融领域统一的关联交易规范体系，是监管方面的重大进步，但相关具体规则的运用需要在实践中进一步摸索和论证。相信通过全行业的努力，银行保险机构的关联交易管理水平将进一步提升，有效防范利益输送风险。

专题 3.8
保险公司关联交易监管制度变化及风险应对[*]

近年来，伴随着保险行业的迅速发展，保险资产规模不断扩大，保险资金运用渠道日益拓宽，保险公司关联交易的种类和规模也在不断增长，不规范和不正当的关联交易可能侵害保险公司利益，影响保险公司财务的独立性和资产的安全性。为了规范保险公司关联交易行为、提高风险防范能力、维护保险公司和被保险人的利益，保险监管部门多年来针对保险公司关联交易出台了一系列政策法规。2007年发布《保险公司关联交易管理暂行办法》，并分别于2008年、2014年、2015年、2016年、2017年下发通知，对前述暂行办法进行补充完善。2019年发布《保险公司关联交易管理办法》（以下简称2019年《办法》），2022年发布《银行保险机构关联交易管理办法》（以下简称2022年《办法》），体现出我国对保险公司关联交易的监管不断细化和强化。

一、保险公司关联交易监管制度的发展变化

原中国保监会于2007年发布《保险公司关联交易管理暂行办法》。此暂行办法是针对保险公司及保险资产管理公司关联交易出台的第一部正式文件，它对关联方和关联交易进行了定义，在关联交易管理方面提出了具体要求，如制定关联交易管理制度、建立关联方信息档案、重大关联交易须由董事会或股东大会批准、每年至少组织一次关联交易专项审计等。2008年发布《关于执行〈保险公司关联交易管理暂行办法〉有关问题的通知》，从四个方面对暂行办法进行了完善：一是关于交易额的计算方式；二是关于关联交易审查；三是关于关联交易报告；四是关于企业年金相关业务。2014年发布《中国保监会关于印发〈保险公司资金运用信息披露准则第1号：关联交易〉的通知》，对保险公司资金运用关联交易的信息披露行为进行了规范，明确了保险公司资金运用关联交易信息披露的适用范围、披露内容以及时间要求。2015年发布《中国保监会关于进一步规范保险公司关联交易有关问题的通知》，扩大了关

---

[*] 本专题作者：光大永明资产管理股份有限公司，李冰。

联方的认定范围,对"保险公司资金的投资运用和委托管理"进行了明确,提出了保险公司资金运用关联交易的比例要求,还提出保险公司应于每季度结束后25日内向原中国保监会报送关联交易总体报告。2016年发布《中国保监会关于进一步加强保险公司关联交易信息披露工作有关问题的通知》,主要包括四个方面内容:一是明确逐笔、合并披露的适用范围和条件;二是明确各类关联交易需披露的具体要素、渠道和方式;三是对重大关联交易的认定范围进一步扩大;四是明确保险公司董事会对公司关联交易合规性承担最终责任。2017年发布《中国保监会关于进一步加强保险公司关联交易管理有关事项的通知》,首次提出按照实质重于形式的原则穿透认定关联方和关联交易行为,要求保险公司设立关联交易控制委员会或指定审计委员会负责关联方识别维护、关联交易的管理、审查、批准和风险控制,明确重大关联交易和一般关联交易的审批流程,对统一交易协议、后续交易行为以及需要请示和报告的业务作出了更加具体的规定。2019年《办法》从五个方面对原有制度进行了优化。一是完善关联方管理。要求董事会关联交易控制委员会负责关联方的识别和维护,定期更新关联方信息档案;同时,要求保险公司根据实质重于形式的原则,对可能导致利益倾斜的关联方进行认定。二是加强关联交易内控体系建设。在管理机制方面,要求保险公司在董事会和经营层建立关联交易控制委员会和办公室,分别负责关联交易的全面管理和日常管理。增加保险机构的主动管理责任,要求保险公司进一步优化管理流程,明确责任归属,实现管控流程全程可追溯。明确内部问责的发起和审批流程。三是强化关联交易外部监督。完善监管审查措施,监管部门可视情况要求保险公司及其关联方补充提供有关材料,或对其提出公开质询。四是加强关联交易穿透监管。要求保险公司建立以资金流向为线索的全程监控制度,有效防止风险的跨公司、跨行业和跨领域传递。五是强化监管职责,中国银保监会可以依法对违规行为和相关责任人采取监管措施,加大了对责任主体的监管力度。2022年《办法》对保险机构关联交易制度进行了全面修订。一是统一银行业保险业关联交易管理规则,同时又兼顾不同类型机构特点,实现了监管标准一致性基础上的差异化监管。二是控制关联交易的数量和规模,重点防范向股东及其关联方进行利益输送风险,避免多层嵌套等复杂安排。三是对通过复杂交易结构或借助通道业务向关联方进行利益输送、规避监管等违规行为,设置禁止性规定,要求机构按照实质重于形式和穿透监管原则,优化关联方和关联交易识别。四是压实机构在关联交易管理方面的主体责任,建立层层问责机制,强化关联交易控制委员会职能,在管理层面设立跨部门的关联交易管理办公室，明确牵头部门、设置专岗，落实关联方识别和关联交易日常管理工作。2022年《办法》坚持问题导向，弥补制度短板，有助于规范银行保险机构关联交易监管，提升银行保险机构关联交易管理水平，更好地防范化解金融风险，维护公平公正的金融市场秩序。

二、《银行保险机构关联交易管理办法》修订要点分析

（一）调整关联方认定范围

相比2019年《办法》，2022年《办法》在坚持实质重于形式和穿透的基础上，对关联方的认定范围作出了调整。如增加自然人和法人控股股东、实际控制人的一致行动人、最终受益人为关联方。增加持股不足5%但对银行保险机构经营管理有重大影响的自然人、法人或非法人组织，及其控股股东、实际控制人、一致行动人、最终受益人为关联方。增加银行保险机构重要分公司的高级管理人员以及具有资产转移、保险资金运用等核心业务审批或决策权的人员为关联方。增加对银行保险机构有影响，与银行保险机构发生或可能发生未遵守商业原则、有失公允的交易行为，并可据以从交易中获取利益的自然人、法人或非法人组织为关联方。另外，"保险公司的控股股东、实际控制人，及除此之外持有或控制保险公司5%以上股权的法人或其他组织，及其控股股东、实际控制人"的董事、监事或高级管理人员控制的法人或其他组织不再认定为关联方。"与保险公司在借贷、担保等方面存在依赖关系的企业""连续三年及以上与保险公司在资金、经营、购销等方面存在协议关系的"也不再认定为关联方。过去或未来12个月构成明确列举关联方情形的也不再必然认定为关联方，而是规定保险公司"可以"将之认定为关联方，给与保险公司一定的自主权。

（二）调整关联交易类型

2022年《办法》删除了2019年《办法》中投资入股类关联交易和提供货物类关联交易，整合为四大类关联交易，即资金运用类、服务类、利益转移类、保险业务和其他类型。具体来看：一是资金运用类中剔除了与关联方共同投资（含新设、增资、减资、收购合并等）情形；二是利益转移类中剔除了出售资产、签订许可协议情形，将租赁资产划入服务类关联交易；三是服务类中剔除了广告、日常采购、职场装修等相对容易识别的情形，增加了咨询顾问服务、技术和基础设施服务、租赁资产等可能有识别争议的情形，实质扩大了服务类关联交易的应用场景；四是保险业务类关联交易涵盖类型不再单独列

举，而是与其他类型关联交易合并，由责任主体依法识别。

（三）降低资金运用关联交易比例

为防止向关联方过度融资，2022 年《办法》降低了保险机构资金运用关联交易比例。具体包括：一是保险机构投资对全部关联方投资余额标准之一的上一年度末总资产的比例，由 2019 年《办法》的 30% 下调为 25%。二是保险机构投资权益类资产、不动产类资产、其他金融资产和境外投资的账面余额中，对关联方的投资金额不得超过上述各类资产投资限额的比例，由 2019 年《办法》的 50% 下调为 30%。三是保险机构投资单一关联方的账面余额由 2019 年《办法》的"合计不得超过保险公司上一年度末总资产的 15%"调整为"合计不得超过保险机构上一年度末净资产的 30%"。因保险机构普遍净资产较总资产小很多，该比例实际大幅下调。四是保险机构投资金融产品，若底层基础资产涉及控股股东、实际控制人或控股股东、实际控制人的关联方，保险机构购买该金融产品的份额不得超过该产品发行总额的比例，由 2019 年《办法》的 60% 下调为 50%。

（四）优化内部管理，调整信息披露具体要求

一是强化对关联交易管理制度的要求，优化关联交易控制委员会（关控委）及关联交易管理办公室（关管办）相关职责。强调制度中应增加"关联交易的管理架构和相应职责分工""关联方信息收集与管理""关联交易回避"等内容。将"关联方识别维护"由关控委负责调整至关管办负责，更加符合业务实际；关管办中新增业务及风控部门，删除人事部门；关管办成员的要求降低，不再要求高管担任负责人，也不再要求成员是相关部门的负责人。

二是加强关联交易内部监督。强化关联交易风险控制要求（新增"动态评估对风险暴露和资本占用的影响程度"），提升关联交易公允性要求（"以不优于对非关联方同类交易的条件进行"），严格关联交易审查的回避要求（新增关控委进行表决和决策时同样适用回避原则的规定；明确回避人员为所有与该关联交易有"利害关系"的人员），提升报送频率（从每半年一次的定期报送变为及时报送），收窄统一交易协议的范围（仅保留了保险业务类及提供服务类）。

三是调整关联交易披露相关规定。逐笔披露新增了关联交易概述及交易标的情况，交易对手的法定代表人、注册地、注册资本变化，关联交易金额比例等，合并披露增加了关联交易监管比例执行情况。

免予审议和披露规定方面，在自然人单笔 50 万元以下及法人单笔 500 万元以下的情形中增加了"且交易后累计未达到重大关联交易标准的"限制条件；删除了"在统计关联交易金额与比例时应当合并计算"的规定；删除了"按照关联交易有关协议约定产生的后续赎回、赔付、还本付息、分配股息和红利、再保险摊回赔付、调整再保险手续费等交易"的情形，同时，删除免予审议和披露的关联交易须报告中国银保监会说明原因的规定。

三、2022 年《办法》下保险公司关联交易管理的风险应对

（一）加强各层级对关联交易的重视程度

保险公司各层级应高度重视关联交易管理，将其作为维护公司资产安全和保证公司稳健发展的基础性工作来抓，做到警钟长鸣，常抓不懈。保险公司可以采取专题培训和宣传教育等多种方式，使得各层级人员充分认识到关联交易管理欠缺带来的危害，提高关联交易的风险意识。保险公司业务人员要按照监管规定和公司制度的要求开展关联交易并做好关联交易的内部报送工作，从源头上控制关联交易风险。关联交易管理办公室要做好关联方识别维护、关联交易管理等日常事务，关联交易控制委员会要对关联交易的合规性承担相应责任。

（二）及时识别和更新关联方清单

保险公司应该根据 2022 年《办法》中的规定尽快对关联方档案进行收集、整理和更新，确保合规要求。保险公司认定关联方时需要对"核心业务""重要分公司"等定义在本公司的业务和管理的场景下进行明确，其中，重要分公司的判断标准可重点参考各分公司的业务规模、业务费用支出规模、相关负责人是否存在系统内部兼职等因素；具有资产转移、保险资金运用等核心业务审批或决策权的人员应重点关注负责集中采购、资金运用的关键岗位人员、部门负责人、分管领导等。

（三）完善和优化内控机制

保险公司应在关联交易内部管理制度中增加"关联交易的管理架构和相应职责分工""关联方信息收集与管理"和"关联交易回避"等相关内容，并尽快调整关管办成员。还应认真梳理包括逐笔披露和免予披露在内的信息披露内容，及时修改披露规则。对于重大关联交易及资金运用类关联交易，在履行内部审查程序时，应注意风险暴露和资本占用的审查评估。另外，应当强化公司内部交易定价的审批机制并完善留痕机制，确保关联交易公允性。

（四）切实履行报送和披露义务

银行保险业关联交易监管系统上线后，监管实时掌握和系统化监控保险

机构的关联方已具备现实条件。2022年《办法》将关联方信息报送由每年两次更新报送调整为及时报送，保险公司应当在关联方发生变动后及时在监管系统中更新。同时，保险公司也需要及时提示董监高及关键人员、相关股东按2022年《办法》要求向公司报送关联方信息。另外，2022年《办法》中对逐笔披露和合并披露的内容都新增了相关要求，对此需要更新管理要求和披露内容。值得注意的是，2022年《办法》中"以下"已不再包含本数，因此自然人单笔50万元及法人单笔500万元的交易已不再属于免予审议或披露的范畴。

（五）建立关联交易信息管理系统

保险公司应建立关联交易信息管理系统，利用信息化手段对关联交易进行监测、预警和数据统计。在关联方识别方面，可以通过系统内嵌多口径关联方认定标准及判别模型，并基于外部的工商信息等数据，穿透认定关联方，确保关联方识别的完整性、准确性。在关联交易管理方面，对关联交易业务规则进行梳理，采集相关数据，明确各类业务可能涉及的关联交易性质、类别、交易对手认定、交易金额认定等，实现关联交易管理集中化、全覆盖。在对外信息报送方面，由系统自动生成各类监管报表，直接上传监管报送平台，及时准确完成报表统计和监管报送。

参考文献

［1］王静仪．保险公司关联交易监管的发展、瓶颈与展望［J］．中国保险，2019，(10)：12－16

［2］李非，高进．保险公司的关联交易与风险控制［J］．中国保险，2019，(10)：17－22

［3］陈惠娟．M保险公司关联交易型利益输送防范研究［N］．中南林业科技大学，2021

［4］岳上植，邹鹤瑶．关联交易、内部控制与盈余管理［J］．会计之友，2020(12)：48－54

［5］王兆蕊．关联交易信息系统建设的几个要点［J］．财务与会计，2016(01)：47－48

［6］李晓斌．保险公司关联交易的规制［J］．中国保险，2019(10)：8－11

专题3.9
强监管背景下保险公司对关联交易规范管理的思考*

近年来,我国银行保险机构关联交易风险频发,为更好地防范风险,监管部门不断修订完善相关法规制度,监管力度逐渐加强。如何尽快提升自身关联交易管理水平,解决实操管理中遇到的难点痛点,成为保险公司亟需面对的重点课题。

一、保险公司关联交易政策发展沿革

为加强对保险机构关联交易的规范管理,从源头上降低关联交易带来的利益输送等风险,从2007年发布《保险公司关联交易管理暂行办法》开始,监管机构持续优化更新相关法规制度,2022年1月发布了《银行保险机构关联交易管理办法》,逐步形成了较为完善的保险机构关联交易监管体系。

(一)初步规范阶段

1. 2007年,原中国保监会发布了首份规范保险机构关联交易业务的制度文件《保险公司关联交易管理暂行办法》,对关联方及关联交易定义做了规定,也强调了对于重大关联交易,保险公司应及时报告交易情况。整体来说,这一制度是保险公司关联交易的首个基础性文件,虽然规定不够完善,监管手段不够丰富,但却为后续形成完整性规定奠定了良好基础。

2. 2008年,原中国保监会发布了关于执行《保险公司关联交易管理暂行办法》有关问题的通知,对于关联交易金额的计算、关联交易审查以及报告等内容进行了进一步解释说明,也回答了各家保险机构在具体执行《保险公司关联交易管理暂行办法》中遇到较多的问题。

3. 2015年,原中国保监会发布《关于进一步规范保险公司关联交易有关问题的通知》,此通知在原有关联交易规定基础上,进一步解释了"保险公司

---

* 本专题作者:泰山财产保险股份有限公司,韩晓梅。

资金的投资运用和委托管理"等定义，对保险公司资金运用关联交易相关比例进行了明确约束，强调了信息披露的时间，也在原有制度基础上对监管措施进行明晰。

4. 2016年，原中国保监会发布《关于进一步加强保险公司关联交易信息披露工作有关问题的通知》，规定了保险公司应该逐笔和合并报告、披露的情形，并对报告和披露的时间、内容、方式作出了要求，对重大关联交易的认定标准进行了金额上调，更加符合保险机构关联交易的实际情况；同时，明确保险公司董事会对关联交易承担最终责任，进一步压实管理职责。

5. 2017年，原中国保监会发布《关于进一步加强保险公司关联交易管理有关事项的通知》，强调保险公司内部管理的重要性，要求保险机构设立关联交易控制委员会，并进一步完善内部管理，强化内部责任追究；同时，首次提出保险公司应落实资金穿透管理，按照实质重于形式的要求进行关联交易管理。

（二）完善提升阶段

1. 2019年，中国银保监会发布了《保险公司关联交易管理办法》，对原有监管制度进行了全面修订与完善。《保险公司关联交易管理办法》重新确定了保险公司关联方与关联交易的定义与类别，将关联交易细化为六类，拓宽了交易类型覆盖面，对重大关联交易标准再次进行了修订，使其更加符合市场实际，对关联交易金额的计算及比例的约束有了更加明晰的要求，加强保险公司关联交易的内部和外部控制，压实保险公司的主体管理责任，同时进一步丰富了监管手段。《保险公司关联交易管理办法》是一项全面系统的关联交易规范性文件，标志着监管制度不断完善提升。

2. 2022年1月，中国银保监会发布了《银行保险机构关联交易管理办法》，本着统筹监管的原则，对保险行业银行业关联交易进行一致性原则上的分类差异管理。对于保险公司而言，新办法对风险程度不同的机构进行适当的差异化监管，突出问题导向，对资金运用类关联交易投资规模进一步限制，着力防范风险，对保险公司内部管理提出了更高要求，要求关联交易控制委员会等组织有效发挥作用，强调穿透管理和动态监测，充分利用信息系统手段提升关联交易报告和披露质量。总体而言，新办法更能切实解决机构关联交易中的风险问题，在内控管理、责任明确、动态监测、实质认定、监管措施等方面均有完善，形成了较为系统有效的监管体系。

二、当前保险公司关联交易管理面对的困难与问题

对监管规定变化进行梳理可以看出，为了缓解当前金融风险事件频发的现象，保护投保人、金融机构乃至国家的利益，对于保险公司关联交易的监管不断趋严。在此背景下，保险公司逐步加强关联交易管理建设，有了一定成效，但仍存在一些不容忽视的困难与问题。

（一）关联方信息动态管理的问题

近年来，关联交易监管规定中对于关联方的定义与划分均在不断优化更新，重点提出了实质重于形式以及穿透识别的要求，保险公司对于关联方信息管理的重视程度不断提高，但在实际操作中往往面临困难。一些保险公司股东背景庞杂，股东之间可能还存在较为复杂的股权关系，并且这些股权及关联关系还在不断变化和更新之中，尤其是部分保险集团公司结构复杂，权属子公司关联关系难以准确监测，这样对于保险机构本身和监管机构而言，均较难及时获取关联方变动信息。同时，保险机构获取关联方信息渠道有限，一般通过向股东等关联方询问核实、在公开信息平台查询等手段获得，但常常遇到关联方充分披露意愿不强、公开信息更新不够及时的情况，导致保险公司关联方信息管理存在一定困难。

（二）关联交易识别及监测的问题

监管规定强调关联交易穿透管理的原则，目前市场上金融产品数量及种类越来越多，但受制度规定等现实条件制约，部分金融产品的底层资产披露完整性与及时性均无法得到保障，由此给保险公司动态识别与监测关联交易真实情况、统计关联交易相关比例带来一定困难，从而影响保险公司及时调整资产管理业务。此外，最新监管制度规定保险公司与控股的非金融子公司投资关联方的金额要合并计算，同时保险机构应对控股子公司与关联方发生的关联交易进行管理，对于权属子公司较多的保险集团来讲，对于控股子公司关联交易的实时监测难度较大。另外，子公司对自身的关联交易管理受到认知限制，存在未及时上报集团的可能性，从而使得保险集团无法及时对子公司关联交易信息进行统计及管理。

（三）对监管制度理解存在偏差的问题

准确理解监管制度规定的主要精神，是保险公司做好关联交易管理的前提。随着监管机构不断趋向严格化、精细化管理，保险公司逐条逐项准确理解监管制度的难度也在不断增加，在一定程度上容易存在偏差。例如 2022 年

《银行保险机构关联交易管理办法》的豁免审议与披露条款中删除了2019年发布的35文中规定的按关联交易协议约定所产生的各类后续情形。对于此规定的删除，有的机构认为这意味着该类关联交易产生的后续情形应按照一项新的关联交易进行管理、审议和披露，而有的机构认为这表示后续情形只是已发生的关联交易协议带来的自然结果，不构成新增的关联交易。由于未建立畅通的沟通询问机制，缺乏专业的管理人才，保险公司难以避免对监管制度存在一定程度上的理解偏差。

（四）关联交易管理专业人才不足的问题

对于关联交易的监管规定不断更新细化，逐步形成了较为完善的体系。同时，随着市场上交易产品的逐渐丰富，关联交易的类型也在持续增加，这就要求保险公司要配备专业人才来切实加强关联交易的管理，而现实中部分保险公司由于对关联交易重视程度不够、内部人员不足、未建立有效的培养制度等原因，并未配备足够的专业人才，重要的关联交易管理节点岗位常常出现兼职的情况，导致对监管政策的理解不到位，无法切实执行好监管规定的相关要求，从而无法对关联交易中的底层风险做出清晰准确的判断。如何建立起关联交易管理专业人才的有效培养体系，以更好地应对日益提高的监管要求，是对保险公司的一个重要考验。

三、对于保险公司关联交易管理的优化完善建议

处于新发展阶段，保险公司亟需切实深化关联交易管理建设，从内部控制、外部沟通机制等方面优化完善当前工作，真正做好关联交易风险识别与控制，实现公司稳健运行。

（一）完善内控机制，形成关联交易闭环管理

完善的内部控制机制是实现关联交易有效管理的前提。一要明晰股东（大）会、董事会、监事会及关联交易委员会和相关职能部门的关联交易管理职责，形成董事会承担最终责任、关联交易控制委员会负责管理和风险控制、各相关部门承担直接责任的内部控制管理机制。二要完善公司各项制度，结合自身业务特性，对照关联交易的相关监管要求以及行业先进标准，修订优化各项管理制度，确保关联交易管理全流程覆盖。三要加强内部协同，规范关联交易决策及后续管理流程，例如明确业务部门负责关联交易前期分析评估、法律专业部门负责合同复核、相应审批层级负责审核监督、信息披露相关部门负责完全披露，合规部门过程中全面把控的管理结构，形成关联交易闭环管理，有效防控风险。

（二）厚植合规文化，培育全员关注关联交易的理念

只有将关联交易合规管理观念融入员工思维与工作中，才能真正筑起关联交易风险控制的壁垒。一方面，要积极营造全员关注关联交易的环境，摒弃关联交易管理只是相关岗位人员以及部门职责的错误认知，在全员范围内强调关联交易的重要性，加强员工的风险意识与责任意识。另一方面，要定期与不定期地开展关联交易培训教育，既要在全员范围内培训，也要对关联交易办公室成员等重点人员进行专业性培训；既要通过查处案例学习教育等手段宣传关联交易管理重要性，也要通过邀请外部风险管理专家培训等方式不断提升内部人员专业素养。

（三）优化系统建设，利用信息化手段提升管理水平

目前，保险公司向监管机构报送关联方、关联交易情况等信息已实现通过关联交易监管系统来完成，未来保险公司内部关联交易管理由人工操作向关联交易内控管理系统发展已成为必然趋势。当前大部分保险公司未引进关联交易内部控制系统，少部分引进系统的其自动化程度也较低。对于管理系统的优化可以从以下三个方面考虑：一是关联方管理方面，能够实现自动抓取、更新各企业的股权关系，并以此判断关联关系，辅助以人工补充的方式，提升关联方统计的完整性。二是关联交易判定及流程管理方面，实现在系统中输入关联交易信息，系统可自动判定交易性质，并开始需履行的审批、报送和披露等具体流程。三是关联交易统计监测方面，实现自动汇总统计系统中的各笔关联交易金额、比例等信息，并进行及时预警，从而切实控制相关风险。

（四）加强沟通，建立内外部信息的畅通沟通渠道

在当前监管规定不断更新的背景下，保险公司加强联动，发挥合力，建立畅通的沟通渠道尤为重要。一是要加强与同业机构的沟通联动，对于如何有效建立内部控制机制、加强信息系统建设、正确理解监管制度相关规定等方面及时沟通，提升内部管理效率。二是加强与会计师事务所等中介机构的交流学习，在当前保险公司关联交易专业人才普遍不足的情况下，与中介机构的沟通交流可有效提升保险公司专业人才素养。三是增强与监管机构的主动沟通，不仅使监管机构能深入了解保险公司实际业务操作中遇到的困难与问题，也有利于及时准确理解监管制度精神，提升公司下一步关联交易管理工作质效。

近年来，监管机构对保险公司关联交易管理工作提出了更高要求，在严监管常态化趋势下，保险公司须切实提升关联交易管理水平，持续提高风险识别及管控能力，为促进公司稳健发展提供坚实保障。

专题四
保险及保险资管行业关联交易管理实践

专题 4.1
加强保险集团关联交易穿透管理[*]

2022年1月，中国银保监会出台《银行保险机构关联交易管理办法》（银保监会令2022年第1号，以下简称2022年《办法》），对规范银行保险机构关联交易行为、防范不当关联交易相关风险具有重要意义。穿透管理作为其中的重要原则，贯穿关联方认定、关联交易识别、监测、计量、管理等不同环节，要求银行保险机构对控股子公司关联交易加强管理，体现了在管理方面的全域穿透视野。与此同时，对关联交易进行穿透管理，也是偿付能力监管、集团监管和并表监管必不可少的内容，对保险集团的关联交易管理机制产生重要影响。

一、深刻理解保险集团的关联交易穿透管理

（一）保险集团关联交易专项监管相关的穿透管理

银行保险机构应当对其控股子公司与银行保险机构关联方发生的关联交易事项进行管理，明确管理机制，加强风险管控。2022年《办法》明确规定，单一法人机构关联交易管理包括关联方的识别、报告、信息收集与管理，关联交易的定价、审查、比例监测、回避、报告、披露、审计和责任追究等，内容非常丰富。

考虑到保险集团和单一法人机构是两种市场主体，其发展战略、内部架构、业务类别、基本职能等具有不同特点，因此保险集团的穿透管理不宜照搬或直接套用单一法人机构的关联交易管理要求。与以往适用的保险公司关联交易监管要求相比，此次出台的2022年《办法》更加强调集团公司对子公司关联交易的统筹管理：一是统筹量化管理。根据保险机构资金运用关联交易比例监管要求，保险机构与其控股非金融子公司投资关联方的账面余额应当合并计算。二是统筹内部管理。保险集团公司对其金融类子公司的关联交易管理承担指导和监督责任，对其非金融类子公司的关联交易管理承担政策

---

[*] 本专题作者：中国再保险（集团）股份有限公司，朱晓云。

传导和指导责任。保险集团的金融类子公司，特别是银行保险类子公司，应按照2022年《办法》建立单一法人机构的关联交易管理制度，履行关联交易管理主体责任。保险集团的非金融类子公司也应相应地建立关联交易管理机制。

（二）保险集团偿付能力监管相关的关联交易穿透管理

《保险公司偿付能力监管规则（Ⅱ）》（以下简称《规则Ⅱ》）第19号规则主要从防范风险传染等角度规范保险集团关联交易，分别明确了保险集团本身应履行的关联交易管理义务和组织子公司共同履行的关联交易管理义务。

保险集团公司本身应当履行的管理义务包括设立关联交易控制委员会、建立内部审批层级要求、指定关联交易管理部门、在发展战略中明确关联交易管理要求、通过公司治理报告披露关联交易管理状况等。

与此同时，保险集团公司应当组织各子公司共同履行的关联交易管理义务涉及的环节很多，包括：一是计量集团层面风险管理相关的最低资本，统筹计算子公司之间的重大内部交易（含担保等）。二是统筹设定和计量保险集团关联交易额度指标，并建立相应监控机制。三是基于穿透视角对容易传染风险的内部交易进行管控，例如子公司相互担保需设定限额并建立预警机制、不得将金融核心业务外包给其他子公司运营等禁止类规则、资产转让公允定价机制等。四是监测监督子公司的关联交易管理状况，要求子公司建立符合集团整体战略的关联交易管理制度和具体措施，对子公司之间关联交易的合规性、科学性进行审计等。

总体而言，保险集团偿付能力相关的关联交易管理更侧重各类量化指标的穿透管理，同时对内部管理提出了原则性和计量监测等多项要求。

（三）保险集团并表监管相关的关联交易穿透管理

根据《保险集团并表监管指引》（以下简称《并表指引》）的规定，保险集团需要对子公司之间的关联交易（即内部交易）采取多种管理措施：一是审查与监测。保险集团公司董事会应定期审查集团内部交易，并建立监测、报告、控制和处理内部交易的政策与程序。二是评估与分析。保险集团应关注集团内部交易的真实性，评估分析集团内部交易对资产负债、信息收集、监管指标的影响，确认是否存在间接形式内部交易，是否对集团运行的稳健性存在影响，相关内部交易是否执行正常的业务标准等。需要注意的是，《并表指引》对上述审查、监测、评估分析等管理义务并没有设定事前、事中或事后的要求。

二、认真开展保险集团的关联交易穿透管理

（一）以防范利益输送为底线开展关联交易穿透管理

不当关联交易通过粉饰报表、占用公司资金、转移公司资产、侵占中小股东利益等行为进行利益输送，导致保险机构盈利能力下降、偿债能力减弱、持续发展受阻、公众信任下滑，损害各方合法权益。因此，保险集团着力规范公司治理，充分发挥关联交易控制委员会、独立董事等关联交易审查机制和科学设置审查重点十分必要，是确保交易定价公允、防止通过不当关联交易进行利益输送的坚实防线。根据2022年《办法》规定，保险集团除管理自身与关联方之间的关联交易外，还需要对其控股子公司与保险集团关联方之间的关联交易进行管理，明确管理机制，守住业务底线，形成关联交易的全域管理视野。

（二）以防控风险传染为抓手开展关联交易穿透管理

2021年底，中国银保监会发布《规则Ⅱ》，增加了保险集团关联交易管理相关监管政策，要求保险集团采取有效措施，从以下方面加强保险集团内部的关联交易穿透管理：

一是防范风险传染。防范风险传染是偿付能力监管体系对关联交易穿透管理提出的核心目的之一，具体体现在：将重大内部关联交易（含担保等）的风险暴露计入传染风险最低资本；将关联交易与防火墙建设并列为风险传染管理的重要抓手；设置与关联交易专项监管相对应的组织机构管理、规章制度建设、审核审查审计、明确限额管理等。

二是防止监管套利。保险集团各公司不得违规通过关联交易将有关资产、资金、业务从监管要求较高的领域转移到监管要求较低的领域，或者将应适用较高监管要求的业务变相包装成为监管要求较低的业务，防止出现监管政策、集团管理、子公司经营行为管理脱节的现象。

三是保持定价公允。保持定价公允是所有关联交易管理的原则性、普遍性要求。保险集团各公司之间的资产转让应当按照公允原则定价，不得通过操控转让价格进行利益输送和风险转移。

（三）以促进高质量发展为目标开展关联交易穿透管理

一方面，加强集团管理。保险集团应当根据《保险集团公司监督管理办法》（以下简称《集团监管办法》）要求建立监测、报告、控制和处理保险集团关联交易和内部交易的政策与程序，涵盖防范不当利益输送、风险延迟暴

露、监管套利、风险传染、其他可能对保险集团稳健经营有负面影响的行为等多个方面。

另一方面，加强并表管理。保险集团应当根据《并表指引》要求，主要关注保险集团内各公司之间的内部交易，以防止出现监管套利、对保险集团稳健经营带来负面影响以及有损合理定价基础的行为。

三、逐步优化保险集团的关联交易穿透管理

（一）明晰保险集团公司定位，充分发挥统筹管理作用

在保险集团公司与子公司的纵向管理方面，保险集团公司应当定位在发挥统筹作用，应注重事前、事后管理，发挥子公司事中管理主体作用。

1. 保险集团公司的事前管理定位

一是设定集团系统关联交易量化指标，包括涵盖非金融子公司的资金运用类比例监测指标、涵盖全体公司的风险传染监测指标。二是统筹关联方信息管理，包括统筹各公司更新时间进度、交叉关联方信息共享、向非金融子公司发送集团公司关联方清单等。三是在统筹集团系统关联交易信息系统建设、各公司关联交易数据核验、监管规则理解等方面，集团公司应当发挥更多的作用。

2. 保险集团公司的事后管理定位

一是做好关联交易审计，既包括各银行保险子公司的内审机构对本公司作为交易一方的关联交易审计，也包括集团公司内审机构对子公司之间交易的审计。特别是非银行保险成员子公司之间的交易，根据《规则Ⅱ》的规定需要纳入审计的范围。二是接受子公司关联交易的报告或备案，并对相关量化指标进行监测。当量化指标达到相关阈值后，集团公司可以采取事中的管理措施，如审批等。

3. 子公司或成员公司的事中管理定位

对于关联交易的事中管理，包括识别、审批、逐笔报告披露等，各子公司应更多承担主体责任：一是要根据监管规定和集团公司要求确定合理的审批机构，明确关联交易审批流程。二是在识别关联交易后，在审批前各子公司需要测算相关指标比例，达到集团设定的监测阈值后应事前向集团公司报送等；在审批过程中，应当对定价公允性、集团内风险传染和监管套利进行说明评估；在合同签署后，应当及时向集团公司向报送关联交易信息或定期报送相关信息。

（二）集团公司本级应统筹考虑不同口径监管要求，明确相关部门职责分工

现行监管规定对保险集团关联交易穿透管理存在适用范围交叉、管理措施相似等特点，特别是对内部交易的穿透管理，不同口径均有规范。保险集团公司需要综合考虑不同口径穿透管理的要求，理顺集团关联交易全流程管理要素，嵌入合同、投资等交易管理流程，避免管理环节遗漏。

同时，不同口径在集团公司层面会涉及不同的牵头部门，如关联交易专项监管的牵头部门通常为合规管理部门或公司治理部门，偿付能力风险管理总体牵头部门通常为财务管理部门或风险管理部门，保险集团和并表监管的牵头部门通常为公司治理部门或财务管理部门。多个牵头部门或主办部门的客观情况容易造成职责的交叉或不清，保险集团公司应当根据量化管理、内部管理要求的不同性质，合理并明确划分不同部门职责，为集团系统不同条线落实关联交易管理要求奠定基础。

（三）建议监管机构整合保险集团内部交易监管

如前所述，保险集团各公司之间的内部交易目前受到多口径的监管，而且不同口径的监管目的也存在不同程度的重合与交叉，可能造成监管资源、合规资源的重复投入，本文建议适当整合不同口径对保险集团内部交易的监管。

1. 建议明确不同口径关联交易监管的目的，合理划分适用范围

一是对于关联交易专项监管应立足于防范利益输送，关注定价公允性的控制。在适用范围上，主要适用于利益输送风险较高的关联交易。二是偿付能力对关联交易的监管应立足于防范风险传染。在适用范围上，为保险集团各公司之间的内部交易。三是保险集团监管和并表监管应立足于防范监管套利。在适用范围上，为保险集团各公司之间的内部交易。

2. 设定不同监管口径的监管措施

在上述划分不同口径关联交易监管目的和适用范围的基础上，建议根据不同监管目的设定不同的监管措施。一是对于关联交易专项监管，可以延续目前关联方管理、识别、审批、逐笔与季度报告和披露、审计等管理措施。在偿付能力关联交易监管、并表监管等口径对保险集团内部交易进行严监管的前提下，对于保险集团内部各公司之间的关联交易，特别是银行保险子公司之间的关联交易可以适当减轻关联交易专项监管的合规义务，如逐笔报告、披露等。对于股权机构明晰、过往关联交易管理较为规范的保险集团及其保险子公司公

司，也可以根据相关分类监管结果等要素，适当减轻关联交易专项监管要求。但若后续该机构发生关联交易方面的风险事件，则可以恢复施加更严格的监管措施。二是对于偿付能力关联交易风险传染监管，建议主要采用量化监管措施，要求保险集团设定内部交易总量控制指标，在审批时可要求保险机构增加对风险传染影响的说明。三是对于保险集团监管和并表监管，建议主要采用定性监管措施，侧重于事后的评估和分析，也可要求在审批时说明是否存在监管套利的情况等。

专题 4.2
建立有效内控体系是关联交易风险防范的保障
——对落实《银行保险机构关联交易管理办法》的思考[*]

中国银保监会发布的《银行保险机构关联交易管理办法》(以下简称 2022 年《办法》)已于 2022 年 3 月 1 日起施行,这是银行保险业的一部非常重要的规章。关联交易本身是中性的,不具有当然的非法性。公允的关联交易可以提高企业效能[①]。与此同时,关联交易也存在着一定的风险。银行保险机构不当关联交易引发风险暴露偶有发生,不加以统筹规范监管,极易引发重大风险,甚至会严重扰乱金融秩序,破坏金融稳定。银行保险机构应严格落实 2022 年《办法》,防范关联交易风险,促进银行保险机构安全、独立、稳健运行,需要在配套的法律法规体系中理解监管精神,落实关联交易风险防控的主体责任,强化"金融服务好实体经济"的价值观。其中,重点在建立有效的内部控制体系,这是关联交易风险防范的保障。

一、落实大股东行为管理,为关联交易内部控制体系建立提供良好的内外环境,有利于"治本"

现代企业理论认为企业是一系列(不完全)契约的有机组合,是一个留有"漏洞"的契约。当出现异常情况时,必须有人决定如何填补契约中的漏洞。这种填补漏洞的权利即是剩余控制权。在缺乏一个有效的机制以发现和纠正这些不当行为的情况下,控制股东可以利用控制权为自己取得更多的利益。控制股份之所以比中小股份具有更高价格的部分原因也在于控制股东可以利用

---

[*] 本专题作者:国华兴益保险资产管理有限公司,朱颖锋、牟联光。
[①] 参见王萌:《商业判断原则在非公允性关联交易法律识别中的现实价值》,《法制与社会》,2019 年第 10 期。

这些不完善的机制为自己取得不当利益。如何规范控制权成为法律的重要任务。也可以说，规范主要股东的行为是找到治理不当关联交易治理的关键点。

2021年9月30日，中国银保监会发布《银行保险机构大股东行为监管办法（试行）》，其第21条要求银行保险机构大股东应当遵守法律法规和银保监会关于关联交易的相关规定，确保与银行保险机构之间交易的透明性和公允性。第22条更列明禁止9类行为，包括"以优于对非关联方同类交易的条件获取贷款、票据承兑和贴现、债券投资、特定目的载体投资等银行授信""以优于对非关联方同类交易的条件与保险机构开展资金运用业务或保险业务""通过借款、担保等方式，非法占用、支配银行保险机构资金或其他权益"等。鉴于一些不当关联交易具有隐蔽性，该办法明确要求大股东应当充分评估与银行保险机构开展关联交易的必要性和合理性，严禁通过掩盖关联关系、拆分交易、嵌套交易拉长融资链条等方式规避关联交易审查。

2021年9月10日，中国银保监会发布《关于进一步加强银行保险机构股东承诺管理有关事项的通知》，要求银行保险机构主要股东作出并履行书面承诺。其中，合规类承诺指股东对未来依法合规开展某项活动的承诺，如不干预银行保险机构经营、规范开展关联交易、规范股权质押、规定期限内不转让所持股权等。主要股东承诺监管具有非常重要的法律意义，一是让主要股东更加清晰地认识自己的义务清单，如关联关系发生变化时告知的义务；二是为监管部门在主要股东违反承诺时采取有针对性的监管措施提供法律依据，如违规后限制或禁止关联交易，限制表决权；三是为公司或其他股东向责任股东主张赔偿损失提供了更明确的请求权基础。

二、董事会设立关联交易控制委员会、管理层面设立跨部门的关联交易管理办公室是内部控制程序中的关键连接纽带

董事会对关联交易管理承担最终责任，但董事会不参与公司的日常经营管理，如果没有具体的抓手，董事会难以积极管理。关联交易中部分业务具有较强的专业性，需要一定时间对交易材料做深入分析，董事会难以在短短的会期完成此项工作。因此，赋予董事会关联交易控制委员会负责关联交易管理、审查和风险控制具有较强的操作意义。

同样，关联交易可能涉及公司的主营业务、日常运转（租赁、水电煤）、投融资等，种类繁多。不同的业务在公司内部有不同的审核流程，比如文具采购等是非常简便的流程，任何一个部门都难以掌握关联交易的全貌。因

此，2022年《办法》规定，银行保险机构应当在管理层面设立跨部门的关联交易管理办公室，成员应当包括合规、业务、风控、财务等相关部门人员，并明确牵头部门、设置专岗，负责关联方识别维护、关联交易管理等日常事务。

在实践中，需要做好制度的衔接。如一般关联交易报关联交易控制委员会备案的制度和流程：备案的时限、内容和报告方式，委员会如何分析和审核备案的内容。2022年《办法》要求一般关联交易进行备案的设置本意是防止公司将重大关联交易拆分成一般关联交易以规避审查。因此，这也是委员会在备案审核时应关注的重点。跨部门的关联交易管理办公室，其成员的职责与公司各业务部门本来在关联交易管理中应承担的职责，如何区分与衔接，需要在具体的流程设计中体现。

三、设计内嵌于公司业务活动的关联交易关键控制流程

关联交易首先是公司的一笔交易，不同的交易对应着公司不同的业务流程、不同的授权层级，因此应建立信息流、业务流、资金流的立体监控系统，方能避免挂一漏万。2022年《办法》规定的关联交易的内部管理规范则体现了立体动态监控的理念，其第43条规定："银行保险机构应当主动穿透识别关联交易，动态监测交易资金来源和流向。"因此，落实立体动态监控的理念，需要设计以下内嵌于公司业务活动的关联交易关键控制流程。

（一）建立关联方信息档案

建立准确、完整的关联方信息档案是关联交易识别的前提。2022年《办法》第四章规定了提供关联方信息的内外部义务主体：（1）关联交易管理办公室负责关联方识别维护；（2）银行保险机构董事、监事、高级管理人员及具有大额授信、资产转移、保险资金运用等核心业务审批或决策权的人员；（3）持有银行保险机构5%以上股权，或持股不足5%但是对银行保险机构经营管理有重大影响的自然人、法人或非法人组织。明确了直接义务主体，有利于银行保险机构按图索骥，也有利于义务主体明晰自身的义务。当然，建立关联方信息档案不是为了存而不用，应将其嵌入相关交易系统、合同管理系统，以便于系统自动识别、记录关联交易。

（二）按商业原则独立做好关联交易的定价、审查

2022年《办法》有6处提出了"公允"的要求，可见，关联交易风险防范关键不在于绝对避免关联交易，而在于确保交易价格的公允。如何做到公

允,2022年《办法》引入了商业原则。其第44条更明确:关联交易应当订立书面协议,按照商业原则,以不优于对非关联方同类交易的条件进行。我国法律中未有涉及商业判断原则之规定,在规章领域引入是非常有意义的探索,如中国证监会发布的《上市公司治理准则》亦有类似的规定。司法实践中的一些判决中的说理部分有所体现。在上海泰琪房地产有限公司损害公司利益责任纠纷一案中,上海市第二中级人民法院(2019)沪02民终11661号判决书说理部分述及:"是否为账户内的人民币2亿元资金办理结构性存款,显然属于公司的商业决策范畴……从行为的合理性来看,根据前述分析,迈克向兴业银行发函、提起诉讼要求恢复预留印鉴和保全账户属于特定情形下采取的救济措施,从该措施的目的和实际效果来看,并未超过合理的限度和范围,也没有违反正常的商业道德和职业伦理,既不属于故意实施侵权行为以侵害公司利益的行为,也未违反我国法律规定的董事应尽的忠实义务和勤勉义务。"可见,依据商业判断原则,如果公司董事所作出的经营决策是基于其已经充分获取相关信息,且其诚实、善意地认为该判断符合公司的最佳利益,该判断与董事自身无交易利害关系,那么法院应当尊重董事的上述商业判断,不作司法干预。即使其行为对公司造成了一定损失,亦应予以司法豁免。

在关联交易的实际管理中,如何确保交易公允且"不优于对非关联方同类交易的条件"需要在实践中不断探索。《上海证券交易所上市公司关联交易实施指引》提供了一些可参照的原则,如"既无独立第三方的市场价格,也无独立的非关联交易价格可供参考的,可以合理的构成价格作为定价的依据,构成价格为合理成本费用加合理利润"。具体的定价方法则列举了成本加成法、再销售价格法、可比非受控价格法、交易净利润法、利润分割法。列举的方法是有限的,难以采用上述方法的,则应当披露该关联交易价格的确定原则及其方法。在银行保险领域,也可以参照一些同品种金融产品的价格,如全国银行间同业拆借中心公布的同期限贷款市场报价利率(LPR)。

关联交易审查中一个较大的难点是授信的判断:是否可以授信,不同的授信应给予什么样的交易价格。中国银保监会督促银行加强集团客户统一授信和联合授信管理,客观上为解决该难题提供了一个方向。如《银行业金融机构联合授信管理办法(试行)》(银保监发〔2018〕24号),规定联合授信的牵头银行不得与企业有关联关系,非关联关系的专业机构所作出的判断自有其相对公正性,这样确保了授信决策中的专业和公正。为控制风险,2022年《办法》对关联方的授信做了比例限制,如"银行机构对单个关联方的授信余额不得超过银行机构上季末资本净额的10%"。此外，银行机构向关联方提供授信发生损失的，自发现损失之日起2年内不得再向该关联方提供授信。

可见，在关联交易的定价、审查中，除了遵守2022年《办法》的规定外，还要遵守该金融业务的业务规则所体现的内控程序要求和风控标准。

（三）及时报告和披露

阳光是最好的防腐剂。根据2022年《办法》，重大关联交易等重要交易应签订相关重要交易协议后15个工作日内逐笔向监管部门报告，并在公司网站中披露。除该等应逐笔披露的事项外，还包括季度报告和年度披露、年度报告。银行业保险业一般通过"银行业保险业关联交易监管系统"进行报送。为确保报送数据质量等，中保保险资产登记交易系统有限公司开发了"银行保险机构关联交易数据报送辅助客户端"。

四、内建责任追究制度，外鉴法律责任体系

2022年《办法》要求银行保险机构制定关联交易管理制度，包括关联交易的管理架构和相应职责分工，关联交易的审计和责任追究等内容。如《保险公司合规管理办法》（保监发〔2016〕116号）规定，保险公司应当建立有效的合规考核和问责制度，将合规管理作为公司年度考核的重要指标，对各部门、分支机构及其人员的合规职责履行情况进行考核和评价，并追究违法违规事件责任人员的责任。只有严格落实责任追究制度，建立"失职问责、尽职免责、独立问责"的机制，银行保险机构的内部控制才能实现"行为合规、经营有效和信息真实"的目标。

根据《行政处罚法》规定，国务院部门规章可以在法律、行政法规规定的给予行政处罚的行为、种类和幅度的范围内作出具体规定。不当关联交易的法律责任体系需要通过《刑法》《公司法》《商业银行法》和《保险法》等法律法规来构建。银行保险机构在进行合规培训及合规评估中一定要明鉴这些法律责任，给予内部经营管理明确的规范和引导。

1. 法律责任主体的归责事由更加广泛。《保险公司关联交易管理办法》（银保监发〔2019〕35号）仅规定了保险公司股东、实际控制人利用关联交易严重损害保险公司利益时才承担法律责任。而2022年《办法》规定只要股东或其控股股东、实际控制人通过向机构施加影响，存在迫使机构"未按商业原则进行关联交易的""对关联方授信余额或融资余额等超过本办法规

定比例的"等情形，均应承担相应不利法律后果，直至责令其转让股权。前文已述及加强大股东行为管理有利于为公司内控体系的建立提供良好的环境。

2. 民事责任为主。根据《公司法》第21条规定，公司的控股股东、实际控制人、董事、监事、高级管理人员利用其关联关系损害公司利益的，给公司造成损失的，应当承担赔偿责任。需要注意的是，《公司法》第21条中的"损害"如何判断？其不能单独体现过错或行为的违法性。《公司法》第21条等缺乏审查关联交易的具体的实质审查标准，规制利益冲突交易的法律机制是"一项利益冲突交易是否合法有效须视该项交易是否满足公平标准要求"。①《公司法》第21条也并未包含控制股东的免责事由。前文已述及，2022年《办法》规定的"按照商业原则，以不优于对非关联方同类交易的条件进行"以及法院判例均较好地填补了法律规制空白。

3. 根据2022年《办法》第64条规定，保险机构及其股东、控股股东，保险机构的董事、监事或高级管理人员违反本办法相关规定的，中国银保监会或其派出机构可依照法律法规采取相关监管措施或进行处罚。涉嫌犯罪的，依法移送司法机关追究刑事责任。根据《刑法》第169条第2款规定，上市公司的董事、监事、高级管理人员违背对公司的忠实义务，利用职务便利，操纵上市公司以明显不公平的条件，提供或者接受资金、商品、服务或者其他资产，致使上市公司利益遭受重大损失的，应承担刑事责任。这类型的交易，往往是关联交易。滥用控制权本质上是一种私人强制，其破坏了正义。基于法治的要求，国家必须施加国家强制，以强制规范这一法律形式。根据必要性和效率原则，在均能防阻公司法中的私人强制的情况下，程序性的国家强制优于实体性的国家强制，事后的国家强制优于事前和事中的国家强制，私法执行的国家强制优于公法执行的国家强制。② 规制的方式以否定关联交易的效力为主，但如果特定主体的不当关联交易的危害已严重到破坏社会主义市场经济秩序，则可能受《刑法》规制被追究刑事责任。

2022年《办法》有深刻的出台背景，"银行保险机构关联交易引发风险暴露的情况不断显现，通过隐匿关联关系、设计复杂交易结构、利用子公司违规提供资金等方式规避监管、套取利益等问题时有发生，甚至引发重大风险"。

---

① 施天涛，杜晶：《我国公司法上关联交易的皈依及其法律规制》，载《中国法学》2007年第6期。

② 邓辉：《论公司法中的国家强制》，中国政法大学出版社2004年版，内容摘要第4页。

因此，2022年《办法》坚持问题导向，对通过复杂交易结构或借助通道业务向关联方进行利益输送、规避监管等违规行为，设置禁止性规定，要求机构按照实质重于形式和穿透监管原则，优化关联方和关联交易识别，加强对表外、资管、同业等重点领域关联交易管理。[①] 银行保险金融机构在建立健全内控体系过程中，也应坚持问题导向，围绕如何有效防范关联交易风险进行精心的制度设计，并严格执行。

---

① 中国银保监会有关部门负责人就《银行保险机构关联交易管理办法》答记者问，中国银行保险监督管理委员会（cbirc.gov.cn），访问日期2022年3月25日。

专题 4.3
上市保险公司关联交易管理体系建设[*]

随着我国金融保险行业的快速发展，大型保险集团业务往往横跨保险、银行、资产管理等多个细分领域，涉及多样化的金融产品及大量创新交易结构，通过关联交易实现集团内部资源的优化配置及协同效应已成为业界常态，但也给公司关联交易管理带来极大挑战。中国人寿作为在上海、香港、纽约三地上市的金融保险企业，关联交易管理不仅需遵循《公司法》《证券法》《保险法》及中国银保监会关联交易监管规定等，还需同时满足上海证券交易所、香港联合交易所有限公司及纽约证券交易所的上市规则。在长期业务实践中，公司打造出一套符合三地上市保险公司关联交易管理合规性要求的关联交易管理体系，满足了法律法规及监管规定对关联交易管理提出的各项要求。

一、关联交易监管形势日趋严格

关联交易管理与公司的内部治理和控制流程紧密相关，历来都受到监管机构高度关注。近几年来，银行保险机构关联交易引发风险暴露的情况不断显现，通过隐匿关联关系、设计复杂交易结构、利用子公司违规提供资金等方式规避监管、套取利益等问题时有发生。

为进一步提升银行保险业机构关联交易管理水平，中国银保监会于近期印发《银行保险机构关联交易管理办法》（中国银行保险监督管理委员会令〔2022〕1号，自2022年3月1日起施行，以下简称2022年《办法》），及《中国银保监会办公厅关于做好〈银行保险机构关联交易管理办法〉实施工作的通知》（银保监办函〔2022〕69号，以下简称《通知》），进一步修订完善了银行业和保险业关联交易管理的有关监管规定。

相较于2019年中国银保监会下发的《保险公司关联交易管理办法》（以下简称2019年《办法》），2022年《办法》是由中国银保监会签发的部门规章，进一步提高了立法层级。此外，根据《通知》说明，自2022年《办法》

---

[*] 本专题作者：中国人寿保险股份有限公司，许崇苗、王文卓。

施行之日起1年内为过渡期。首次设置过渡期充分体现了2022年《办法》对银行保险机构的影响重大，也可以看出中国银保监会对落实新规的重视程度。与以往监管规定相比，2022年《办法》在以下几个方面对保险公司履行关联交易管理职能提出了更高的要求：

第一，扩大关联方识别范围。在实操层面对公司影响较大的是要求保险公司关联方管理延伸至"重要分公司的高级管理人员""具有大额授信、资产转移、保险资金运用等核心业务审批或决策权的人员"，以及前述自然人的近亲属。同时，该等关联自然人控制的法人或非法人组织也应纳入关联方管理。关联方识别范围的扩大将使得已经需要遵守三地上市规则的公司关联方管理工作面临更为复杂的监管要求，管理难度将大幅提高。同时，如何高效、精准地管理重要分公司关联方信息，也是公司需要探索的重要问题。

第二，强化关联交易穿透识别管理。对于目前市场中存在的关联关系隐蔽，关联交易结构复杂，规避监管手段多样等问题，2022年《办法》规定要求保险公司动态监测交易资金来源和流向，及时掌握基础资产状况，动态评估对风险暴露和资本占用的影响程度，建立有效的关联交易风险控制机制，及时调整经营行为。因此，传统的人工统计方式已无法满足动态监测、动态评估的监管要求，保险公司亟待借助信息科技手段，构建相关数据平台，进一步提高关联交易管理的信息化水平。

第三，加强重点领域监管，从严管理保险资金运用类比例。2022年《办法》对保险资金运用类与资金相关的高风险关联交易分别设定比例限额，主要调降了保险资金运用类比例上限。同时，放宽了监管所享有的对该等投资比例进行调整的权限，本质上属于加强了对保险公司关联交易资金运用比例限制的个性化监管。该等调整将影响保险公司进一步的投资策略。

第四，提升关联交易数据报告、披露的准确性、真实性要求。中国银保监会通过银行业保险业关联交易监管系统采集保险公司关联方、关联交易等各类信息数据，从关联方到金融产品再到具体交易信息，环环相扣，层层交叉验证，任何一个环节出现差错都无法在系统中完成上传、报送工作。面对大量的关联方、关联交易信息，如何进一步完善关联交易数据的准确性，并在规定时间内完成收集、整理、报告和披露工作，也将给保险公司关联交易管理工作带来更大的挑战。

二、关联交易管理重点

关联交易管理作为现代公司治理的重要组成部分，是监管机构对保险公司日常监督和管理的重点领域之一。关联交易管理是一项涵盖关联方和关联交易识别、报告披露、日常管理等事项的完整的管理体系,重点涉及四个方面。

(一) 关联方信息维护、管理

关联方信息是识别关联交易的重要参考,对关联方信息进行规范化管理是保障公司关联交易依法合规的重要前提之一。上海证券交易所及中国银保监会均要求公司及时更新、报送关联方信息。作为大型保险集团成员,公司结合上市地上市规则及监管规定识别、维护的关联方众多(包括关联法人、非法人组织及关联自然人)。

为满足监管要求,公司制定了规范化的关联方管理流程,建立了从收集、识别、校验、关联交易控制委员会确认至最终印发的全流程工作机制。同时,为提高关联方信息管理效率,公司探索建立关联方管理系统模块,旨在通过信息化手段建设关联方名单的不同规则下抽取功能等,打好关联交易管理的基石。

(二) 关联交易识别、审批

关联交易的穿透识别、审批程序的合规性等已成为监管部门越来越关注的公司内控环节。作为三地上市保险公司,识别关联交易类型、确定交易金额计算口径和累计计算方式、判断交易适用的审批程序等均需遵循不同的上市地上市规则及银保监会监管规定。

例如根据2022年《办法》规定,单笔或年度累计交易金额达到3 000万元以上,且占保险机构上一年度末经审计的净资产的1%以上的将构成保险公司的重大关联交易,需提交董事会审批。但《上海证券交易所股票上市规则》所规定的达到单独披露、董事会、股东大会审批的交易金额要求与之不同①。如果某一关联方同时构成上海证券交易所上市规则和中国银保监会规定下的关联方,那么公司在计算关联交易金额和判断适用审批程序时,应当综合考虑不同规则的适用,避免错漏。公司关联交易管理部门积极协助业务部门识别关联交易。各关联交易承办部门根据公司制度规定将交易提交相应的审批机构履行

---

① 《上海证券交易所股票上市规则》6.3.6 除本规则第6.3.11条的规定外,上市公司与关联人发生的交易达到下列标准之一的,应当及时披露:……(二) 与关联法人(或者其他组织)发生的交易金额(包括承担的债务和费用)在300万元以上,且占上市公司最近一期经审计净资产绝对值0.5%以上的交易。

6.3.7 除本规则第6.3.11条的规定外,上市公司与关联人发生的交易金额(包括承担的债务和费用)在3 000万元以上,且占上市公司最近一期经审计净资产绝对值5%以上的,应当按照本规则第6.1.6条的规定披露审计报告或者评估报告,并将该交易提交股东大会审议。

审批程序，保障关联交易依法合规。

（三）关联交易披露、报告

上市公司真实、准确、完整、及时地进行信息披露是保障投资者合法权益的法律要求。关联交易信息作为公司信息披露重要内容之一，在公司 A 股、H 股、20－F 美国年报中均有所体现。同时，公司在日常管理中对关联交易数据进行汇总统计，根据上市规则及中国银保监会监管规定逐笔、季度报告关联交易信息，分类合并披露关联交易数据。境内外监管机构对信息披露及报告要求不一致时，公司按从严原则履行相关义务，依法保障股东享有的知情权。

同时，公司探索在关联交易系统中建立关联交易数据动态分析及监测功能。根据关联交易协议签订及执行情况，动态监测公司关联交易发生金额。对于达到监管要求披露、报告标准的交易及时、依法履行披露、报告义务。

（四）关联交易管理办公室履职

关联交易管理办公室作为关联交易控制委员会下设机构，为关联交易控制委员会及董事会决策提供业务支持，在关联交易日常管理方面发挥了重要作用。目前，公司关联交易管理办公室主要负责：根据上市地上市规则、监管规定，初步审议公司关联方名单、提交董事会关联交易控制委员会确认；提交关联交易信息及事项向关联交易控制委员会备案等。

2022 年《办法》强调银行保险机构"应当在管理层面设立跨部门的关联交易管理办公室""明确牵头部门、设置专岗，负责关联方识别维护、关联交易管理等日常事务"等内控要求。我们认为，关联交易管理办公室成员设置、决策机制等方面的合规性建设，未来也将成为监管部门对保险公司关联交易管理工作进行评价的重要参考维度。

三、关联交易管理机制

公司的关联交易涉及公司业务、合规、财务等各部门、条线，管理事项多、难度大，需要建立公司上下协同、各尽其责的关联交易管理机制作为支撑和保障。结合既往业务实践，公司主要通过抓住以下三个要点持续深化关联交易管理机制建设：

（一）完善管理制度、建立分级授权审批机制

公司落实中国银保监会关联交易监管规定，结合上市地上市规则建立了完备的关联交易管理体系。在关联交易管理机构、关联方与关联交易、控股子公司关联交易管理、关联交易的监督与责任追究等方面明确工作要求及标准，实现关联交易管理的全流程覆盖，确保公司关联交易依法合规。

在严格遵守上市地上市规则和中国银保监会监管规定的基础上，基于服务业务发展的原则，公司确立了关联交易分级审批、授权管理机制，以提高关联交易管理效率。根据上市地上市规则、中国银保监会规定等，按照交易是否需由董事会、股东大会审批进行区分，制定相应的审批程序。各分支机构在经营权限范围内决定、签署或者审议批准的合同或事项构成关联交易的，其相关部门参照总公司职能部门职责履行关联交易承办、审查等职责。对于上市地上市规则、监管规定之间存在差异的，公司从严履行相关审议、报告、披露义务。

（二）细化管理流程、压实主体责任

关联交易管理流程相对较长，且可能横跨公司多个业务条线。为进一步明确各环节各主体的职责，公司针对关联交易具体事项制定了细化的流程规定，做到各环节对应责任主体职责清晰、明确。

根据公司制度，关联交易管理职能部门定期收集、维护关联人名单并下发各部门、分支机构用以作为关联交易初步甄别的依据。关联交易承办部门根据实质重于形式原则，参考公司关联人名单，负责具体交易开展前关联交易的初步识别，重点关注交易结构、定价原则及方法等必要信息。公司相关职能部门对交易进行专业审查，提出审批、报告及披露等意见。根据分级审批原则，各审批机构对提交的关联交易进行审议。关联交易协议签署后，关联交易承办部门根据上市地上市规则、中国银保监会监管规定等进行交易的报告和/或披露。

（三）定期开展培训和自查、强化制度执行

关联交易专业性较强，作为三地上市的保险公司，面临更为复杂的规则适用。为提升公司员工对关联交易制度的理解和对关联交易业务合规性的重视程度，关联交易管理部门采取新规重点解读和定期培训相结合的方式，在公司开展关联交易培训，就与承办部门业务相关的交易识别、协议草拟、报告和披露等事项进行重点培训讲解。

此外，公司定期组织开展关联交易风险排查工作，全面摸排风险隐患，重点聚焦行业监管处罚集中、既往排查问题多的事项和业务条线。对排查出的问题和风险隐患持续集中整治，深入落实整改。

公司通过定期培训与自查整改相结合的方式，进一步规范关联交易业务流程，提高员工的合规意识，降低关联交易违规风险，保障制度执行落实。

四、关联交易重难点问题探讨

关联交易在公司日常管理实务中呈现出多样性、复杂性的特点，法律规定往往无法穷尽所有业务情形。此外，上市保险公司所遵循的上市地上市规则和中国银保监会监管要求之间也存在一定差异。关联交易管理工作既应严格守合规底线，也要满足支持业务发展的需要，公司在不断的实务积累中，针对交易协议管理、资金运用等领域的重难点问题不断进行探索和研究。

（一）统一交易协议管理

根据中国银保监会规定，与同一关联方之间长期持续发生的，需要反复签订交易协议的提供服务类、保险业务类及其他经中国银保监会认可的关联交易，可以签订统一交易协议，协议期限一般不超过3年。统一交易协议的签订、续签、实质性变更，应按照重大关联交易进行内部审查、报告和信息披露。统一交易协议下发生的关联交易无需逐笔进行审查、报告和披露，但应当在季度报告中说明执行情况。从上述规定来看，统一交易协议的签订可以有效降低重大关联交易的审批管理成本。

但在实务中，与一关联方长期持续发生的业务往往不局限于提供服务类、保险业务类，例如存款类、融资类、理财类等资金运用项目，也经常是双方在框架协议中约定的合作事项。可以看到，在上海证券交易所上市规则中并无相关框架协议签署类型的限制，仅是对于属于"日常关联交易"[①]的业务类型，相应提出了特殊的监管要求。主要要求上市公司与关联人首次发生的日常关联交易，公司应当根据协议涉及的总交易金额，履行审议程序并及时披露，即根据协议涉及的总交易金额提交董事会或者股东大会审议，协议没有具体总交易金额的，应当提交股东大会审议。

从既遵循合规要求，又促进业务发展，尽可能降低企业重复管理成本的角度出发，我们倾向于对统一交易协议进行分口径管理。在上市规则下如日常关

---

① 6.3.2 上市公司的关联交易，是指上市公司、控股子公司及控制的其他主体与上市公司关联人之间发生的转移资源或者义务的事项，包括：（一）本规则第6.1.1条规定的交易事项；（二）购买原材料、燃料、动力；（三）销售产品、商品；（四）提供或者接受劳务；（五）委托或者受托销售；（六）存贷款业务；（七）与关联人共同投资；（八）其他通过约定可能引致资源或者义务转移的事项。
6.3.17 上市公司与关联人发生本规则第6.3.2条第（二）项至第（六）项所列日常关联交易时，按照下述规定履行审议程序并披露：（一）已经股东大会或者董事会审议通过且正在执行的日常关联交易协议，……（五）公司与关联人签订的日常关联交易协议期限超过3年的，应当每3年根据本章的规定重新履行相关审议程序和披露义务。

联交易协议的总交易金额达到董事会或股东大会审议标准的,应将该协议提交履行前述审批程序。但鉴于中国银保监会的监管差异,该协议项下不属于中国银保监会统一交易协议规定业务类型的事项,在后续的执行过程中,如果达到中国银保监会规定的重大关联交易标准的,则不能因协议已经董事会或股东大会审批,而免于履行中国银保监会有关重大关联交易的审批、报告、披露程序等。

(二) 共同投资认定

根据《上海证券交易所股票上市规则》,与关联人共同投资构成上市公司的关联交易。根据《上海证券交易所上市公司自律监管指引第 5 号——交易与关联交易》(以下简称《上市公司自律监管 5 号指引》),上市公司与关联人共同投资,向共同投资的企业增资、减资时,应当以上市公司的投资、增资、减资金额作为计算标准,适用《上海证券交易所股票上市规则》的相关规定。根据上述,在上市规则下,与关联人共同投资的认定及金额计算有着较为清晰的指引。

但在中国银保监会规则下,目前 2022 年《办法》已将"共同投资"从资金运用类关联交易的类型中予以删除。这使得如何认定"与关联方共同投资(含新设、增资、减资、收购合并等)",尤其是在保险公司与关联方作为财务投资人,共同投资有限合伙型基金的情况下,是否均应认定为共同投资没有明确规定。我们认为,考虑到中国银保监会在识别、认定、管理关联交易时要求遵守实质重于形式的原则,对于共同投资,应进行实质性判断,如果其属于可能引致保险公司利益转移的事项时,则仍然构成公司的关联交易。

(三) 关联交易金额计算

随着投资结构多样化,关联交易金额计算及管理的难点主要集中在资金运用类项目中。目前,2022 年《办法》第十一条规定计算关联自然人与保险机构的关联交易余额时,其配偶、父母、成年子女、兄弟姐妹等与该保险机构的关联交易应当合并计算;计算关联法人或非法人组织与保险机构的关联交易余额时,与其存在控制关系的法人或非法人组织与该保险机构的关联交易应当合并计算。

总体来看,上述关于合并计算的新规有利于防范保险公司关联方通过其家庭成员或其上下游存在控制关系的机构拆分交易,从而规避有关重大关联交易管理等监管规定的行为。但这也对保险公司关联方管理,交易金额监测等管理工作提出了更高的要求。保险公司需要进一步加强穿透识别交易结构,明确所涉及的关联方,以便能准确掌握合并计算范围和关联交易余额等数据。

五、关联交易管理建议

随着保险行业的迅速发展，目前市场上各保险公司的业务规模、内控管理等方面差异化明显。我们认为，目前应结合保险公司治理水平、风险状况、偿付能力等指标，采取差异化监管措施。例如，在资金运用投资比例的设定、关联交易审议和披露的豁免①、季度报告及分类合并披露的频次等方面，给予上述评价指标情况良好的保险公司更多地自主经营权、豁免权。尽可能降低混同监管给保险公司带来的过重的管理成本。针对不同保险公司的经营管理情况，匹配更加具有针对性的监管措施、精准施策。这样既能严守合规底线，又能够最大程度地促进行业发展。

此外，在目前严监管的情势下，保险公司也应当进一步加强内部建设，提高关联交易管理能力和水平。

一是应持续加强关联交易管理的信息化和智能化水平。2022年《办法》也新增专项条款，要求银行保险机构提高关联方和关联交易管理的信息化和智能化水平，强化大数据管理能力。各保险公司应大力投入关联交易信息系统建设，打造集团一体化信息管理平台，推进母公司与子公司关联交易管理系统对接、数据互通。同时，对于各家公司内部，亦应关注关联交易管理系统与财务、投资及核心业务等系统的联动，优化数据来源，减少人工报送环节。有效降低关联交易数据的差错率，提高数据的完整性和准确性。

二是应进一步明确和强化关联交易管理相关的问责机制。关联交易管理业务链条长、牵涉部门多，经办人员对于关联交易合规性要求的重视程度仍有待进一步提高。错报、漏报关联交易信息，报告和信息披露不准确、延迟等现象时有发生。为此，为保障制度执行，建议保险公司制定相关内部问责机制，对于违反关联交易管理制度、规范的行为，如造成严重后果的，应当厘清责任，严肃问责。通过强化责任追究，增强制度的威慑力和执行力，促进公司关联交易依法合规。

---

① 《银行保险机构关联交易管理办法》第五十七条，银行保险机构进行的下列关联交易，可以免予按照关联交易的方式进行审议和披露：（一）与关联自然人单笔交易额在50万元以下或与关联法人单笔交易额在500万元以下的关联交易，且交易后累计未达到重大关联交易标准的；（二）一方以现金认购另一方公开发行的股票、公司债券或企业债券、可转换债券或其他衍生品种；（三）活期存款业务；（四）同一自然人同时担任银行保险机构和其他法人的独立董事且不存在其他构成关联方情形的，该法人与银行保险机构进行的交易；（五）交易的定价为国家规定的；（六）银保监会认可的其他情形。

专题 4.4
规范保险机构关联交易
加强资金运用风险管理*

随着保险投资主体多元化，资金运用渠道日益拓宽，保险集团股权架构日趋复杂，关联交易逐渐呈现出新型化、隐蔽化、分散化等特点。近年来，个别市场机构通过不当关联交易进行利益输送，把保险机构当成"提款机"，逐渐引起高度关注。不当关联交易的累积容易形成引发重大金融风险的隐患，识别和防范不当关联交易成为保险业务的重中之重。

一、厘清不当关联交易的管控难点

（一）关联关系隐秘不清，核实关联方信息面临挑战

受限于公共信息的准确性和滞后性，保险机构难以通过公开渠道获取全面的关联方信息。目前，保险机构的关联方名录主要依靠关联方自行申报。部分保险机构股东通过隐藏实际控制人、股权代持、表决权委托、一致行动约定等行为隐瞒关联关系，造成保险机构对关联方认定不完整不准确。

同时，个人信息保护的要求、市场监督管理部门对不同类型企业信息采集标准的差异、海外架构或协议控制等安排，均对保险机构核实关联方申报信息的真实性、准确性和完整性形成挑战，增加了保险机构的管理成本。

（二）关联交易结构复杂，穿透认定业务实质存在障碍

部分关联方通过设计复杂的交易结构和过长的交易链条，实现掩盖关联交易实质、规避监管要求的目的。常见的操作方式包括通过设立空壳公司、特殊目的载体切断交易链条，借道同业、资管、理财等相关表外业务拉长交易链条，增加资金最终流向的核查难度。

穿透认定关联交易业务实质，需要将投资者构成、资金来源、中间环节与最终投向进行穿透审核和无缝连接。具有跨行业、跨市场、跨机构类型等交叉

---

* 本专题作者：新华人寿保险股份有限公司，王西刚。

性特征的关联交易面临行为规则和监管标准不一致的问题，经过多个通道或多次嵌套时，更是将真正的交易双方藏匿于监管之外，进一步增加了对业务穿透认定的难度。

二、抓住不当关联交易的管控重点

保险资金具有经营周期长、汇聚资金量大的特点。保险资金的运用空间不断拓展，运用方式不断更新，随之而来也出现了保险资金运用方面的部分违规行为。例如，某机构先后将保险资金通过投资四支集合资金信托计划，最终投向其股东关联方，缓解关联方债务压力。2017年10月，监管部门下发监管函，指出其现有关联交易存在损害保险公司利益的风险，要求其通过到期、赎回、转让等方式终止存量关联交易。例如，某机构将大笔资金投向多支私募基金，并最终流向其股东的关联方，未就投资本金、利息、罚息、违约金等归还事项与有关各方签订明确协议，未采取有效措施回收款项，导致投资资金被股东关联方无偿占用超过2年。2021年3月，该机构因关联方长期占用保险资金等被监管机构予以行政处罚。

资金运用类关联交易作为保险公司关联交易的主要业务类型，是需规范不正当关联交易的重点领域。资金运用类关联交易涵盖保险公司直接或间接买卖债券、股票等有价证券，直接或间接投资关联方发行的金融产品，或投资基础资产包含关联方资产的金融产品等业务。不当关联交易通过金融产品的结构设计和包装，隐匿保险资金真实去向，实现关联方侵占保险资金目的，限制实体经济的融资需求，是需要加强管控的重点。

三、落实保险机构关联交易监管措施

作为金融市场的重要参与主体，保险机构的不正当关联交易不仅损害中小股东权益，也会影响金融系统安全。近年来，监管部门多次强调从严监管、防范风险的基调，并采取监管措施。

2017年5月，《关于开展保险资金运用风险排查专项整治工作的通知》要求保险机构实施穿透式检查，摸清并处置存量风险，严格控制增量风险。

2018年，中国银保监会发布保险法人机构公司治理现场评估结果，指出保险机构存在关联交易制度有名无实、资金运用类关联交易风控不足等问题，关联交易结构不合规，导致保险公司利益受损。

2019年，《保险公司关联交易管理办法》完善了关联方认定标准，明确了重大关联交易标准，制定了资金运用类关联交易监管比例上限，要求保险公司按照实质重于形式的原则，跟踪监控保险资金流向，层层穿透至底层基础资产。《银行保险机构公司治理监管评估办法（试行）》进一步从关联交易治理合规性和有效性的角度，对保险机构开展关联交易所需达到的要求和条件提出明确的评价标准。

2020年，《关于开展保险机构资金运用违规问题自查自纠和风险排查的通知》向各保险机构通报了前期排查发现的问题和风险，包括保险公司控股股东违法违规干预保险资金运用，资金运用关联交易投资规模和比例不符合监管要求，保险资金通过集合资金信托计划、股权投资基金、非保险类子公司等渠道违规流入关联方等。

2021年，中国银保监会发布监管动态《持续开展银行保险机构股权和关联交易专项整治 不断提升公司治理质效》，通过建立关联交易监管系统，信息化助力关联方识别和关联交易监测，前置风险防范端口，提高关联交易监管有效性和精准性，促进银行业保险业高质量发展。

2022年1月，中国银保监会发布《银行保险机构关联交易管理办法》，高度重视规范关联交易管理，重申"穿透监管"和"实质重于形式"的原则，进一步压降关联交易比例限额，控制关联交易的数量和规模、防止利益输送风险。同时，中国银保监会印发《关于开展保险资金运用关联交易专项检查的通知》，部署中国银保监会成立以来首次专门针对保险资金运用关联交易的专项检查，显示了监管部门持续防范化解金融风险的决心。

四、加强保险机构关联交易管理

一是加强公司治理，建立股东诚信体系。自2020年7月以来，中国银保监会已公布了四批合计81家重大违法违规股东，涉及的关联交易违法违规行为包括：关联持股超过监管比例限制、关联股东违规开展关联交易或谋取不当利益、隐瞒关联关系等。通过将重大违法违规股东的违法失信形象公之于众，提高其违法成本，发挥震慑作用，能够有效约束保险机构及其股东的行为，从根源上遏制不正当关联交易的发生。因此，各方应共同努力，尽快建立和完善保险机构股东诚实信用体系，发挥市场监督调节作用，持续强化保险机构股东股权监管，夯实公司治理基础，进一步有效防范不当关联交易。

二是压实主体责任，强化保险机构内控建设。保险机构应将关联交易合规管理作为日常经营管理的重要内容，常抓不懈，持续推进；不断完善关联交易管理制度体系，优化关联交易管理组织架构，切实发挥关联交易管理办公室、关联交易控制委员会、董事会、股东（大）会的实质性审查作用，持续提高关联交易风控水平及管理效能；积极推进关联交易全流程系统化管控，全面提升智能化管理水平；加强内部监督，强化问责管理，培养关联交易合规文化。

三是加强监管协作，强化穿透式监管质效。穿透式监管作为对复杂金融交易关系进行深度挖掘的有效监管手段，其实施过程需要"一行两会"、市场监督、外汇管理等多部门协同配合，形成联合统筹的跨行业风险监管体系。通过加强多部门之间数据共享、联合执法等方面的协调配合，跟踪保险资金真实去向，实现对资金流向的全程监控，及时识别预警交易风险，为穿透式监管提供强有力的支持。

专题 4.5
保险公司关联交易风险管理困境与创新*

近年来，随着我国保险业快速发展，保险机构关联交易引发风险暴露的情况不断显现。为加强关联交易监管，规范保险机构关联交易行为，监管关联交易管理办法几经改革，日益完善。2021年岁末落地的偿二代二期工程，要求保险公司加强关联交易的内部控制与管理，并特别关注保险集团内关联交易带来的风险传染隐患；2022年初，中国银保监会以2022年1号令形式下发《银行保险机构关联交易管理办法》，继续延续强监管趋势，在管理机制、穿透识别、资金来源与流向、动态评估等方面提出更为具体的要求，加强保险机构关联交易管理的主动管理义务，压实机构主体责任；同时，中国银保监会配套开展保险资金运用关联交易专项检查。这是中国银保监会成立以来首次针对保险资金运用关联交易开展的专项检查。上述监管动作足以表明关联交易已经成为当前监管的重点关注领域，保险机构应认清监管趋势，积极对标落实监管要求，加强关联交易风险管理。

一、准确认识关联交易风险管理的意义

关联交易本身是一种中性的交易模式，适度的、合法合规的关联交易可以优化资源配置、降低企业交易成本、形成规模效应，从而提升公司价值，对公司发展存在积极作用；与此同时，关联交易极易引发利益转移、合规处罚、风险传染等问题，存在极大的风险隐患。

一是大股东、实际控制人或者高级管理人员受利益驱动，利用对保险公司的控制权，通过不公允的关联交易谋取不当利益，转移公司利润，侵占公司资金，掏空保险公司；通过关联交易虚增业务，粉饰财务报表；利用关联交易进行税务安排，转移定价，逃避纳税义务。上述不公平、不合法的关联交易，终将损害保险公司及其中小股东、债权人的合法权益，影响保险公司偿付能力，侵害保单持有人权益，严重扰乱保险行业秩序。

---

* 本专题作者：阳光人寿保险股份有限公司，孙毅、孙若竹。

二是关联交易是监管的重中之重。公司滥用关联交易必将引发合规风险，进而可能诱发声誉风险、流动性风险等次生风险，对公司运营、财务、偿付能力等产生严重影响。若不公平关联交易在保险行业滋生、蔓延，势必会影响消费者对全行业的信任，打击投资者信心，危及保险行业正常、健康发展。

三是对于保险集团公司来说，即便是合规、公允的关联交易，同样存在风险隐患。集团内企业业务关联度高，内部依赖性强，极易导致风险在集团内部传递。如集团内分保再保、集团内借贷担保等交易行为，业务风险并未得到有效的外部转移，倘若未建立有效的风险隔离机制，在遇到"黑天鹅""灰犀牛"等风险事件时，集团内风险同频振荡难以避免。

因此，对于保险机构而言，对关联交易的管理不应仅仅是满足外部合规要求，更应当作为公司风险管理的重要内容，不断完善关联交易管理体系、提升管理效率和水平，增强监管部门、消费者、投资者对公司的认可和信赖，利于公司健康、长远发展。

二、保险公司关联交易风险管理的困境

（一）缺乏关联交易管理的内驱动力

公司开展关联交易管理更多是基于外部的监管压力，自我管理关联交易的动力可能不足。对于公司控股股东、实际控制人和董监高等人员来说，为实现集团内经济利益最大化或其个人特定目的，驱动此类利害关系人选择关联交易。作为交易中的受益方，往往会选择忽视关联交易的危害，不能主动进行风险评估，对关联交易管理在精力、人力、物力上的支持较为有限。例如，董事会下设的专业委员会未实质性地行使风险决策和把关职能，相关部门管理职能被弱化、相关风险控制岗位形同虚设等。因此，在合规成本有限的情况下，公司对关联交易的管理重点仅止步于满足外部合规要求，难以有更近一步的提升发展。

（二）关联交易公司治理有效性不足

公司治理水平高低直接影响关联交易风险管理的有效性，从以往上市公司、金融机构的关联交易乱象来看，大多问题来源于公司治理存在缺陷，体制失效、缺乏制衡和有效监督。

造成公司治理缺陷的主要原因是一股独大。个别公司表面上有较为完善的公司治理结构，"三会一层"组织架构健全、职责明确，各项规章制度一应俱全，关联交易均经过法律或章程规定的正常表决程序。实践中，唯大股东意志

行事，董事会、监事会形同虚设，大股东合法合规操纵股东大会、董事会，公司内表决程序形式化、走过场，并无实质意义，监督机制名存实亡，给违法违规行为滋生提供了土壤。

此外，现行的监事制度对股东会、董事会和高级管理层的监督作用较为有限。在公司治理体系中，监事会是监督检查的重要组织机关，是对董事会和高级管理层进行监督的主要力量，其宗旨是维护股东、债权人、员工等利益相关者的合法权益。在2021年底公布的《公司法》修订草案中，监事会可有条件取消，说明在主流立法观点中，监事会弱化、花瓶化成为普遍现象，已难以起到对决策权与执行权的"第三只眼"制衡作用。特别是职工监事制度，实践中，现有的职工监事多为公司中高层管理者，双重身份导致职工监事很大程度上必须听命于董事会或高级管理层，难以真正发挥检查监督作用。

（三）关联交易信息的复杂性及不对称性

在关联交易的日常管理中，信息的复杂性及不对称性也给保险机构带来极大的挑战。首先是关联方信息档案建设方面，实践中保险公司对关联方信息的收集，有赖于相关法人、自然人的自觉配合，相关人员提供的信息质量及时效性难以保证，保险公司缺乏对相关人员信息提供质量的管理抓手。假如发生关联方故意隐瞒或提供虚假信息，通过错综复杂的股权架构层级设计隐匿真实关联关系，或是因为对监管要求理解不到位提供信息不全面等情况时，保险公司囿于自身人力不足、技术手段缺乏或是外部工商信息滞后、跨境信息难以收集核验等主客观限制，难以发现上述情况。此外，极少关联方会在信息发生变更时及时向保险机构主动报告，公司掌握的信息存在一定的滞后性。关联方信息档案的不真实、不全面造成关联交易管理的第一道关口失守。

其次是关联交易方面，实践中，关联交易形式日趋多变，交易结构复杂隐秘、多类型关联交易混合进行、花样不断翻新，关联方极容易利用交易信息的不对称性进行资金转移。特别是资金运用类关联交易更是管理的难点，假如以股权投资形式投资关联企业，关联企业可以以层层设立子公司的方式将大量资金转移，或是投资关联方设立的信托及私募股权，公司难以掌握资金的实际投向，导致资金最终流向空壳公司。

三、创新关联交易风险管理的几点思考

（一）借助《公司法》修订，创新关联交易公司治理模式

公司治理是现代企业管理制度的核心，良好的公司治理是保险机构健康稳

健发展的基础,关联交易管理合规问题的根源便在于公司治理。提升公司治理水平是保险机构自身完善发展的切实需要。保险公司可以《公司法》修订为契机,探索关联交易公司治理新思路。

一是保险公司股权方面,股权管理是公司治理的基础,股权结构和股东行为深刻影响着公司治理结构和公司治理的有效性。保险公司股权适度的分散多元化,增强股权结构透明度,同时对保险公司大股东资质进行严格审核,在公司章程中对大股东权利进行制约,从根本上防止控制权滥用,减少"资本多数决"的可能。

二是保护中小股东权利,完善中小股东救济途径。有效保护股东权利是现代公司制度的基石,持续建立健全中小股东权益保护的制度安排,使其不受控股股东滥用权力行为的直接或间接伤害。保障中小股东对公司重大事项的知情、参与决策和监督等权利,使其成为公司治理的"关键少数",有效制约大股东行为。

三是要建立健全董事会、监事会、高级管埋层的职责分工,构建相互独立和制衡的公司治理格局。董事会应明确对全体股东负有诚信义务,对公司的战略决策指导和对高级管理层的履职能有效评价,在公司重大事项决策中作出独立客观高质量的判断,成为公司治理结构和机制的权威所在;同时,董事会中减少执行董事比例,增加外部独立董事,严格独立董事责任机制,加强惩罚力度,在保证独立董事的专业性和独立性的前提下,充分发挥其对关联交易的监督作用。此外,适当引入外部独立监事,增强监事会的独立性和权威性,以使其真正发挥监督作用。

四是弱化内部人控制,严防公司高管利用实际享有的超过责任承担能力的控制权,作出谋求私人收益的决策。公司应强化公司高级管理人员的绩效管理及履职评价,严肃问责违规关联交易问题;同时,完善股权结构及激励机制,使股东与管理层通过股权合作提升公司价值,减少不公允的关联交易和不当利益渗透,切实保证公司的人格独立和法人利益。

五是加强保险集团化管理,在集团公司治理的框架下,规范集团内部的关联交易。保险集团应对母公司与其全资控股保险子公司间的关联交易,制定针对性的管理办法。一方面,赋予集团公司统一的管理权,利用规模效应优化内部资源的配置与利用,减少交易环节成本、提高运营效率;另一方面,划定集团公司统一管理权的边界,以及建立对附属公司的利益补偿机制及防火墙,保证子公司的独立性。与此同时,在集团公司统一管理下,重构子公司董事、高级管理人员对公司的忠诚义务和责任。

《公司法》迎来大修，近期公布的修订草案中对关联交易、董事会、监事会、监督制衡、责任追究机制等有实质新增和修改，特别是在组织机构设置方面赋予公司更大自主权，为优化公司治理机制提供更丰富的制度性选择。公司可以此为契机，选择符合自身情况的治理模式。如，针对监事会边缘化、花瓶化的问题，公司可探索采用外部监事模式，弥补职工代表监事的软弱性，平衡股东代表监事的利益和意志倾向；或是让专业委员会、独立董事等承接原监事会的权利与义务，内部实现分工制约。

（二）健全关联交易分级分类审查的制衡机制

健全关联交易分级分类审查机制，从交易对手性质、交易类型等加以区分，并根据关联交易的风险和重要性制定分类标准，根据公司实际经营情况及时修正完善。针对不同的交易，在风险规避、风险承受、风险降低等方面进行细化的设计和安排，建立相应的审查机制，避免造成"一刀切"的审查局面，支付不必要的合规成本。

针对交易对手性质，公司宜区分与股东之间的关联交易、与公司董事之间的关联交易、与高级管理人员的关联交易等不同情形下的审核机制，通过设置不同的审批流，形成董事会与股东会、管理层与董事会之间关联交易审核的制衡机制。

针对不同交易类型，在合规成本有限的情况下，公司应设置相应的细化审查标准，最大化关联交易管理效果。比如，对于保险业务类关联交易，在保险产品已向监管报备的情况下，通过此类关联交易进行利益转移的可能性较低，可以采用相对宽松的简易审核程序；对于服务类关联交易，应建立标准化审核流程，对涉及的交易各方的合理交易定价方法及相关事项交易成本进行充分评估，制定可操作性强的交易定价审核机制，确保审核人员对交易对价的公允性、合理性的判断有据可依；对于资金运用类关联交易，因交易资金量大、交易结构复杂多变、资金实际流向较难追踪，公司应针对不同资金运用业务设置更具针对性的审查机制，并形成投资决策部门、关联交易管理相关部门及董事会相关专业委员会的互相监督制衡。

（三）全过程监测预警关联交易风险

搭建关联交易全面风险监测体系应作为保险公司关联交易管理的重要组成部分，具体应分为关联交易的事前、事中及事后全过程监测。事前风险监测重在及时发现识别关联交易及其潜在风险，施以相应的风险管控措施；同时，公司应在交易过程中对相关事项进行动态监测，监控资金流向，动态评估关联交易对风险暴露和资本占用的影响程度。此外，公司应重点监测重大关联交易、统一交易协议等重要交易的执行情况，确保交易过程中不会对公司产生负面影响。

事后监测旨在识别未被管控的关联交易。鉴于关联交易架构的复杂性、隐秘性，关联交易早期识别存在先天困难，特别是对于关联方刻意隐瞒的不当关联交易。保险公司应逐步完善事后监测体系，通过财务、投资等数据间勾稽关系发掘线索，设置关联交易风险监测及预警指标；同时，公司履行风险管理职能的各相关部门之间应保持沟通畅通、信息共享，发挥公司治理、资产管理、财务、人力资源、风险管理、内部审计等职能部门间的联合监测预警作用。

对于集团公司，因面临关联交易导致集团内风险传染的问题，除上述监测机制外，应加强对集团内整体企业的关联交易风险监测。可尝试将集团内关联交易整体情况纳入公司风险偏好体系，设定全集团可接受的关联交易最大规模及风险暴露水平，并根据集团内企业业务性质，针对性地设置监测指标，对集团内风险进行控制。

（四）完善系统，实现关联交易的数字化管理

保险公司应建设完善关联交易风险管理系统，科技赋能关联交易管理。若想完善关联交易管理体系，真正实现关联交易的有效管理，单靠 Excel 满天飞的工作模式是难以实现的，需要信息化的手段支撑。

公司应将关联交易内部控制流程系统化，实现关联交易全过程线上化管理，审批流程可追踪、可留痕，覆盖关联交易事前、事中和事后管理，提升管理精细度；关联交易风险管理系统与公司资产管理系统、财务管理系统实现互联互通，自动识别关联交易数据，监测预警异常情况，有效控制关联交易规模；尝试利用外部大数据手段，对公司关联方信息进行核验，挖掘隐匿关联关系。

（五）强化关联方、关联交易信息的内部报告与公示

关联方、关联交易信息披露是公司利益相关方、社会公众对公司的监督途径，及时、准确、全面披露关联交易信息是关联交易风险管理体系得以有效运行的保证。

公司应重视关联交易披露的真实性、充分性、准确性、及时性，通过内部制度规定未如实披露关联交易信息的问责手段。此外，公司内部应完善关联方

申报和内部披露制度和要求,建立内部关联方信息公示平台,接受公司内部人员监督。

对监管部门及社会公众,公司宜增大信息披露的透明度,特别是重大关联交易对手的股权结构、公司治理架构、财务状况、风险状况等关键信息;同时,增加关联交易合同履约过程的动态信息披露,如履约过程中合同发生重大变更,应及时进行关联交易的续报,如实陈述变动对公司的不利影响。

(六)加强关联交易风险与合规文化建设

关联交易风险管理不应仅仅是一个或几个部门的职责,而应该是从高层到基层各个环节人员的共同职责。只有在公司内部树立以"维护公司利益、维护广大员工利益、维护客户利益为根本"的关联交易风险与合规文化理念,形成全员参与的文化氛围,才能确保公司各级人员在实践中有效落实监管规定及公司内部管理要求,关联交易风险管理才能收到实效。

四、保障关联交易外部审计的独立性

在保险公司关联交易管理中,还应该进一步强化外部监督管理机构的积极作用,利用外部监督和社会舆论力量,形成内外合力,提升公司管理能力。

特别是外部审计机构,应充分发挥外部审计机构的监督作用。一方面,监管部门应完善审计机构市场准入制度,加大对违规审计机构的处罚力度,提升违规行为的经济成本及声誉成本;另一方面,建议通过设立保险行业外部审计基金等方式,消除审计机构与保险公司之间的经济往来,保证外部审计机构的独立性。

五、持续加强关联交易外部监管

严格的外部监管是保险公司关联交易风险管理的最大外因,监管机构应持续关注保险公司关联交易风险,紧扣关联交易风险特征,动态把控行业情况。实操层面,建议监管机构对保险公司关联交易报告及披露信息进行动态化监管,及时出具风险提示和监管意见;实现银行保险监管机构、证券监管机构、税务机构之间的大数据信息化共享,利用大数据手段消除监管盲区;加大执法力度及对违规行为的处罚力度,让违法违规者不再心存侥幸,保证关联交易规范透明;探讨建立全行业关联方信息数据库,为保险公司提供数据接口的可行性,以实现关联方信息的交叉核验。

六、结语

关联交易风险管理是股东、董事会、监事会、高级管理层、外部审计以及外部监管的多方博弈,是更高层次的风险管理艺术。关联交易风险管理日趋复杂,需要在传统的合规管理基础上,创新风险管理方式方法,采取积极有效措施全方位管理关联交易风险,平衡风险与收益,借助新《银行保险机构关联交易管理办法》施行,《公司法》修订契机,开启保险公司关联交易风险管理的新征程。

专题 4.6
保险资产管理公司视角下的穿透识别原则在保险资管产品关联交易管理中的适用[*]

一、关联交易新规对保险资管产品穿透识别的总体要求

在穿透识别方面,《银行保险机构关联交易管理办法》(以下简称 2022 年《办法》)与《保险公司关联交易管理办法》(银保监发〔2019〕35 号,以下简称 2019 年《办法》)基本管控思路保持一致,要求根据实质重于形式和穿透监管原则认定关联交易。对保险资管产品关联交易实行穿透式管理层面,需要综合考虑向上穿透识别保险资管产品的投资者,向下穿透识别保险资管产品所投资的金融产品的底层基础资产,并对产品运作管理实行全面动态管理。2022 年《办法》对保险资管产品穿透识别的规定主要体现在以下几个方面:

1. 从总体要求来看,银行保险机构应当按照实质重于形式和穿透原则,识别、认定、管理关联交易及计算关联交易金额;同时,明确中国银保监会或其派出机构可以根据实质重于形式和穿透监管原则认定关联交易。新规进一步强调向上向下穿透原则,要求银行保险机构应当主动穿透识别关联交易,动态监测交易资金来源和流向,及时掌握基础资产状况,动态评估对风险暴露和资本占用的影响程度,建立有效的关联交易风险控制机制,及时调整经营行为。

2. 具体到金融产品,明确规定金融产品的关联交易管理须穿透至基础资产,要求保险资金投资于关联方发行的金融产品且基础资产涉及其他关联方的,以投资金额计算交易金额;投资于关联方发行的金融产品且基础资产不涉及其他关联方的,以发行费或投资管理费计算交易金额;买入资产的,以交易价格计算交易金额。

3. 严格限定关联交易比例。保险机构投资金融产品,若底层基础资产涉及控股股东、实际控制人或控股股东、实际控制人的关联方,保险机构购买该

---

[*] 本专题作者:平安资产管理有限责任公司,王欣、王晓笛、袁泉。

金融产品的份额不得超过该产品发行总额的 50%（较 2019 年《办法》，比例下降 10%）。

综上，关联交易穿透识别的合规要求在保险资金运用过程中需要严格落实。在保险资管产品关联交易管理中，要充分评估投资人、发行人以及底层资产融资人之间的关联关系，在准确判断是否构成关联关系的基础上，根据新规对资金运用类关联交易类型的扩充以及关联交易比例的限制调整，进行充分、合理评估以符合关联交易的合规要求。

同时，笔者注意到，由于行业中业务类型无法穷举，监管在具体穿透规则适用层面仅作了总体原则性规定，对具体执行适用标准进行了留白，由各家机构制定更符合自身业务情况的内控管理标准，遵循实质重于形式，落实监管穿透审查要求。

二、穿透识别原则在保险资管产品关联交易管理中的具体实践

为了解行业在保险资管产品穿透管理方面的整体实操概况，笔者对中国保险行业协会（以下简称协会）官方网站资金运用关联交易信息披露板块进行了调研分析①，统计情况如图 4-6-1 所示。②

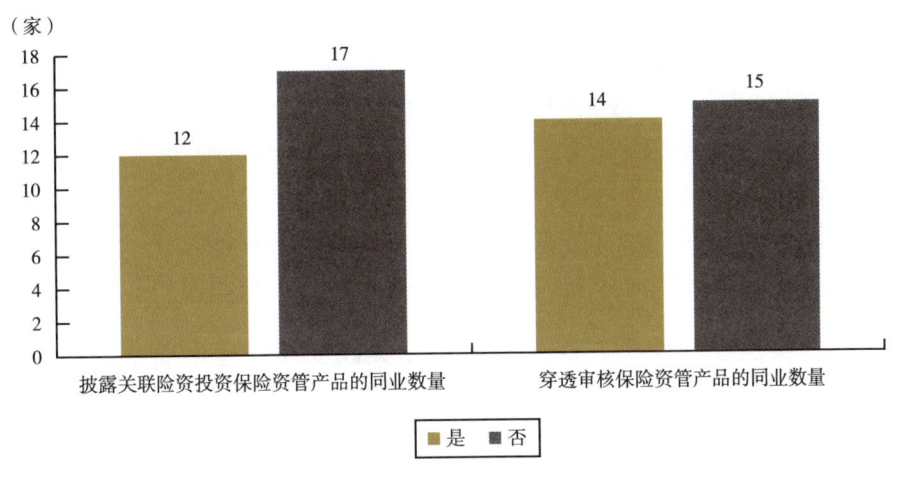

图 4-6-1　保险资管公司穿透识别的披露概况

---

① 统计针对 2019 年《办法》生效以后保险资管公司的披露情况，时间截至 2022 年 3 月 24 日。
② 由于披露信息并非完全等同于各公司的实际业务开展情况，未在披露板块查询到相关信息的，可能该公司并未发生过类似关联交易事项。后续不再补充说明。

结合协会官网披露过的关联交易穿透审核事项，进一步统计数据如图4-6-2所示。

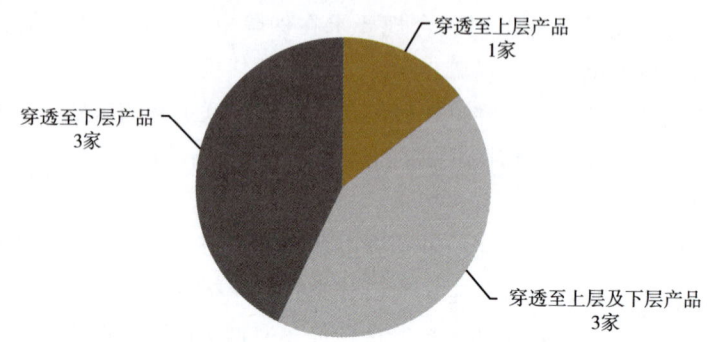

图4-6-2 保险资管公司的穿透识别要素

注：穿透至上层产品的，有3家保险资管公司对上层产品的资金来源进行穿透识别并披露。

上述统计显示，对保险资管产品的关联交易穿透识别，行业执行情况不一：

1. 针对关联方险资投资保险资管公司发行的保险资管产品，12家保险资管公司对该事项进行了披露，17家保险资管公司未查询到相关披露公告。

2. 共7家保险公司对关联交易事项进行穿透审核，穿透口径涉及上层产品端、下层资产端。

3. 进行关联交易穿透审核的机构中，部分机构穿透至上层产品/下层资产的发行人端、部分机构穿透至上层产品/下层资产的投资人端/融资人端。可见行业执行口径不一。

保险资管产品在关联交易管理中，穿透力度、穿透标准的不一致，与穿透识别原则在保险资管产品关联交易管理中面临的挑战密切相关。

三、穿透识别原则在保险资管产品关联交易管理中面临的挑战

根据保险资产管理产品的业务特点及关联交易监管要求，保险资管公司在保险资管产品的关联交易管理过程中，一方面作为产品管理人对全体委托人负有受托义务，需做到公平对待及勤勉尽责；另一方面作为保险资管机构对险资委托人提出的保险资金运用关联交易穿透审查负有管理责任。保险资管机构在双重约束下，需要在兼顾机构属性与功能属性的前提下，在履行好勤勉尽责义务的基础上，平衡险资委托人与其他委托人的差异化诉求，相比其他类型的资产管理机构，更具特殊性，也面临更多的挑战。

（一）保险资管公司兼具险资运用功能属性与资产管理机构属性

2003年7月国内第一家保险资管公司成立，2004年4月《保险资产管理公司管理暂行规定》（以下简称《暂行规定》）正式发布，明确规定"保险资产管理公司是指经中国保监会会同有关部门批准，依法登记注册、受托管理保险资金的金融机构"。保险资管公司从最初设立即具备了险资运用的功能属性，特别是在2003年至2011年保险资管公司的业务范围限定在险资，作为险资运用专属机构进行展业活动。

随着保险资产管理市场化、专业化改革进程的不断推动，《关于调整〈保险资产管理公司管理暂行规定〉有关规定的通知》（保监发〔2011〕第19号）正式将《暂行规定》中关于保险资管公司的经营范围进行了调整，扩大到险资范围以外的受托资金。随着大资管时代来临，保险资产管理行业在服务保险主业的同时，加快业务创新，积极拓展市场，大力发展第三方受托业务，已经成为大资管市场上具有重要竞争力和影响力的主体之一，保险资产管理业逐渐走向成熟并成为中国金融市场上的重要力量。保险资管公司的机构属性更加明显，作为独立的市场参与主体，目前保险资管公司已经进入到了新的市场化及规范化发展阶段。2021年12月下发的《保险资产管理公司管理规定（征求意见稿）》中，拟对保险资管公司的定义更新为"保险资产管理公司是指经中国银行保险监督管理委员会批准，在中华人民共和国境内设立，通过接受保险集团（控股）公司和保险公司等合格投资者委托、发行保险资产管理产品等方式，以实现资产长期保值增值为目的，开展资产管理业务及监管机构允许的其他业务的金融机构。"结合当下保险资管机构的发展阶段，保险资管公司的特殊性集中体现在几个方面：

1. 保险资管公司具有独立性、市场化特点。保险资管公司是独立法人主体，保险资管公司业务与作为委托人的保险公司具有独立性。保险资管机构的主要业务是提供资金运用受托服务，从事信托/类信托意义下的受托经营。随着市场化程度的不断深入，保险资管机构的受托资金运用不再局限于保险资金。

2. 保险资管公司在公司治理上属于保险机构控股下的资管公司。从现有保险资管机构的股权结构上看，保险股东对保险资管机构形成股权控制，易产生股东、关联方对保险公司资金运用的干预、影响等情况。2021年中国银保监会通报了银行保险机构股权和关联交易专项整治的情况，通报的问题集中于规避监管行为（通过隐瞒关联关系等），对银行保险机构进行控制，获取不正当利益等。

3. 保险资管公司对险资的资金运用需符合保险资金运用监管规则。根据监管规定，保险资管公司受托管理保险资金，应当符合保险资金运用及保险资金委托投资管理相关监管规定。保险资管公司应当依据监管规定和合同约定，对受托管理的其他资金、保险资产管理产品资产进行投资管理和运作。除上述内容外，2020年3月中国银保监会发布的《保险资产管理产品管理暂行办法》规定，保险资产管理机构应当建立健全关联交易规则，对关联交易认定标准、定价方法和决策程序等进行规范，不得以保险资管产品的资金与关联方进行不正当交易、利益输送、内幕交易和操纵市场等违法违规行为。相比保险资金可投资的其他金融产品发行主体，监管并无相关要求，主要通过保险公司的内控管理进行兼顾。

（二）保险资管产品具有独立的运作结构及业务形态

2010年《保险资金运用管理暂行办法》首次明确了保险资管产品业务的定义。2011年《关于调整〈保险资产管理公司管理暂行规定〉有关规定的通知》明确允许保险资管公司开展资管产品业务。2020年中国银保监会《保险资产管理产品管理暂行办法》及配套三项细则的出台，开启了保险资管产品规范化发展的新格局。保险资管产品业务经历了从无到有、从小到大的发展历程，保险资管产品的业务制度逐步完善、业务品类稳步增长、资产配置类型覆盖日益多元化，已经成为保险资管公司服务险资及其他资金的重要业务模式。保险资管产品业务，由于其业务特性，在关联交易穿透关联中也具有其特殊性。

1. 保险资管产品具有独立性，为拟制法律主体。保险资管产品财产独立于保险资产管理机构、托管人和其他为产品管理提供服务的主体自有或管理的财产，保险资管产品内设持有人大会等治理机制，产品自身存在独立运作机制与决策机制。保险资管产品由受托管理人履行受托管理职责，直接承担产品投资与运作管理责任，不取决于投资人意志。

2. 保险资管产品的关联交易管理与利益冲突管理存在区别。保险资管产品的利益冲突管理，并不等同于保险资管机构的关联交易管理。保险资管产品的利益冲突管理主要关注保险资管公司投资者利益优先原则的遵守及忠实注意义务的履行；保险资管公司关联交易的管理关注管理人与投资人间的关联关系、管理人与投资标的的关联关系、委托人资金在穿透管理原则下与投资标的的关联关系。

3. 保险资管产品的类型覆盖广泛，穿透管理面临复杂情况。《保险资产管理产品管理暂行办法》规定"本办法所称保险资管产品业务,是指保险资产管理机构接受投资者委托,设立保险资管产品并担任管理人,依照法律法规和有关合同约定,对受托的投资者财产进行投资和管理的金融服务。保险资管产品包括债权投资计划、股权投资计划、组合类产品和银保监会规定的其他产品。"对于债权投资计划和股权投资计划等另类产品而言,投资标的多为事先确定投资标的,现行监管规定也穿透将投资基础资产包含关联方资产的金融产品纳入保险公司关联交易管理范围。组合类资管产品,标的投向在投资人投资时尚不明确,且组合变化较快。对于向单一投资人发行的组合类保险资管产品,可以参照委托投资合同项下受托保险资金的关联交易管理。但对于组合类保险资管产品中向多个投资人发行的集合产品,产品投资层面关联交易的穿透监管相对困难。

(三) 保险资管产品关联交易管理中适用穿透原则面临的问题和挑战

保险资管公司在业务市场化背景下,需要遵循市场化规则,同时作为保险资金运用监管规则的落实者,需综合考虑保险资管公司在公司治理方面的特殊性。践行关联交易穿透管理原则,保险机构的特殊性与保险资管产品受托管理职责的特殊性不断产生碰撞。根据目前关联交易穿透原则,需要对资管产品层面发生的关联交易进行穿透管理。在执行层面存在的困难与冲突平衡问题可归纳如下:

1. 集合产品穿透管理中的利益冲突。目前,监管规定未明确产品的拟制主体地位,要求投资管理人及委托人根据委托人的关联交易管理需求进行穿透管理。集合类产品委托人众多,如每笔投资均需委托人取得关联交易审批后受托人方可执行的,一方面与受托人主动管理职责存在冲突,与关联交易判定实质重于形式、谁决策谁负责的管理要求需要小心平衡;另一方面,可能发生因全部投资人都需要等待某一穿透后与投资标的存在关联关系的投资人完成关联交易审批,而影响其他产品持有人利益的情况发生。极端情形下,如集合产品中每一个委托人为了避免关联交易,均要求受托人不能投资各自关联方,则可能导致产品无可投资标的的情况,严重影响正常的资管产品业务开展,导致实质损害委托人利益。

2. 资管产品在向上穿透管理中也面临实际操作困难。目前,关联交易的向上穿透是站在资金角度的穿透管理,对识别义务主体无明确的规定。原则上,保险公司负有相应的义务,但保险资金的投资人将投资资金投入产品后并不能及时获取资管产品的投资情况,对关联交易的提前识别、审批等容易存在滞后,面临较大的管理压力和处罚风险。投资人作为义务人的穿透认定与关联交易监测,依赖管理人对每个投资人均进行事前评审识别与事后协助披露报告等事项的落实。保险资金投资的金融产品品类众多,各类产品的信息披露要求也并不一致。目前的行业实践中,有的资管公司按不少于每季度一次的标准向投资人披露产品持仓情况,实际上已经与关联交易事前审批的要求不相匹配。如相应的识别义务由保险资管公司承担,则同样存在问题。保险资管公司对保险资管产品的穿透管理,依赖委托人的高度配合,作为配合角色,很难作为完整意义上的义务主体。保险资管公司对受托资金的关联交易管理,一方面需要委托人提出具体明确的穿透标准、比例限制等具体要求;另一方面需及时向管理人更新提供委托人关联方清单。由于保险资管产品独立性的特点,委托人对产品的穿透管理要求往往并不一致,导致执行上的实际困难。此外,关联方清单属于商业秘密,在实操中委托人往往不愿意在投资比例极低的情况下提供相关信息。

3. 从信息披露上看,由于私募产品原则上根据产品合同的约定进行信息披露,关联交易穿透管理的要求实际上突破了资管产品运作中信息披露的机制,对关联交易事项一方面受托人需要实时向保险资金相关投资人进行披露,存在不平等对待投资人的风险,且披露的数据为产品投资数据,可能涉及内幕信息或未公开信息,与信息隔离的管理要求也存在冲突。保险公司穿透后需要进行公开披露,对于私募性质的产品,此类披露在行业中也并不属于常态。

四、对保险资管产品关联交易管理中适用穿透原则的思考和建议

(一)穿透识别的立法初衷及立法来源

穿透审核原则来源于穿透式监管这一监管原则或监管方法。在国际实践上,穿透的概念最早来源于基金监管。20世纪初,美国首次规定了"看穿条款"(Look–Through Provision),要求基金投资者实施市场主体的"穿透",以确定最终投资者是否符合合格投资者的要求,以及对投资者人数进行法定限制。2008年金融危机爆发,各国监管部门通过穿透式监管防控、管理跨市场和跨行业的金融创新带来的多层嵌套、交叉传染的金融风险及监管套利行为。穿透监管逐渐在各国金融监管实践中得到充分重视和应用,并形成相对成熟的理论框架。

在我国的金融监管领域,穿透监管也逐渐得到了广泛的运用。2018年4月,中国人民银行、中国银行保险监督管理委员会、中国证券监督管理委员会、国家外汇管理局印发《关于规范金融机构资产管理业务的指导意见》(银发〔2018〕106号)(以下简称"资管新规"),明确提出采用穿透式监管,对于多层嵌套资产管理产品,向上识别产品的最终投资者,向下识别产品的底层

资产。在证券业，中国证监会对定增项目要求穿透式披露信息，并对相关认购方进行穿透核查。在基金业，对私募基金的最终投资者，穿透核查其是否为合格投资者。在信托业，中国银保监会督促信托公司按"穿透"原则向上识别信托产品最终投资者，同时按"穿透"原则向下识别产品底层资产。在保险业监管领域，2014年10月，原中国保监会出台《保险资产风险五级分类指引》（保监发〔2014〕82号），要求监管机构广泛搜集保险资产的各类信息，采用穿透法，深入分析偿债主体和标的基础资产的风险状况，严格按照分类标准、方法和程序进行分类，充分估计现实与潜在的风险状况，全面、真实反映保险资产的风险程度。2020年3月，中国银保监会发布《保险资产管理产品管理暂行办法》，明确中国银保监会对保险资管产品业务实行穿透式监管，向上识别产品的最终投资者，向下识别产品的底层资产，并对产品运作管理实行全面动态监管。2021年9月，中国银保监会发布《银行保险机构大股东行为监管办法（试行）》（银保监发〔2021〕43号），规定中国银保监会及其派出机构按照实质重于形式的原则，加强对银行保险机构大股东的穿透监管和审查，对涉及银行保险机构的违法违规行为依法采取监管措施。

综上，穿透式监管涉及对主体、产品和嵌套层级的穿透：一是穿透识别最终投资者、底层资产和各级嵌套或投资结构，明确穿透资金来源和流向，认清交易实质；二是穿透计量风险资本、杠杆率和集中度风险等监管指标，合理评估投资风险水平；三是通过主动或被动的信息披露，协助达成穿透识别目的并提高投资透明度。2019年《办法》及2022年《办法》贯彻执行了穿透式监管的理念，以上三个角度的穿透逻辑，在保险资管产品的关联交易管理中均有体现。[①]

（二）其他资产管理产品的关联交易管理情况

根据《证券投资基金法》[②]《公开募集证券投资基金运作管理办法》[③] 关

[①] 具体为2022年《办法》中的第8条、第9条、第11条、第12条、第43条。

[②] 《证券投资基金法》第73条规定，运用基金财产买卖基金管理人、基金托管人及其控股股东、实际控制人或者与其有其他重大利害关系的公司发行的证券或承销期内承销的证券，或者从事其他重大关联交易，应当遵循基金份额持有人利益优先的原则，防范利益冲突，符合国务院证券监督管理机构的规定，并履行信息披露义务。

[③] 《公开募集证券投资基金运作管理办法》第33条规定，基金管理人运用基金财产买卖基金管理人、基金托管人及其控股股东、实际控制人或者与其有重大利害关系的公司发行的证券或者承销期内承销的证券，或者从事其他重大关联交易，应当符合基金的投资目标和投资策略，遵循持有人利益优先原则，防范利益冲突，建立健全内部审批机制和评估机制，按照市场公平合理价格执行。相关交易必须事先得到基金托管人的同意，并按法律法规予以披露。重大关联交易应提交基金管理人董事会审议，并经过2/3以上的独立董事通过。基金管理人董事会应至少每半年对关联交易事项进行审查。

于公募基金的关联交易规定，关注基金产品本身起决策作用的管理人、托管人等。关联交易认定层面，集中关注管理人、托管人的关联方承销或发行的证券以及其他重大关联交易。在信息披露机制层面，在产品的定期报告中对关联交易事项，向投资人进行披露。基金公司开展的特定客户资产管理业务，对关联交易的管理要求也基本一致。

根据《证券期货经营机构私募资产管理业务管理办法》《证券期货经营机构私募资产管理计划运作管理规定》①，对关联交易的管理一方面管控管理人、托管人及关联方等发行或承销证券的投资，防范利益冲突或不正当交易；另一方面，管控向管理人、托管人的关联方融资，避免利益输送和风险传导，与基金行业规定基本保持一致。

由于券商资管、基金公司的相关业务主要是对外资金募集，与保险资管公司治理情况以及受托管理集团内保险资金等情况存在一定的差异，对站在投资人角度的穿透管理层面，未检索到相关规定。

（三）保险资管产品关联交易管理中穿透原则的适用性探讨

对于保险资金的关联交易管理，按照"实质重于形式原则"对业务性质进行甄别，严控监管套利，填补监管空白，识别监管盲区，防止保险行业风险扩散引发系统性风险，已经成为行业共识。考虑到保险资管公司及保险资管产品本身相对于其他资产管理业务的特殊性，以及目前在关联交易的管理领域仍存在执行口径不一的客观情况，针对保险资管产品关联交易管理中穿透原则的适用，提出以下探讨建议：

1. 产品独立性与穿透管理原则兼顾。适用穿透管理原则时综合考量保险资管产品的独立性与特殊性。对于非标产品、单一投资人产品执行严格的向上向下穿透管理，明确委托人穿透管理义务以及保险资管公司的配合管理及监测义务。对于存在多个投资人的组合类保险资管产品，应充分考量集合产品的特

---

① 《证券期货经营机构私募资产管理计划运作管理规定》第 26 条规定，证券期货经营机构将资产管理计划资产投资于本机构、托管人及前述机构的控股股东、实际控制人或者其他关联方发行的证券或者承销期内承销的证券，应当建立健全内部审批机制和评估机制，并应当遵循投资者利益优先原则，事先取得投资者的同意，事后告知投资者和托管人，并采取切实有效措施，防范利益冲突，保护投资者合法权益。

除前款规定外，证券期货经营机构不得将其管理的资产管理计划资产，直接或者通过投资其他资产管理计划等间接形式，为本机构、托管人及前述机构的控股股东、实际控制人或者其他关联方提供或者变相提供融资。全部投资者均为符合中国证监会规定的专业投资者且单个投资者投资金额不低于 1 000 万元，并且事先取得投资者同意的资产管理计划除外。

殊性，兼顾产品独立性与穿透管理原则，尽量避免不公平对待客户，造成实质利益冲突。

2. 建立行业统一穿透执行标准。对于存在多个投资人的组合类保险资管产品，探讨以投资人持有比例为标尺、建立行业统一穿透执行标准。可探讨以投资人并表或达到特定持有比例（结合份额持有人大会表决比例等）作为标准，进行穿透管理，尽量避免关联交易的管理与其他投资人投资利益发生实质冲突。同时，兼顾投资标的的性质，避免未公开信息的随意披露。

3. 加强系统建设，提升管理效能。在关联交易的系统建设层面，可持续利用科技信息平台加大监管力度，使用科技手段对保险公司关联交易情况进行智能化和实时化的远程监控，并加快保险公司关联交易信息平台的建设，实现信息的互通与共享，进一步提升关联交易的管理效能以降低关联交易管理成本。

专题 4.7
保险资管公司关联交易管理的"道·法·器"[*]

从近年出现的一些金融风险事件来看,公司治理缺陷并由此派生的不正当关联交易是金融风险的重要根源之一。中国银保监会常态化开展包括保险资管公司在内的银行保险机构股权和关联交易专项整治,强化股东行为监管、董监高履职评价监管等,取得积极进展。

一、研究背景

保险资管公司关联交易管理的历次强化都与金融监管规则优化密不可分。第一代关联交易监管规则以 2007 年的《保险公司关联交易管理暂行办法》为基础,实施了 10 余年。第二代关联交易监管规则以 2019 年的《保险公司关联交易管理办法》为基础,实施时间不足 3 年。2022 年初中国银保监会发布的《银行保险机构关联交易管理办法》拉开了第三代关联交易监管规则的序幕,在关联方范围、关联交易类型、内部管理、监管措施等方面都有重大调整。

新规颁布后,关联交易管理成为行业热点。值得关注的是,强化关联交易管理过程中也遇到部分问题,尚需明确具体口径。本文研究关联交易管理的"道·法·器",旨在为相关问题的解决提供参考。

二、保险资管公司关联交易管理之"道"

《道德经》中的"道"有多层含义,或指混然一体的客观存在,有物混成且不可名;或指天地万物的根源,道生一,一生二,二生三,三生万物;或指某种规律,反者道之动。

关联交易管理之"道"是指内核与本质,是关联交易管理之"法"和"器"的基础和指导。美国学者克拉克教授曾提出,关联交易的特征在于控制权人通过其决策控制力而"同时影响该相关公司及其交易对方",从而使该关联交易实际上沦为"自我交易"或"基本自我交易",交易表面上发生在两个

---

[*] 本专题作者:中国人保资产管理有限公司,胡凌斌;上海政法学院人工智能法治研究院,马炜。

或两个以上当事方之间，实际上却只由一方决定。

需要留意的是，传统意义上的关联交易具有时代性，随着公司类型和交易类型的多样化以及法律法规的完善，关联方的控制地位、关联方在交易中的实际影响、关联交易的实际效果已经不再是简单对应关系，关联交易谱系明显扩充。即使是控制权人与公司之间的交易也不宜一概认定为"自我交易"或"基本自我交易"，控制权人与公司之间也同样会出现利益攫取型关联交易、公允型关联交易、利益输入型关联交易三类。现代意义上关联交易已经从"自我交易"或"基本自我交易"的二分法，向"自我交易""基本自我交易""市场交易"三分法进阶。例如，保险资管公司其主要发起人的保险集团（控股）公司或者保险公司与市场其他主体投资该保险资管公司发行的同一保险资管产品时，关联方和非关联方作为投资者的权利义务完全一致，均属于市场交易。

关联交易谱系由关联关系强度、公允价格偏离度及关联交易金额构建（见图4-7-1）。

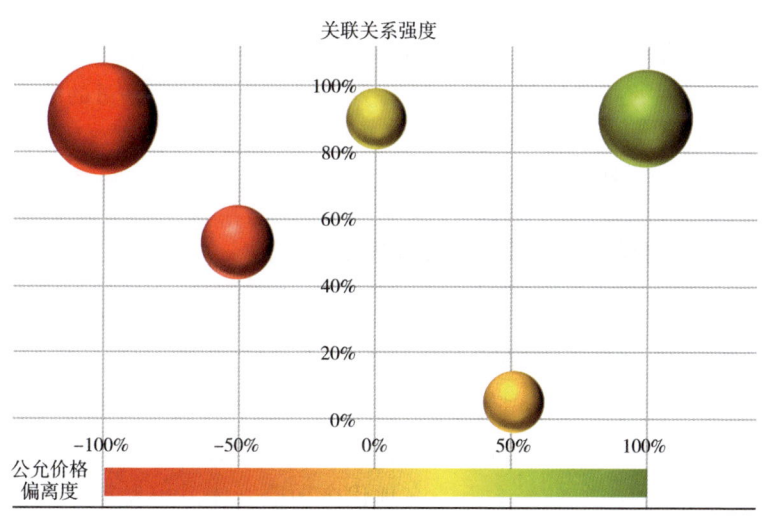

图4-7-1 关联交易谱系图

1. 关联关系的强度是关联交易管理的重要起点。关联关系的强度是判断关联方的重要依据。关联关系强度为100%时，代表关联关系为直接控制；关联关系强度为0时，代表非关联方。关联关系的强度在不同场景下应当有所差异，例如《保险资金间接投资基础设施项目管理办法》将关联关系限定为有关当事人在股份、出资方面存在控制关系或者在股份、出资方面同为第三人所控制，从而避免了过严限制。

2. 公允价格偏离度是关联交易管理的重要指标。公允价格偏离度低于0时，代表利益攫取型关联交易；公允价格偏离度等于0时，代表公允型关联交易；公允价格偏离度大于0时，代表利益输入型关联交易。利益攫取型关联交易是重点打击的违规行为。

3. 关联交易金额是关联交易管理的重要因素。关联交易金额体现为关联交易谱系图中的圆面积，圆面积大于规定值的，为重大关联交易，其余为一般关联交易。对于重大关联交易，法律法规往往有特殊的程序性和实体性规定。

在各类资管机构中，保险资管公司具有鲜明特征。作为其主要发起人的保险集团（控股）公司或者保险公司往往是其控股股东；同时，该保险集团（控股）公司或者保险公司往往也是其重要的资金委托方。此外，也存在非关联方的机构委托保险资管公司进行投资的情况。因此，保险资管公司关联交易管理的核心涉及两个层面：

1. 主体层面的关联交易，重点是保险资管公司作为受托人与其主要发起人之间单一委托的关联交易，核心是投资管理报酬的公允性。

2. 资金层面的关联交易，包括受托资金投资保险资管公司的关联方或投资委托方的关联方、自有资金投资保险资管公司的关联方，核心是资金投资的公允性和合法性。

三、保险资管公司关联交易管理之"法"

许慎在《说文解字》中对法的古体字"灋"的解释是：灋，刑也，平之如水，从水；廌，所以触不直者去之，从去。

关联交易管理之"法"是指关联交易管理所适用的法律法规。保险资管公司关联交易管理之"法"毋庸置疑首先是金融监管规则，关联交易监管是检验金融机构"初心"的试金石，在现代金融监管体系中发挥着不容忽视的"轻骑兵效应"。需要注意以下几点：

1. 从监管规则的沿革看，保险资管公司的关联交易一直没有建立直接适用的针对性规则。第一代和第二代关联交易监管规则主要是在保险公司语境之下，第三代关联交易监管规则首次在关联交易监管规则中正式将保险集团（控股）公司、保险公司、保险资管公司并称为保险机构，但仍没有针对保险资管公司关联交易特殊性加以规定（见图4-7-2）。

保险机构关联交易主要监管规则沿革

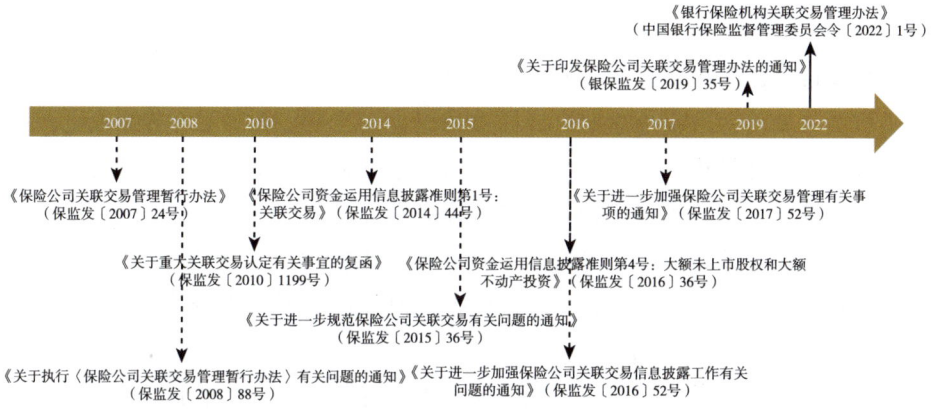

图 4-7-2　保险机构关联交易主要监管规则沿革

2. 从监管规则的内容看，除了上述关联交易直接相关的规定外，还需要留意其他监管规定中涉及关联交易的条文。例如，《关于设立保险私募基金有关事项的通知》要求保险资金设立的私募基金，投资业务涉及关联交易的，应当由决策机构中非关联方表决权 2/3 以上通过，且投资顾问委员会无异议方可实施，投资规模不得超过基金募集规模的 50%。

3. 从监管规则的制定主体看，除了原中国保监会及中国银保监会的现行规定外，还会涉及中国证监会等其他监管机构的规定。例如，对于 A 股上市公司控股的保险资管公司，还需留意中国证监会《上市公司信息披露管理办法》的相关要求。该办法将上市公司的关联交易定义为，上市公司或者其控股子公司与上市公司关联人之间发生的转移资源或者义务的事项。

关联交易管理之"法"还包括刑法、民法典、公司法、证券法及证券交易所规则、税法、会计法及会计准则等。例如，根据《刑法修正案（六）》，《刑法》第一百八十五条后增加了一条，作为第一百八十五条之一："商业银行、证券交易所、期货交易所、证券公司、期货经纪公司、保险公司或者其他金融机构，违背受托义务，擅自运用客户资金或者其他委托、信托的财产，情节严重的，对单位判处罚金，并对其直接负责的主管人员和其他直接责任人员，处三年以下有期徒刑或者拘役，并处三万元以上三十万元以下罚金；情节特别严重的，处三年以上十年以下有期徒刑，并处五万元以上五十万元以下罚金。"

"社会保障基金管理机构、住房公积金管理机构等公众资金管理机构，以及保险公司、保险资产管理公司、证券投资基金管理公司，违反国家规定运用资金的，对其直接负责的主管人员和其他直接责任人员，依照前款的规定处罚。"

根据最高人民检察院、公安部关于印发《最高人民检察院、公安部关于公安机关管辖的刑事案件立案追诉标准的规定（二）》第三十六条的规定，社会保障基金管理机构、住房公积金管理机构等公众资金管理机构，以及保险公司、保险资产管理公司、证券投资基金管理公司，违反国家规定运用资金，涉嫌下列情形之一的，应予立案追诉：（1）违反国家规定运用资金数额在30万元以上的；（2）虽未达到上述数额标准，但多次违反国家规定运用资金的；（3）其他情节严重的情形。

第一百八十五条之一第二款规定的违法运用资金罪是犯罪主体唯一包括保险资管公司的罪名，虽然尚未看到保险资管公司的相关案例，但是在保险公司的现有案例中涉及违法关联交易，值得引以为鉴。

四、保险资管公司关联交易管理之"器"

"形而上者谓之道，形而下者谓之器。"保险资管公司关联交易管理之"器"是指关联交易管理"道"的运用、"法"的执行，兼指关联交易管理的工具。

公司治理是防风险控风险的"牛鼻子"，关联交易则是这"牛鼻子"上的"牛缰绳"。公司交易管理，特别是关联交易管理，是实现公司治理终极目标的基础，是公司治理从形似走到神似的重要路径，是检验公司治理水平的客观标尺。保险资管公司在关联交易管理中具有七大抓手：

1. 内部制度。至少需包括关联交易的管理架构和相应职责分工，关联方的识别、报告、信息收集与管理，关联交易的定价、审查、回避、报告、披露、审计和责任追究等内容。还需考虑控股子公司的关联交易管理、与委托方在关联交易管理上的分工、税法/会计法相关规定的协调、中国证监会规则的适用等。

2. 组织架构。至少需明确董事会、关联交易控制委员会、关联交易管理办公室、涉及业务部门、风险审批及合规审查的部门负责人等具体职责。还需要考虑关联交易控制委员会和关联交易管理办公室的运作机制。

3. 信息档案。至少需包括关联方信息的报告、收集、校验、发布等环节。还需考虑关联自然人、关联法人或非法人组织的差异化管理、税法/会计法相关规定的协调、中国证监会规则的适用等。

4. 科技系统。需涵盖关联方和关联交易管理的全流程全数据。还需要提高关联方和关联交易管理的信息化和智能化水平，强化大数据管理能力。

5. 培训宣导。需包括外部规定和内部制度、工作流程和内部系统操作等。

6. 专项审计。每年至少对关联交易进行一次专项审计，并将审计结果报董事会和监事会。还需要及时对审计发现的问题及时整改，弥补内部管控漏洞。

7. 责任追究。遵循"事实清楚、证据确凿、责任明确、程序合法、权责对等、逐级追究、公平公正、惩教结合"的原则，根据行为性质、涉及金额、风险损失、社会影响程度等情况，在核实相关人员责任的基础上予以追究。

五、监管趋势

独立研究机构观澜榜科技在《2021年度中国关联交易金融监管报告》中对关联交易监管趋势进行了分析。

1. 监管制度升级。例如中国人民银行正在《金融控股公司监督管理试行办法》的基础上，制定金融控股公司关联交易的监管细则。中国银保监会《保险资产管理公司管理规定（征求意见稿）》，也有关联交易管理相关条款。

2. 监管技术升级。2021年，银行业保险业关联交易监管系统正式面世，逐渐发挥"看得懂、穿得透、控得住、管得好"的监管实效，成为关联交易监管数字化转型的重要里程碑。下一阶段关联交易监管有望向数智化进阶，数据被动填报向数据主动抓取转型，相关金融基础设施科技赋能监管的价值日益提升。

3. 监管范围升级。主体、交易和资金监管并行，实现穿透监管效果；公司治理监管和业务监管并重，实现交叉监管效果；事前事中事后监管并进，实现立体监管效果。

4. 监管模式升级。在既有以监管机构为主导的行政机制外，探索在风险防控中引入多元化市场主体，形成"监管＋N"的有效合力。

5. 监管处罚升级。金融监管部门开展关联交易专项检查，依法依规从严处罚。例如中国银保监会制定《关于开展保险资金运用关联交易专项检查的通知》，决定于2022年在全国范围内组织相关银保监局开展保险资金运用关联交易专项检查。

六、相关建议

（一）细化执行口径

建议进一步明确《银行保险机构关联交易管理办法》的具体口径。特别是结合关联交易谱系图相关角度,将监管重点聚焦于公允价格偏离度较高和关联交易金额较大的关联交易之上;对于自我交易和基本自我交易以外的市场交易,考虑允许纳入统一交易协议范围;明确资金层面的关联交易中委托方和保险资管公司之间合规责任划分等。

(二) 出台行业指引

由行业相关主体共同牵头,针对保险资管公司的特殊性,形成一些行业规范,特别是细化保险资管产品投资和保险私募基金投资、资本市场受托投资等关联交易认定的操作细则等。

(三) 严防隐形交易

隐匿关联关系、设计复杂交易结构、利用非关联方通道等隐形关联交易是引发风险暴露的主要原因之一。通过关联方核查、异常交易核查、重大资金流核查、信息披露核查等,强化隐形关联交易的识别,加大对违法违规行为的处罚力度。

(四) 支持社会监督

2020年度是保险机构按照《保险公司关联交易管理办法》开展关联交易信息披露的首个自然年度,独立研究机构武定侯街发布了《观澜 慎独 静思——2020年度保险机构关联交易信息披露评价指数及排行榜》,为保险资管公司对标行业提供了有价值的参考。保险机构关联交易信息披露规则尚有制度留白。在外部约束的"无人区",更能体现机构合规管理水平和合规文化状况。观水有道,必观其澜。

(五) 推动科技建设

"徒善不足以为政,徒法不足以自行。"关联交易管理存在"多口径、多主体、多交易、多数据"的四多场景,亟需智能科技辅助人力,提高管理质效。值得注意的是,从关联交易管理而言,智能科技本身不存在技术难点,如何准确理解法律法规和监管政策,精准设计系统功能才是重中之重。

专题4.8
共同投资型关联交易之探究[*]

2022年1月14日，中国银保监会发布《银行保险机构关联交易管理办法》（中国银行保险监督管理委员会令2022年第1号，以下简称2022年《办法》），自2022年3月1日起施行，原《保险公司关联交易管理办法》（银保监发〔2019〕35号）同时废止。

其中，2022年《办法》在保险机构关联交易类型中，删除了原《保险公司关联交易管理办法》"与关联方共同投资"，那么后续关联方之间共同投资是否还将构成关联交易？在保险资金运用中遇到与关联方共同投资时应该如何识别和判断关联交易？保险机构对此应如何做好合规管理？本文将围绕上述问题进行一些粗浅的探究，以期抛砖引玉、求教大方。

一、共同投资的源起

共同投资，可以追溯到19世纪60年代英国共同投资信托，即汇集不确定多数投资者的共同资金，交由专业投资机构管理，分散投资不同标的的行为。共同投资孕育了公募基金（Mutual Investment Fund）的雏形。此后，随着私募投资领域的发展，共同投资作为一种投资理念或模式，其应用从资金端扩展到资产端，私募基金与平行投资载体、联接投资载体等共同对标的企业进行投资。因此，共同投资可概括为两个以上主体共同对外投资的行为，通常具有时空同步的特点。

保险领域的"共同投资"肇始于2015年，彼时证券市场行情低迷，前海、安邦、恒大等保险公司运用大额保险资金与关联方频频共同举牌上市公司，其中以2015—2017年的"宝万之争"为标志性事件。"宝万之争"落幕后，监管部门和学术界从公司治理、并购投资、资管产品、金融创新等多个方面进行了反思，直接促使了资管新规的出台，也催生了"保险姓保"理念，保险资金规范运用和从严监管系列政策相继落地。2017年原中国保监会《关

---

[*] 本专题作者：人保资本保险资产管理有限公司，雷浩。

于进一步加强保险资金股票投资监管有关事项的通知》（保监发〔2017〕9号）落地，对险资在股票领域的共同投资进行了系统、完整的规范，保险资金举牌上市公司的热潮逐渐平息。

2018年《关于规范金融机构资产管理业务的指导意见》（银发〔2018〕106号，以下简称"资管新规"）出台，明确强调金融机构不得以资产管理产品的资金与关联方进行不正当交易、利益输送、内幕交易和操纵市场，包括但不限于与关联方共同收购上市公司等。中国银保监会在当年《保险资金投资股权管理办法》（征求意见稿）中，也延续了该监管政策，将非上市股权投资领域的共同投资也纳入从严监管范围。

整体来看，保险资金共同投资从没有监管的"一路狂奔"到监管介入后的"规范驾驶"，呈现出从严、从紧、从重的特点，通过明确禁止性投资行为和审慎投资规范，重点关注其中隐含的集中度风险、关联交易风险，从而维护金融市场的稳定和保险资金的安全（见表4-8-1）。

表4-8-1　　　　　　　　保险资金共同投资的监管规则概述

《保险公司资金运用信息披露准则第3号：举牌上市公司股票》（保监发〔2015〕121号）	第三条　保险公司举牌上市公司股票，应当于上市公司公告之日起2个工作日内，在保险公司网站、中国保险行业协会网站，以及中国保监会指定媒体发布信息披露公告。
《保险公司资金运用信息披露准则第4号：大额未上市股权和大额不动产投资》（保监发〔2016〕36号）	第十一条　保险公司与关联企业或一致行动人共同投资，达到本准则要求大额未上市股权和大额不动产投资标准的，应当按照本准则要求披露相关信息；已经按照《保险资金信息披露准则第1号：关联交易》披露本准则规定有关信息的，可以免于重复披露，但应当在信息披露公告中注明重复信息名称及披露的具体地点（网站、报刊、媒体等）。
《关于进一步加强保险资金股票投资监管有关事项的通知》（保监发〔2017〕9号）	三、保险机构收购上市公司，应当使用自有资金。保险机构不得与非保险一致行动人共同收购上市公司……保险机构与非保险一致行动人共同开展重大股票投资，经备案后继续投资该上市公司股票的，新增投资部分应当使用自有资金。 十、中国保监会对保险机构提交的事后备案材料进行审查，并在要件齐备后15个工作日内反馈备案意见；……保险机构在获得备案意见或书面核准文件前，不得继续增持该上市公司股票。中国保监会认定保险机构不符合重大股票投资备案要求或者不予核准的，有权责令保险机构在规定期限内，按照中国保监会及有关监管机构的规定进行整改。……对违反保险资金运用监管政策开展股票投资的保险机构，可以采取限制股票投资比例、暂停或取消股票投资能力备案等监管措施。 十一、保险机构与非保险一致行动人共同开展股票投资发生举牌行为的，中国保监会除要求保险机构按本通知第四条规定及时披露信息并提交报告外，还可以根据偿付能力充足率、分类监管评价结果、压力测试结果等指标采取以下一项或多项监管措施：

续表

《关于进一步加强保险资金股票投资监管有关事项的通知》（保监发〔2017〕9号）	（一）要求保险机构报告与非保险一致行动人之间其他涉及保险资金往来的活动； （二）要求保险机构报告非保险一致行动人以保险机构股权或股票向银行或其他机构质押融资情况，以及融资方符合保险机构合格股东资质的情况； （三）暂停保险机构资金最终流向非保险一致行动人的股权、不动产等直接投资，以及开展上述资金流向的债权计划、股权计划、资产管理计划或其他金融产品投资； （四）中国保监会基于审慎监管原则采取的其他措施。
《关于规范金融机构资产管理业务的指导意见》（银发〔2018〕106号）	二十四、金融机构不得以资产管理产品的资金与关联方进行不正当交易、利益输送、内幕交易和操纵市场，包括但不限于投资于……与关联方共同收购上市公司……
《保险资金投资股权管理办法》（征求意见稿，2018年10月26日）	第十八条 保险资金开展重大股权投资，不得存在以下情形：（一）与非保险实际控制人共同投资；（二）与存在关联关系的非保险股东及关联方共同投资；（三）通过合同约定、协议安排等方式与非保险投资人共同投资。

二、共同投资型关联交易的规则变迁

保险领域对于共同投资型关联交易的监管规则经历了从无到有再到取消的过程。在从无到有时期，当时保险资金投资领域比较单一、风格比较保守，原《保险公司关联交易管理暂行办法》（保监发〔2007〕24号，已废止）对关联交易类型规定较为笼统，虽然在2014年以后陆续出台了多个规范性文件进行补充，但仍未明确提出"共同投资"监管标准。2018年中国银保监会在对保险关联交易办法征求意见稿时引入共同投资关联交易类型，并在《保险公司关联交易管理办法》（银保监发〔2019〕35号，已废止）中最终明确"与关联方共同投资（含新设、增资、减资、收购合并等）"是资金运用类关联交易的情形。

2019年以来，随着防范化解重大风险、深入治理乱象等工作的推进，保险行业的规范性和稳定性逐步提升，之前一些阶段性限制措施已经制约了保险资金的运用。以《关于推动银行业和保险业高质量发展的指导意见》（银保监发〔2019〕52号）出台为标志，深化保险资金运用的市场化改革提上日程，此后监管部门开始实施差异化的审慎监管，财务性股权投资、优化保险公司权益类资产配置等监管规则陆续出台，鼓励保险资金增加实体领域投资。正是在这一大背景下，监管取消了共同投资型关联交易，通过其他规则进行规范（见表4-8-2）。

表 4-8-2　　共同投资型关联交易的规则变迁

《保险公司关联交易管理暂行办法》（保监发〔2007〕24号，已废止）	第十条　保险公司关联交易是指保险公司与关联方之间发生的下列交易活动：（一）保险公司资金的投资运用和委托管理……
《保险公司资金运用信息披露准则第1号：关联交易》（保监发〔2014〕44号）	第三条　保险公司与关联方之间开展下列保险资金运用行为的信息披露适用本准则： （一）在关联方办理银行存款（活期存款除外）业务； （二）投资关联方的股权、不动产及其他资产； （三）投资关联方发行的金融产品，或投资基础资产包含关联方资产的金融产品； （四）中国保监会认定的其他关联交易行为。 第八条　保险集团（控股）公司、保险资产管理机构发生本准则第三条所列关联交易行为，以及保险资产管理机构发起设立以关联方为交易对手或以关联方资产为基础资产的金融产品，参照适用本准则。
《关于进一步规范保险公司关联交易有关问题的通知》（保监发〔2015〕36号，已废止）	二、以下情形属于《保险公司关联交易管理暂行办法》第十条第一项所称"保险公司资金的投资运用和委托管理"：（一）保险公司在关联方办理银行存款（活期存款及在大型国有商业银行的存款除外）业务；（二）保险公司投资关联方的股权、不动产及其他资产；（三）保险公司投资关联方发行的金融产品，或投资基础资产包含关联方资产的金融产品；（四）保监会认定的其他关联交易行为。
《保险公司关联交易管理办法》（银保监发〔2019〕35号，已废止）	第十条　保险公司的关联交易，是指保险公司与关联方之间发生的转移资源或者义务的事项，包括以下类型：……（二）资金运用类：……与关联方共同投资（含新设、增资、减资、收购合并等）。 第四十条　按照本办法第三十九条规定须逐笔报告的关联交易，报告内容至少包括：……与关联方共同投资的，应当说明被投企业名称、业务模式、盈利预测、主要资产情况及保险公司与关联方间关于投资收益分配和损失分担的方案等。 第六十条……共同投资一般限于权益性投资，或者以投资于私募股权基金等金融产品的形式实质上进行权益性投资的行为。
《银行保险机构关联交易管理办法》（银保监督会令〔2022〕1号）	包括征求意见稿在内，均删除了"资金运用类关联交易"有关与关联方共同投资的规定。

三、2022年《办法》对共同投资型关联交易的影响分析

（一）共同投资是否构成关联交易的判断标准将从"行为主义"向"结果主义"转变

2019年关联交易管理办法中，通过直接规定资金运用类关联交易包括

"与关联方共同投资"情形,确立了共同投资是否构成关联交易的"行为主义"标准。2022年《办法》虽删除了"与关联方共同投资"情形,但通过识别原则、兜底条款等确立了"结果主义"标准,即在与关联方共同投资时,如果存在"可能导致利益转移"的效果或结果时,仍应识别为关联交易(见表4-8-3)。

表4-8-3 关联交易新旧规则中有关"资金运用类关联交易"类型的对比

《保险公司关联交易管理办法》（银保监发〔2019〕35号,已废止）中的资金运用类关联交易	《银行保险机构关联交易管理办法》（银保监会令〔2022〕1号）中的资金运用类关联交易	比较
在关联方办理银行存款	在关联方办理银行存款	相同
(无)	直接或间接买卖债券、股票等有价证券	新规增加
投资关联方的股权、不动产及其他资产	直接或间接投资关联方的股权、不动产及其他资产	增加直接或间接
投资关联方发行的金融产品,或投资基础资产包含关联方资产的金融产品	直接或间接投资关联方发行的金融产品,或投资基础资产包含关联方资产的金融产品	增加直接或间接
与关联方共同投资（含新设、增资、减资、收购合并等)	(无)	新规删除

2022年《办法》中第八至十二条反复强调"实质重于形式""穿透""可能导致利益转移",客观上对保险机构提出了更多的主动识别义务,也为监管部门认定关联方和关联交易明确了原则。笔者认为,在关联方识别时,意在"穿透法律关系",杜绝该办法中所禁止的"银行保险机构不得利用各种嵌套交易拉长融资链条、模糊业务实质、规避监管规定";在关联交易识别时,意在"穿透跟踪资金",通过资金流向判断是否存在关联方之间直接或间接利益输送,杜绝该办法中所禁止的"银行保险机构不得通过掩盖关联关系、拆分交易等各种隐蔽方式规避重大关联交易审批或监管要求"。

(二) 与关联方共同投资是否构成关联交易仍有待观察

如上所述,随着判断标准的变化和识别要求的提高,与关联方共同投资是否构成关联交易存在不确定性,有待监管部门后续颁布指导意见或实施细则。

笔者认为，在后续关联方共同投资情形下，不能仅因为不再规定"共同投资"而忽视关联交易的识别，如关联方共同投资中存在收益分享、损失分担、投资条件不一致等情形的，应按照实质重于形式的原则核实是否存在利益转移的情形，审慎识别和认定关联交易并履行内部决策和信息披露。

（三）从案例角度来分析 2022 年《办法》对共同投资的影响

以下以保险资金常见的共同投资形式来直观地分析 2022 年《办法》施行前后对共同投资型关联交易的影响。如图 4-8-1 所示，保险公司等关联方通常会共同认购保险私募基金的合伙份额，或关联保险资产管理公司发行的保险资产管理计划，最终私募基金或保险资产管理计划投向相同的标的企业。

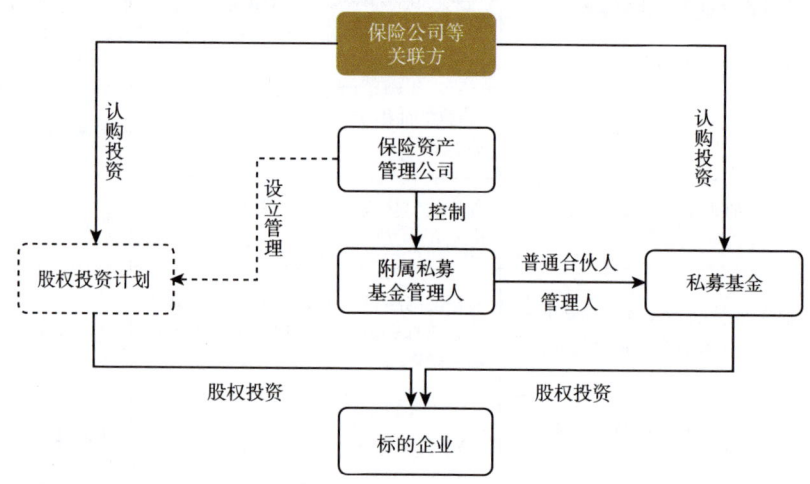

图 4-8-1 保险资金协同投资示意图

新规施行前，保险公司等关联方共同认购股权投资计划或私募基金，彼此构成资金运用类关联交易下的"共同投资"。同时，如股权投资计划或私募基金的管理人为关联方的，还与管理人构成资金运用类关联交易下的"投资关联方发行的金融产品"；保险资产管理公司（代表股权投资计划）和私募基金在构成关联方的前提下，共同投资标的企业的，将再次构成资金运用类关联交易下的"共同投资"。

新规施行后，保险公司等关联方共同认购股权投资计划或私募基金的，除非存在差异化安排等可能导致利益转移，笔者倾向于不认定为关联交易，如股权投资计划或私募基金的管理人为保险公司关联方的，笔者认为保险公司将仅与管理人构成资金运用类关联交易下的"直接或间接投资关联方发行的金融产品"。同样地，在保险资产管理公司（代表股权投资计划）和私募基金构成关联方的前提下，除非存在差异化安排等可能导致利益转移，共同投资标的企业的行为，笔者也倾向于不再认定为关联交易。

四、合规管理建议

2022 年《办法》作为银行保险机构关联交易管理空前的集大成者，将对后续关联交易管理产生深远影响，实质重于形式和穿透原则对表外业务、资管产品等领域的关联交易管理提出了新的要求。未来在共同投资时，应注意从以下方面加强合规管理：

（一）按照穿透原则审视共同投资的具体情形

如上文所述，在存在共同投资的行为外观时，应注意穿透下的实质重于形式的判断，审视关联方之间在共同投资时是否存在导致利益转移的情形。此外，如果穿透后投向的基础资产本身还涉及其他关联方的，还需要在金融产品端、投资端识别关联交易基础上，对穿透后的关联交易再次进行识别。

（二）区分接续投资、追加投资等市场化投资机制下的情形

通常意义上的共同投资，关联方之间在事件、合同等行为上步调一致。但实践中还存在与关联方分别参与不同轮次的接续投资、继续参与同一投资标的的追加投资等具有"共同投资"效果的投资，对于该类情形是否属于关联交易，笔者认为应区别来看。

接续投资下，如采取公允的市场化定价和投资条件，关联方先后轮次参与投资是对市场机会的自主选择，笔者认为不宜仅因关联方分别投资了不同的轮次而认为存在利益转移等关联交易情形，也不应因存在关联方在先投资而阻碍或限制其他关联方继续参与后续轮次的投资机会。其例外情形是，如后续轮次投资定价不公允或存在与关联方在先投资的风险收益分配特殊安排的，则存在利益输送或转移的嫌疑，需引起重点关注；如后续轮次投资的交易对象本身为前序轮次的投资标的等，该等情况下本身构成关联交易。

追加投资下，如同一主体在前序轮次投资基础上，对后续轮次追加投资的，一方面其本质也是对市场机会的自主判断和选择，另一方面同一主体之间无法构成关联交易，因此笔者倾向于认为该等情况下不宜认定为关联交易。其例外情形是，如同一主体受托管理的不同资金先后参与投资，不同资金之间不存在关联关系的，需关注的是公平交易问题和受托人勤勉尽责问题；资金来源之间存在关联关系的，参照上述接续投资处理；如同一主体使用自有资金和受托管理的资金先后参与投资的,笔者认为此时并非关联交易规则的规制范围,而应主要关注利益冲突下的公平交易问题。

(三)注意对共同投资下集中度的限制

如上分析,2022年《办法》施行后,共同投资是否构成关联交易仍存在不确定性,需全面、审慎理解和应用现行有效的其他规则中对共同投资行为的集中度限制。如2022年《办法》第二十条将关联交易集中度比例下调,保险机构投资金融产品,若底层基础资产涉及控股股东、实际控制人及其关联方的,保险机构购买该金融产品的份额不得超过该产品发行总额的50%(原关联交易管理办法为60%);如保险资金投资集合信托时,除信用等级为AAA级的集合资金信托外,保险集团(控股)公司、保险公司及其关联方投资同一集合资金信托的投资金额,合计不得高于该产品实收信托规模的80%等。

专题 4.9
保险私募基金关联交易常见问题初探[*]

2022 年 1 月 10 日，中国银保监会公布了《银行保险机构关联交易管理办法》（中国银行保险监督管理委员会 2022 年第 1 号令）（以下简称 2022 年《办法》）。2022 年 3 月 1 日，2022 年《办法》开始施行，正式取代了中国银保监会 2019 年发布的《保险公司关联交易管理办法》（银保监发〔2019〕35 号）（以下简称 2019 年《办法》）。

虽然保险私募基金[①]不是 2022 年《办法》的直接监管对象，但鉴于 2022 年《办法》第三十八条规定，保险机构应"对其控股子公司与银行保险机构关联方发生的关联交易事项进行管理，明确管理机制，加强风险管控"，且笔者认为，保险私募基金的保险系背景使其落入 2022 年《办法》项下保险机构控股子公司范围，因而其上级保险机构有必要以第三十八条为依据对保险私募基金的关联交易事项实行一定程度的管理。换言之，保险私募基金的关联交易需要遵守 2022 年《办法》的部分相关规定。

从配合保险机构上述合规需求出发，本文以 2022 年《办法》为主要依据，结合 2022 年《办法》对 2019 年《办法》的修订，以图 4-9-1 中的保险私募基金出资架构为例，对保险私募股权投资基金从发起设立到开展投资业务过程中涉及的关联方识别、关联交易认定、关联交易管理等需遵守的 2022 年《办法》项下相关规定及实操进行分析论述，以资探讨。

---

[*] 本专题作者：人保资本股权投资有限公司，刘洋、张晋超。
[①] 指依据《中国保监会关于设立保险私募基金有关事项的通知》（保监发〔2015〕89 号）设立并运营的私募股权投资基金。

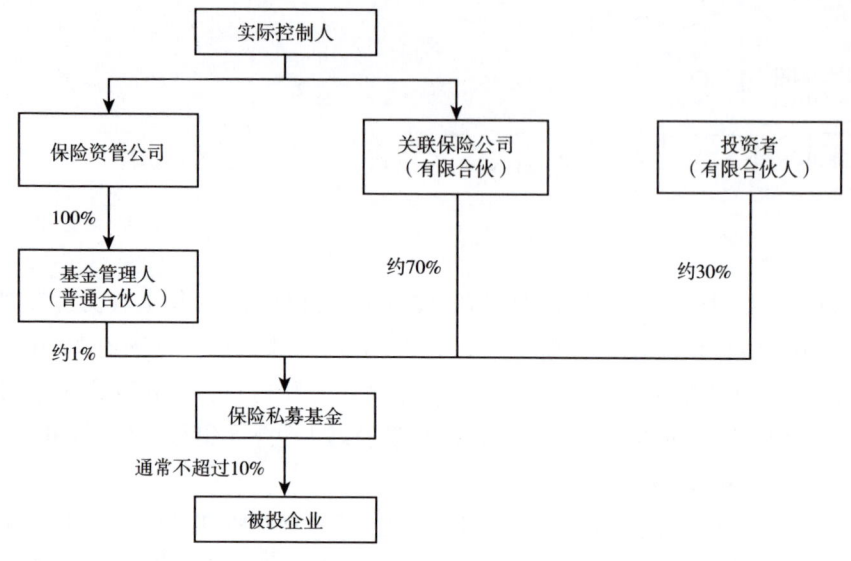

图4-9-1 保险私募基金出资架构

注：（1）保险资管公司与关联保险公司互为受共同控制的关联方。

（2）基金管理人（普通合伙人）为公司，保险私募基金为有限合伙企业。

一、保险私募基金的关联方身份

（一）保险私募基金构成保险资管公司的关联方、控股子公司

根据2022年《办法》第五条[①]、第七条[②]的规定，保险机构控制的法人或非法人组织为保险机构的关联方。第六十五条[③]对"控制"和"控股子公司"均做了具体定义。另根据《合伙企业法》的规定及保险私募基金合伙协议的惯常约定，管理人执行合伙事务，有权对合伙企业的财产进行投资、管理、运

[①] 第五条 银行保险机构的关联方，是指与银行保险机构存在一方控制另一方，或对另一方施加重大影响，以及与银行保险机构同受一方控制或重大影响的自然人、法人或非法人组织。

[②] 第七条 银行保险机构的关联法人或非法人组织包括：

（一）银行保险机构的法人控股股东、实际控制人，及其一致行动人、最终受益人；……

（三）本条第（一）项所列关联方控制或施加重大影响的法人或非法人组织……

（四）银行保险机构控制或施加重大影响的法人或非法人组织；……

[③] 第六十五条 本办法中下列用语的含义：

控制，包括直接控制、间接控制，是指有权决定一个企业的财务和经营决策，并能据以从该企业的经营活动中获取利益。

控股子公司，是指对该子公司的持股比例达到50%以上；或者持股比例虽不足50%，但通过表决权、协议等安排能够对其施加控制性影响。控股子公司包括直接、间接或共同控制的子公司或非法人组织。

用和处置，有限合伙人不执行合伙事务，监督管理人执行合伙事务。

综合以上规定和约定，本文认为基金管理人（普通合伙人）（以下简称"管理人"）虽不持有保险私募基金过半数份额，但通过协议安排，有权决定基金的财务和经营决策，并能据以从基金的经营活动中获取利益，因此，管理人对基金形成直接控制。同时，由于保险资管公司能够直接控制作为其全资子公司的管理人，并通过全资子公司管理人形成对保险私募基金的间接控制，因此，保险私募基金构成保险资管公司的受控制关联方。

进一步而言，保险私募基金作为合伙企业符合 2022 年《办法》第六十五条规定的非法人组织性质，属于保险资管公司的控股子公司。

（二）保险私募基金是否构成关联保险公司的关联方

站在保险资管公司的角度，通过确认"间接控制"这一条关系链条即可明确得出保险私募基金是其关联方的结论。但站在关联保险公司的角度，保险私募基金是否构成其关联方，则需探讨两条关系链条，且得出的结论并不一致。

如前所述，保险私募基金的有限合伙人不执行合伙事务，监督合伙事务的执行，不宜认定为具有保险私募基金的财务和经营决策权或参与决策的权力，仅从这个角度看，保险私募基金不构成其有限合伙人（即保险机构 2、保险机构 3 及其他投资者）的关联方。

但另一方面，2022 年《办法》第七条规定保险机构的实际控制人（直接和间接）控制的法人或非法人组织均为该保险机构的关联方。这一原则不仅导致保险资管公司自身是关联保险公司受同一实际控制人共同控制的关联方，还可以推导出，保险资管公司的控股子公司（即保险私募基金）也是关联保险公司受同一实际控制人共同控制的关联方。

二、保险私募基金发起设立过程的关联交易管理

就本文所指的基金架构，保险资管公司虽未对保险私募基金直接出资，但其全资子公司作为普通合伙人向保险私募基金进行了出资。鉴于 2022 年《办法》的穿透原则，可以视为保险资管公司对保险私募基金进行了间接出资，因此本部分将探讨保险资管公司与关联保险公司向保险私募基金出资的行为是否构成关联交易。

（一）关联交易的识别

保险资管公司和关联保险公司互为关联方，从 2019 年《办法》规定的角

度,其向基金出资属于共同投资行为,构成资金运用类关联交易。

不过,2022年《办法》已将"共同投资"的表述删除,不再将其列为保险机构关联交易的类型之一。在中国银保监会关于2022年《办法》的指导细则出台前,出于审慎考量,可以2022年《办法》第十一条[①]、第十二条[②]对关联交易的认定基本原则作为评估共同投资是否构成关联交易的标准:若共同投资在实质上不存在关联方之间利益转移[③]情形的,应可以确定地将该共同投资行为排除在关联交易之外。

1. 保险资管公司和关联保险公司向基金出资不构成"共同投资"的关联交易

就保险资管公司和关联保险公司共同出资保险私募基金的行为,考虑到通常情况下,普通合伙人、有限合伙人向基金的共同出资通常不会发生各合伙人之间的利益转移,因此不应将该种共同出资行为视为关联交易。

2. 关联保险公司向管理人发起设立的基金出资构成"投资关联方发行的金融产品"的关联交易

根据2022年《办法》第七条,管理人为关联保险公司的实际控制人通过保险资管公司间接控制的法人,应认定为关联保险公司的关联方。就关联保险公司投资关联方发起设立的保险私募基金的行为,本文认为2022年《办法》第十七条规定的资金运用类关联交易类型中的"投资关联方发行的金融产品"更符合该项交易的实质。理由在于,《中国保险监督管理委员会关于加强和改进保险资金运用比例监管的通知》(保监发〔2014〕13号)[④]在权益类资产的描述中,已明确了股权投资基金的金融产品属性。另外,2019年《办法》第十条规定的关联交易类型中,也已将"投资关联方发行的金融产品"作为资金运用类关联交易情形之一。

(二) 关联交易金额的计算

由于构成"投资关联方发行的金融产品",就关联交易金额的计算,考虑

---

① 第十一条 银行保险机构应当按照实质重于形式和穿透原则,识别、认定、管理关联交易及计算关联交易金额。……
② 第十二条 银保监会或其派出机构可以根据实质重于形式和穿透监管原则认定关联交易。……
③ 2022年《办法》第十条 银行保险机构关联交易是指银行保险机构与关联方之间发生的利益转移事项。
④ 附件:三、权益类资产……境内、境外未上市权益类资产品种主要包括未上市企业股权、股权投资基金等相关金融产品,以及其他经中国保监会认定属于此类的工具或产品。

到保险私募基金设立时底层资产尚不能确定及保险私募基金的投向要求[①]，本文认为应适用 2022 年《办法》第十八条第（一）项规定的"投资于关联方发行的金融产品且基础资产不涉及其他关联方的，以发行费或投资管理费计算交易金额"，即管理人从保险私募基金收取的基金管理费金额。

三、基金投资的关联方及关联交易认定

（一）委派董监高与关联方认定

基于 2022 年《办法》第六十五条[②]，保险机构向被投企业派驻董事、监事或高级管理人员被视为对被投企业施加重大影响，进而认定被投企业为保险机构关联方。

在保险私募基金投资中，保险私募基金作为少数股东，为更多获悉被投企业经营信息并参与企业决策，往往会争取被投企业的董事会席位，或向被投企业委派监事或高级管理人员。在此情形且无其他安排下，从保险机构关联交易管理角度出发，需解决的问题是：能否仍适用 2022 年《办法》第六十五条，视为保险资管公司对保险私募基金被投企业间接施加重大影响，进而认定保险私募基金的被投企业构成保险机构关联方？

就目前来看，通常出于如下不确定性，上述问题在实践中尚未统一标准。

1. 2022 年《办法》第六十五条的"重大影响"是否包括间接重大影响？

实务中，保险私募基金向被投企业派驻董监高，被派驻的人士通常为管理人的董事、高级管理人员或投资决策委员会委员，而管理人的这些人士通常均由管理人的母公司（即保险资管公司）委派或母公司选举的董事会委派。在前述背景下，穿透认定保险资管公司对被投企业施加（间接）重大影响、从而将被投企业视为保险资管公司的关联方，有其理论合理性。但是否符合监管初衷、是否在监管实操及保险机构关联交易合规管理的过程中足够可行，尚有待观察。

---

① 《中国保监会关于设立保险私募基金有关事项的通知》（保监发〔2015〕89 号）：二、保险资金设立私募基金，投资方向应当是国家重点支持的行业和领域，包括但不限于重大基础设施、棚户区改造、新型城镇化建设等民生工程和国家重大工程；科技型企业、小微企业、战略性新兴产业等国家重点支持企业或产业；养老服务、健康医疗服务、保安服务、互联网金融服务等符合保险产业链延伸方向的产业或业态。

② 第六十五条 ……重大影响，是指对法人或组织的财务和经营政策有参与决策的权力，但不能够控制或者与其他方共同控制这些政策的制定。包括但不限于派驻董事、监事或高级管理人员、通过协议或其他方式影响法人或组织的财务和经营管理决策，以及银保监会或其派出机构认定的其他情形。

2. 保险私募基金对被投企业股东（大）会或董事会的决策权大小是否影响"重大影响"的认定？

保险私募基金在被投企业股东（大）会、董事会的投票权，在不同被投企业中差别较大，有些享有对特定事项的独家一票否决权，有些为联合其他股东的否决权（如需达到某轮投资人的一定比例），有些没有任何否决权。最后一类情形如被视为构成保险私募基金对被投企业的"重大影响"，并进一步适用2022年《办法》第六十五条，穿透认定为保险资管公司对基金被投企业构成"间接重大影响"，则可能对2022年《办法》的适用显得过于谨慎。

但不可否认的是，2022年《办法》第六十五条为保险机构、保险私募基金遵守该条划定了一条明确的界限，如果从严适用，实际上更方便满足合规需求。但如何同时兼顾商业考量，还有待行业在运行过程中探索并形成共识。

（二）追加投资的关联交易问题

如果本部分第（一）项所论述的被投企业，由于保险私募基金向其派驻了董监高而被视为保险资管公司的关联方，那么因此带来的问题将会是：保险私募基金对已派驻董监高的被投企业（以下简称"关联方"）追加投资是否合规？若合规，保险资管公司对此类关联交易应如何管理？

1. 向关联方追加投资的合规性问题

从现行有效的监管规定来看，保险资金能否投资关联方股权存在解释空间。《保险资金投资股权暂行办法》（保监发〔2010〕79号，以下简称"79号文"）第十二条规定，保险资金直接或者间接投资股权，该股权所指向的企业与保险公司、投资机构应不存在关联关系。就该条来看，保险资金不得投资保险机构关联方股权，无论该投资是直接还是间接形式。适用到本文讨论的向保险机构关联方追加投资的情形，已被79号文所禁止。

然而，2022年《办法》并未对保险机构投资关联方股权的行为加以禁止，尤其第十七条规定的"投资基础资产包含关联方资产的金融产品"的关联交易类型给了保险资金通过金融产品投资关联方股权可解释的余地。另一方面，《中国保监会关于设立保险私募基金有关事项的通知》（保监发〔2015〕89号，以下简称"89号文"）对保险私募基金涉及关联交易的投资应履行的审议程序进行了规定①。由此可见，89号文同样未否定保险资金通过保险私募基金

---

① 保险资金设立的私募基金，投资业务涉及关联交易的，应当由决策机构中非关联方表决权2/3以上通过，且投资顾问委员会无异议方可实施，投资规模不得超过基金募集规模的50%。

投资保险机构关联方股权的合规性。

基于上述，若肯定79号文对保险私募基金追加投资关联方的适用性，则意味着该类交易应被禁止。然而实务中，为了持续扶持符合产业政策、具备良好成长性的被投企业并实现保险资金的有效运用，保险私募基金往往有意愿对关联方进行追加投资。如何在合规前提下满足业务需求，有待行业运行中加深对监管规则的理解并运用。

2. 向关联方追加投资的关联交易类型

如果保险私募基金向关联方追加投资被监管允许，那么此类交易即属于保险资管公司控股子公司与保险资管公司的关联方发生的交易，因而需要判定此类交易的交易类型，以作为保险资管公司对交易进行管理的基础。

本文认为，该类交易属于"投资关联方股权"的资金运用类关联交易，而不属于"投资于关联方发行的金融产品且基础资产涉及其他关联方"的资金运用类关联交易，因为2022年《办法》第十七条规定的"投资基础资产包含关联方资产的金融产品"更多的是指金融产品设立发行的投资行为；金融产品在后续投资中，仅因产品对外投资行为本身而导致新增关联方的，是否仍属于投资于基础资产涉及关联方的金融产品的情形，值得商榷。

3. 向关联方追加投资的关联交易管理问题

在将保险私募基金对关联方追加投资视为"投资关联方股权"的资金运用类关联交易的情况下，可以解答下列两个合规问题：

第一，是否构成保险资管公司的重大关联交易。

该交易应适用2022年《办法》第十八条规定的"买入资产的，以交易价格计算交易金额"，并据此判断是否构成保险资管公司的重大关联交易。

第二，是否符合保险资管公司的关联交易比例要求。

保险机构资金运用类关联交易应符合2022年《办法》第二十条规定的比例要求，保险机构与控股的非金融子公司投资关联方的账面余额及购买份额应当合并计算并符合比例要求。因此，实施追加投资关联方的交易前提是符合第二十条的比例要求。

在追加投资的关联交易符合监管要求的情况下，保险资管公司应对该交易如何管理，2022年《办法》与2019年《办法》的措辞有所不同（见表4-9-1）。

表 4-9-1　　　新旧条款关于追加投资的关联交易
管理的措辞异同

2019 年《办法》	2022 年《办法》
第十条　保险公司控股子公司与保险公司的关联方发生的上述事项，<u>按照保险公司的关联交易进行管理</u>，但控股子公司为上市公司或已受行业监管的金融机构的除外	第三十八条　银行保险机构<u>应</u>对其控股子公司与银行保险机构关联方发生的关联交易事项进行管理，明确管理机制，加强风险管控

在 2022 年《办法》项下，保险机构应如何管理控股子公司与保险机构关联方发生的交易有待于实践中进一步明确。本文根据新旧条款的措辞调整以为，2022 年《办法》较 2019 年《办法》给予了保险机构更多的自主权，然而对该自主权把握的尺度有待在行业内达成共识。

本文希望通过对 2022 年《办法》的粗浅解读和初步探讨，有助于在保险私募基金关联交易管理的合规工作中更好地执行 2022 年《办法》的相关要求，协助保险机构防范合规风险。

专题 4.10
从高风险机构看保险资金运用关联交易的风险防控[*]

2022 年 1 月，中国银保监会发布了《银行保险机构关联交易管理办法》（以下简称 2022 年《办法》），并下发了《关于开展保险资金运用关联交易专项检查的通知》（以下简称《通知》），在全国范围内组织开展保险资金运用关联交易专项检查，重点关注对象为以资本运作为主业的金控或隐形金控平台，以及以多元发展激进扩张的产业资本为股东的中小型保险机构。

关联交易是一种普遍存在的经济活动，本质是一种利益冲突交易，交易表面上发生在两个或者两个以上当事方之间，实际上却只由一方决定[①]。关联交易参与双方地位实质上不平等，又使得关联交易常常成为管理层及大股东侵占公司利益的重要手段。

保险公司具有经营周期长、汇聚资金量大的特点。从近年来公开报道的行业高风险机构案例来看，形成风险的根源在于公司治理失效，主要表现形式是大股东、实际控制人等通过不正当关联交易侵占、套取保险资金。笔者对近年来公开报道的高风险保险机构资金运用关联交易存在问题进行分析，并对完善保险资金运用关联交易管理提出相关建议。

一、保险资金运用违规关联交易是形成高风险机构的重要原因

根据公开报道材料，从安邦保险集团、明天系保险公司等来看，形成高风险的根源在于公司治理失效，主要表现形式是违规关联交易套取保险公司资金。大股东、实控人通过隐蔽关联交易，将保险资金转移到关联公司，最终酿成重大风险。[②]

根据公布的判决书，安邦保险集团实控人对安邦系公司与产业公司实施明

---

[*] 本专题作者：大成（上海）律师事务所，陈胜；大成律师事务所，王德明。
[①] 刘道远："关联交易本质论反思及其重塑"，《政法论坛》，2007 年第 6 期。
[②] 引自"监管关联交易细节"，《财新周刊》，2021 年第 26 期。

暗两条线管理的方式，将安邦的保费资金转移至产业公司，完全游离于关联交易管理体系之外。据公开报道，个别保险公司投资底层资产为信托受益权/收益权、股权收益权的产品，资金最终流向了大股东或实控人；某人寿公司通过资管等通道，将保险资金间接存入关联银行，再以存款质押的方式，为控股股东关联公司的银行汇票承兑合同提供质押担保，通过这种方式为大股东提供流动资金。

这些违规关联交易均没有披露，也没有纳入公司关联交易管理流程。在监管检查或清产核资程序中风险暴露，计提了高额的减值准备，公司认可资产大幅度下降，导致保险公司偿付能力出现巨大的问题。

二、保险资金运用关联交易存在的主要问题

（一）关联方识别不全面

全面识别关联方是关联交易有效的前提，部分保险公司关联方名单没有穿透到实际控制人及实际控制人控制的机构，关联方范围大大缩小，关联交易的第一道关口失守。从公开报道案例看，有的保险公司大股东、实控人控制的非保险机构、私募投资机构等没有纳入关联方名单；个别保险机构实控人设立众多的壳公司，保险资金通过信托、私募股权基金等渠道投资这类空壳公司股权或股权受益权产品；有的保险公司关联方名单仅包括工商登记可查询的第一层股东及其关联方，再向上层级的关联方没有穿透识别；还有部分保险公司实际控制人控制的其他金融机构互相之间不认定为关联方，没有纳入关联方名单管理。从近年来发生的一些案例来看，个别保险机构管理人员和关键岗位人员设立、参股投资咨询、私募机构等公司，没有纳入关联方名单。

（二）部分非标项目没有穿透认定关联交易

部分保险资金通过信托、资管计划、私募等多层嵌套，利用信托的天然隔离功能和私募基金非公开等法律属性，来隐匿关联交易。部分公司保险资金投资大量的股权收益权、信托受益权/收益权等，这类受益权/收益权没有明确的法律属性，也缺乏有效的登记方式，往往成为实际控制人挪用保险资金的工具。

保险资金运用以资金流向为线索的全程监控制度没有有效落实。部分公司大股东操纵、隐匿保险资金真实去向，保险资管公司只了解私募基金或信托等非标产品，对该私募或信托项目的底层资产及具体资金流向完全不掌握。还有部分实控人为金融集团公司，金融集团拥有多个牌照，内部协作完成套取保险资金的完整循环，增加了识别的难度。

（三）关联交易审查及披露机制失效

部分保险公司实际控制人、大股东凌驾于关联交易之上，直接安排其控制的公司之间进行关联交易，进行利益输送。从风险公司案例来看，董事会对重大关联交易的审批和把关机制没有发挥作用，独立董事对关联交易合法性和公允性发表独立意见也流于形式。

保险机构通常根据监管要求建立了关联交易管理机制，明确了关联交易管理部门，建立了关联交易的识别、审批、报告流程机制，但公司内部关联交易控制机构存在对下不对上的问题，特别是对涉及大股东、实控人的关联交易管理失效。

三、强化保险资金运用关联交易的建议

（一）全面识别、披露关联方

全面识别关联方是关联交易机制有效的前提。2022年《办法》扩大了关联方范围，在保险机构的股东、实际控制人基础上，扩展至大股东、实际控制人的一致行动人、最终受益人，再扩展至所有关联法人和关联自然人所控制或施加重大影响的法人或非法人组织，关联方范围明显扩大。

1. 加强大股东、实控人关联方管理。实践中的难点是识别大股东、实控人及其一致行动人、最终受益人所控制的关联方，这些关联方在公司之外，只能依赖于大股东、实控人配合提供，因此必须要压实大股东、实控人的责任。实际控制人、大股东要公开承诺，完整披露关联方，承诺不通过掩盖关联关系等方式规避关联交易审查，并对提供关联方等信息的真实、准确、完整性承担责任。实控人、大股东提供的关联方名单，应在保险机构网站和行业协会网站上公布，接受社会监督。

2. 加强保险机构内部人员的关联方管理。2022年《办法》第六条规定，银行保险机构的董事、监事、总公司和重要分公司的高级管理人员，以及具有大额授信、资产转移、保险资金运用等核心业务审批或决策权的人员为关联自然人，上述关联自然人控制的法人或其他组织，也列入关联方名单。

近年来，随着保险资管规模不断扩大，资管公司根据业务需要设立了众多的保险私募、不动产等各类子公司，这些子公司高管人员都属于关联自然人。2022年《办法》中特别增加了对保险资金运用有审批或决策权的人员，包括具有项目立项、投决等核心业务审批和决策权的中层管理人员和关键岗位人员，也应当列入关联自然人范围。

近年来，资本市场出现个别案例，投资机构内部关键岗位人员，通过隐蔽手段设立私募机构、投资咨询等公司，与资管机构进行交易，涉嫌不公平的利益输送问题。因此，保险机构对合作的投资咨询、私募管理等机构是否具有关联关系也应进行核查。

3. 根据实质重于形式和穿透的原则主动认定关联方。2022年《办法》规定，银行保险机构应按照实质重于形式和穿透的原则，认定对规定的关联方可施加重大影响的法人或非法人组织为关联方。与银行保险机构发生或可能发生未遵守商业原则、有失公允的交易行为，并可据以从交易中获取利益的自然人、法人或非法人组织，也应按照实质重于形式原则认定为关联方。

因此，保险机构应建立关联交易的主动识别机制，对于没有主动申报或者关联交易系统没有记录的，如果有可能存在利益倾斜情形的交易，应该保持合理怀疑，按照实质重于形式和穿透原则，认定为关联方。

（二）对信托私募等非标产品加强穿透披露

2022年《办法》规定了资金运用类关联交易，新增了间接资金运用方式也应纳入关联交易，包括直接或间接投资关联方的股权、不动产及其他资产，直接或间接投资关联方发行的金融产品，或投资基础资产包含关联方资产的金融产品等。

2022年《办法》第二十七条规定了保险资金运用中的禁止性行为，银行保险机构不得通过掩盖关联关系、拆分交易等各种隐蔽方式规避重大关联交易审批或监管要求，不得利用各种嵌套交易为股东及其关联方违规融资、腾挪资产、空转套利、隐匿风险等。第二十九条强调，保险机构不得借道不动产项目、非保险子公司、信托计划、资管产品投资，或其他通道、嵌套方式等变相突破监管限制，为关联方违规提供融资。

上述均为近年来高风险保险机构存在的突出问题，也是监管机构组织保险资金运用专项检查的重点领域。对保险机构来说，应重点做好以下方面：

1. 非标金融产品穿透到最终用资人和投资标的。保险资金运用中投资的信托受益权、股权受益权等应制定更严格的披露监管要求，对实际权益持有人、最终受益人等进行穿透认定及披露。间接股权投资必须穿透披露到最底层资产，投资标的企业应符合《保险资金投资股权暂行办法》中的规定。

2. 强化资管产品信息透明化披露。增强资管产品中信息可理解性，对于容易引发风险的私募、信托等产品，需要提高信息披露透明度，穿透披露底层资产，防止投资空壳公司及暗箱操作风险。

(三) 强化资管公司的关联交易审查和披露机制

2022年《办法》第三十九条规定，保险机构董事会对关联交易管理承担最终责任，董事会应当设立关联交易控制委员会，负责关联交易管理、审查和风险控制。关联交易控制委员会、涉及业务部门、风险审批及合规审查的部门负责人对关联交易的合规性承担相应责任。保险机构应在管理层面设立跨部门的关联交易管理办公室，明确关联方识别维护、关联交易管理职责。2022年《办法》新增内部问责机制，对于未按照规定报告关联方、违规开展关联交易等情形，应当按照内部问责制度对相关人员进行问责。

防范关联交易风险根本还在于提高保险机构自身的风险风范能力，提高风险管理水平。对保险机构来说，应抓好以下方面：

1. 加强董事会关联交易委员会工作机制。董事会承担关联交易最终职责，主要的抓手在于发挥好董事会关联交易委员会的作用，提高关联交易委员会独立性。保险机构应健全关联交易委员会工作机制，适当增加专业委员会会议次数，对公司关联交易情况进行审查，听取管理层关联交易办公室工作汇报，提高关联交易治理机制的有效性。

2. 强化管理层关联交易管理办公室的专业性和独立性。管理层关联交易办公室承担日常的关联交易管理职能，成员应当包括合规负责人、首席风险官以及业务、财务、风险等部门负责人，建立明确的工作机制和流程，有效覆盖关联交易管理的各个方面，对于发现关联交易存在的问题，及时提交管理层讨论，必要时提交董事会及关联交易专业委员会审议。

专题五
金融机构关联交易管理的借鉴

专题 5.1
利益冲突视角下的金融机构关联交易浅析*

"传统"的关联交易是公司治理领域的概念，重点在于防范公司内部人员侵占公司利益、损害股东利益，以及大股东侵占公司利益、损害中小股东利益的风险。从金融行业关联交易管理实践可以进一步看出，凡是存在所有权（包括股权以及金融行业投资人、消费者的资金所有权等）与交易控制权（包括经营权、受托管理权、实际控制权等）的分离，均会存在一定程度的关联交易风险。

如何处理受托管理人（包括从事受托管理业务的信托公司、资产管理公司、基金管理公司等）通过关联交易损害投资人的利益，以及从事吸纳资金、负债经营业务的银行保险机构通过关联交易损害银行保险消费者的利益，是金融行业关联交易管理中更为急迫的问题，其重要性甚至强于防控传统的以侵害公司、中小股东利益为重点的关联交易。

从理论和实践层面看，"关联交易"管控不可以"一禁了之"：一方面，关联交易管理需要以一定的规则逻辑为前提，在复杂的市场实操面前，规则可能会"误伤"一些形式上属于关联交易、但实质上不存在关联交易风险的交易；同时，也可能诱发通过"创新"设计规避关联交易规则的交易。另一方面，在企业集团化运营的背景下，某些关联交易其实符合利益相关各方的整体利益，简单禁止不利于行业发展。

目前，传统的公司治理领域关联交易的规制方式尚存在一定争议[①]，金融领域的关联交易规范管理机制还需要同时处理上述其他利益冲突相关的关联交易问题，其难度可想而知。

---

* 本专题作者：国寿投资保险资产管理有限公司，宋朝钦。

① 近年来，相关学者关于世行"营商环境评估"中的关联交易规制相关指标，以及我国《公司法》等法律领域的关联交易防范机制进行了诸多批判性研究，相关研究成果参见汪青松："关联交易规制的世行范式评析与中国范式重构"，《法学研究》2021年第1期；施天涛："公司法应该如何规训关联交易？"，《法律适用》2021年第4期；冯占省："关联交易：概念确立、规范定位及制度创新"，《学海》2021年第6期等。

本文将从利益冲突的视角梳理金融行业需应对的关联交易风险，对比讨论金融行业关联交易的重点风险领域，并对目前的银行保险业关联交易监管规定相关机制提出相关建议。

一、以利益冲突为视角的关联交易

公司治理框架内的关联交易，出发点是应对公司内部人员与公司、公司股东的利益冲突，以及公司大股东与公司、公司中小股东的利益冲突。由此出发，通过界定关联方和需重点关注的交易的范围，明确关联交易的认定规则，并进而规定关联交易的审查、披露等机制。

这时就产生了一个独立于利益冲突视角、以逻辑规则为视角的关联交易，即凡是与按照一定规则界定的关联方之间发生的、符合规定范围类型的交易，都属于关联交易，并相应需要遵守基本相同的审查、披露等要求。

在公司治理以外的其他利益冲突更为凸显的金融领域，如果仅适用以公司治理中的利益冲突为出发点的关联交易逻辑规则，可能出现关联交易风险定位不准确、管理机制难以有效防控风险等问题。因此，有必要重新回归利益冲突的出发点，审视关联交易及规制规则。

（一）利益冲突不限于公司治理领域

公司治理领域中，传统的利益冲突主要包括"内部人控制"冲突和"隧道挖掘"冲突。

"内部人控制"冲突的根源是公司制下所有权与经营权的分离，主要是指公司内部管理人员根据公司所有者的"委托"对公司进行运营管理，但由于其自身与公司所有者的目标利益不完全一致，从而可能利用内部人员相对于外部成员（包括公司股东、债权人、监管机构等）的信息差以及控制力度等优势，谋求与公司以及外部成员不一致的利益。"隧道挖掘"冲突的根源是公司不同所有者间利益的不一致，其中对公司具有控制性影响力的大股东可以利用其控制力，通过滥用、占用公司资源等行为为侵害公司以及公司中小股东的利益。

除了上述公司治理层面的利益冲突，金融企业在日常业务中还存在以下两类利益冲突：

一是与受托管理业务相关的利益冲突：即信托公司、保险资管机构、基金管理人等从事受托管理业务的公司，可能使用募集资金进行不当关联交易、损害金融产品投资人的利益。

二是与负债业务相关的利益冲突：银行机构吸纳存款、保险机构销售保险产品，从事负债业务，对外投资是此类机构获得经营收益的重要方式之一；同时，进行久期、风险等方面适当的投资也是其持续稳健运营的重要基础。而此类机构如通过不当关联交易转移资金或进行较高风险的投资，将损害储户、保险消费者的利益，甚至产生可能传导至其所在的公司集团乃至行业层面的风险。

另外值得注意的是，上述两类利益冲突中，尽管交易本身是从事受托管理业务、负债业务的公司直接进行的，但控制交易的却不一定是公司管理层本身，往往是可以从不当关联交易中获利的公司股东。

（二）是否所有"关联交易"都一定存在利益冲突

从上面的分析可以看出，关联交易管理应以各类利益冲突为出发点。然而，由于利益冲突的视角与逻辑规则的视角不完全一致，造成并非所有根据逻辑规则认定的关联交易均存在利益冲突的矛盾。

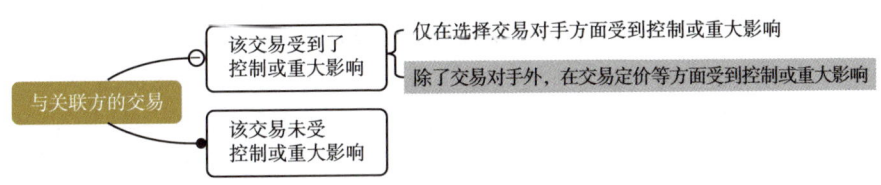

图 5-1-1　并非所有关联交易均存在利益冲突

对于按逻辑规则认定为关联交易的交易，不能一概扣上"不当""应避免""应减控"的帽子。在根据利益冲突定位关联交易风险领域的同时，如何区分出"正当"的关联交易，不让关联交易管制规则给"正当"关联交易的正常开展造成过度的负担，也是关联交易管制规则需要关注、解决的问题。

由于交易形式的多样性，在规则层面区分关联交易的正当性有一定难度，这也是《公司法》相关规定中并未明确列举什么类型的关联交易可能造成公司损失、并应承担损害赔偿责任[①]，而交由司法机关个案判断的原因之一。

对于这个难题，一种思路是要求凡构成关联交易均需遵守相同的审议、披露等要求，交由内外部审计机构、监管机构以及关注到披露信息的金融消费者等利益相关方、同业、公众等进行事后监督，但这样难免使"正当"的关联交易也同样受限于关联交易规制要求，模糊了关联交易管理的重点，使外部检

[①] 《公司法》第二十一条、《最高人民法院关于适用〈中华人民共和国公司法〉若干问题的规定（五）（2020 修正）》第一条等。

查、内/外部审计以及内部合规将大量精力投入关联交易管理的程序性事项以及实质风险较低的"正当"关联交易的管理；另一种思路是更为旗帜鲜明地标识更容易发生关联交易风险的重点领域，引导内外部合规资源重点投向这些领域。以保险资管业为例，相较于资管机构与委托方间基于受托管理、产品管理的关联交易，资管机构是否自发或受委托人的"控制"在投资行为中进行关联交易的风险性显然更高。

二、金融机构关联交易的规制机制

中国银保监会监管的机构中，既包括从事受托管理业务的信托公司、保险资产管理公司，也包括从事负债性业务的银行、保险机构，所需应对的金融行业关联交易风险以及采取的应对措施具有典型意义。

2022年1月14日，中国银保监会发布《银行保险机构关联交易管理办法》（银保监会令〔2022〕1号，以下简称2022年《办法》）。2022年《办法》在《保险机构关联交易管理办法》（银保监发〔2019〕35号，以下简称2019年《办法》）的基础上对关联方、关联交易认定、关联交易的内部控制等规定进行了不同程度的调整，并将银行、非银金融机构与保险机构纳入相同的监管框架。尽管2022年《办法》根据不同机构的特点在关联交易认定等方面进行了差异化规定，并在较大程度上统一了前述几类机构的关联交易管理要求。

2022年《办法》以及中国银保监会其他相关监管规定针对金融机构关联交易特点的设置的相关机制简析如下：

（一）针对监管套利

关联交易的监管套利有两种典型情形：一种是如果不同机构需遵守的关联交易监管标准不统一，则可能通过将资金由监管标准较高的领域转至监管标准较低的领域进行监管套利；另一种是机构A为了绕开监管要求与关联方C发生交易，首先将资金通过委托等方式交予非关联方B，再指令B与C间进行交易（C不是B的关联方）、实现原本的交易目的。

有学者在对2019年《办法》之前的中国银保监会关联交易相关监管规定的分析中认为，根据《保险公司关联交易管理暂行办法》的规定，保险公司与其关联方发生的保险公司与其关联方发生的保险公司资金的投资运用和委托管理属于关联交易行为。如果金融控股公司的保险子公司将一笔资金委托给某一信托机构，但是该信托机构并非保险公司的关联方，信托机构在保险公司的意愿下对该笔资金进行管理、运用和处分，对金融控股公司的关联方进行投资，上述行为却不属于关联交易的规制范围。①

2019年《办法》中明确强调关联交易的穿透管理要求，将"穿透管理、跟踪资金"作为保险公司关联交易管理的原则之一②，要求保险公司应"穿透识别审查关联交易"③，以及要求"关联交易应当结构清晰，避免多层嵌套等复杂安排。不得通过隐瞒关联关系等不当手段，规避关联交易的内部审查、外部监管以及报告、披露义务"④ 等。

2022年《办法》在2019年《办法》的基础上，统一要求银行、保险、非银金融机构应穿透识别关联交易⑤，并要求应穿透识别关联方⑥。同时，在相对原则的"穿透"识别管理要求的基础上，2022年《办法》规定了更为具体的要求，例如规定保险机构的资金运用类关联交易包括"直接或间接买卖债券、股票等有价证券，投资关联方的股权、不动产及其他资产"，"直接或间接投资关联方发行的金融产品，或投资基础资产包含关联方资产的金融产品"⑦，进一步明确"银行保险机构不得利用各种嵌套交易拉长融资链条、模糊业务实质、规避监管规定"⑧，"银行机构不得直接通过或借道同业、理财、表外等业务，突破比例限制或违反规定向关联方提供资金"⑨，"信托公司管理集合资金信托计划，不得将信托资金直接或间接运用于信托公司的股东及其关联方，但信托资金全部来源于股东或其关联方的除外"⑩ 等。

对于穿透管理的要求，实操中存在一定争议：以保险公司委托投资、投资金融产品为例，受托管理人、产品管理人通常应对于后续投资事项进行自主决策，特别是信托计划、保险资管产品，相关监管规定要求产品管理人应进行主动管理。⑪ 这种情况下，保险公司作为投资人无权左右管理人的投资行为，如果投资人的投资行为涉及保险公司的关联方、从规则角度构成保险公司应穿透认定的关联交易，然而，保险公司实际上并没有进行该项关联交易的意图。同

---

① 张彬："我国金融集团内部关联交易的监管不足及完善"，《清华金融法律评论》2018年第1卷第1辑。
② 2019年《办法》第十九条。
③ 2019年《办法》第二十九条。
④ 2019年《办法》第五十条。
⑤ 2022年《办法》第三条、第十一条、第十二条、第四十三条。
⑥ 2022年《办法》第八条、第九条。
⑦ 2022年《办法》第十七条。
⑧ 2022年《办法》第二十七条。
⑨ 2022年《办法》第二十八条。
⑩ 2022年《办法》第三十二条。
⑪ 例如《组合类保险资产管理产品实施细则》第十四条、《股权投资计划实施细则》第十四条。

时，按照通常的投资流程，保险公司无法参与、控制或影响此类交易的决策。

但问题是理论及实践中确实存在投资人将受托管理人、产品管理人作为通道或对其产生重大影响，而有意开展关联交易的情况。规则层面如果区分了投资人是否"有意"通过间接的方式发生关联交易、进行区别要求，存在被钻空子的风险。

对于 2022 年《办法》的要求，建议受监管机构作为投资人在进行金融产品投资时，如果其决策阶段可以掌握穿透的交易架构安排，应严格穿透识别关联交易；如进行无法在决策时掌握未来具体投资情况的委托投资、某些类型的金融产品投资，应强化受托管理人、产品管理人协助投资人穿透识别关联交易的义务，如涉及投资人的关联交易，管理人需特别提请投资人确认、审议等。

此外，投资人穿透识别关联交易与金融产品管理人的主动管理义务确实存在一定矛盾。如上文所述，产品管理人主动管理的投资行为即便涉及投资人的关联方，投资人也并没有发生此类关联交易以及通过关联交易开展不当交易的主观故意。建议在持续强化产品管理人主动管理义务的前提下，适当考虑精简投资人穿透管理关联交易的管理要求。

（二）针对金融行业面临的特殊利益冲突

如上文所述，金融机构的关联交易规制要求，除了应对公司治理方面的利益冲突，还需要更为针对性地处理与受托管理业务、负债性业务相关的利益冲突，核心在于防范不当关联交易损害投资人、金融消费者资金安全的风险。

该风险的一种典型情形是金融机构的股东通过对金融机构的控制、重大影响，使金融机构通过关联交易将资金转移至股东或股东层面的关联方。在基于公司治理方面的利益冲突制定的交易所上市规则的关联交易规定中，将上市公司的控股股东、持有上市公司 5% 以上股份的其他重要股东以及控股股东控制的主体（上市公司及其上市范围内的子公司除外）认定为关联方[1]，2022 年《办法》的关联方范围除了包含前述类型外，还进一步纳入了以下类型：控股股东以及持有银行保险机构 5% 以上股东施加重大影响的主体；银行保险机构控制或重大影响的主体。[2] 这样的规定可以将银行保险机构股东可能转移利益的主体尽可能纳入银行保险机构的关联方范围。

此外，2022 年《办法》还根据银行保险机构的业务特点，将"具有大额

---

[1] 《上海证券交易所股票上市规则（2022 年 1 月修订）》第 6.3.3 条。
[2] 2022 年《办法》第七条（三）（四）（五）。

授信、资产转移、保险资金运用等核心业务审批或决策权人员"及其控制的主体，纳入银行保险机构的关联方范围，意在将银行保险机构在开展核心业务的过程中可能涉及的关联交易纳入管理范围。

同时，2022 年《办法》根据不同类型银行保险机构的业务特点，做出了有针对性的禁止性规定，① 意在防范与受托管理业务、负债性业务相关的不当关联交易。

（三）针对银行保险机构的股东、子公司

在银行保险机构可能涉及的利益冲突中，其股东可能控制、影响银行保险机构进行关联交易，银行保险机构也可能通过子公司进行关联交易。尽管银行保险机构的股东不一定是受中国银保监会监管的机构、非金融机构类子公司不是中国银保监会直接监管的机构，但为了对银行保险机构关联交易行为进行有效管理，有必要同时管理银行保险机构股东、子公司的相关行为。

对于银行保险机构的股东，2022 年《办法》明确了"向股东及其关联方进行利益输送的风险"是关联交易管理的重点防范领域②，要求"不得为股东及其关联方违规融资、腾挪资产、空转套利、隐匿风险等"③，并就股东的相关违规行为规定了相应罚则④。此外，中国银保监会在《银行保险机构大股东行为监管办法（试行）》（银保监发〔2021〕43 号）中，明确列举了禁止大股东与银行保险机构进行不当关联交易、利用其对银行保险机构的影响力获取不正当利益的相关行为⑤。

对于银行保险机构的子公司，2019 年《办法》要求对于子公司与保险公司关联方间的交易、按照保险公司的关联交易管理⑥；2022 年《办法》未明确规定子公司层面的关联交易按照银行保险机构的关联交易管理，调整为要求银行保险机构明确子公司层面关联交易的管理机制、加强风险管控⑦。理论上，银行保险机构为了进行某项关联交易，可以不直接出面、而通过对子公司的控制性影响力要求子公司进行。因此，实操层面，建议机构考虑对子公司的关联交易区分类型进行管理，除了按照交易金额区分，也可以按照子公司层面关联

---

① 2022 年《办法》第二十七至三十二条。
② 2022 年《办法》第三条。
③ 2022 年《办法》第二十七条。
④ 2022 年《办法》第五十九条，第六十四条。
⑤ 《银行保险机构大股东行为监管办法（试行）》第二十二条。
⑥ 2019 年《办法》第十条。
⑦ 2022 年《办法》第三十八条。

交易对应的事项的审批层级，如果事项本身需要银行保险机构决策，那么就存在被认定为是受银行保险机构的控制而进行关联交易的可能，建议考虑从严按照银行保险机构的关联交易管理。

三、关于金融机构关联交易规制机制相关问题的探讨

从上文分析可以看出，中国银保监会关联交易监管规定在传统的公司治理层面的关联交易管理机制的基础上，就金融行业面临的相对特殊的利益冲突做出应对。针对实操情况，从以下几个方面对相关机制进行探讨。

（一）关于进一步强化管控重点的相关机制探讨

从上文分析可以看出，金融行业关联交易管理所需应对的与受托管理、负债性业务相关的利益冲突更为凸显，重要性甚至强于公司治理层面的利益冲突。从关联交易类型角度，与资金运用、资产转移等行为相关的关联交易应为管理重点。2022 年《办法》对于关联交易类型的规定涵盖内容较为广泛；同时，兜底条款规定"根据实质重于形式原则认定的可能引致保险机构利益转移的事项"均为关联交易，由于"利益转移"难以严格界定，如果理解为凡有资金（包括实际资金和账面资金）往来均属于"利益转移"，那么甚至可以理解为与关联方间凡有交易、无论是否属于 2022 年《办法》明确列举的类型，均需认定为关联交易。认定后，机构相应需要进行关联交易审议（包括识别、认定、分析定价、与事项同时或单独推进关联交易审批等）、关联交易逐笔及/或季度报送、关联交易专项审计等工作，无论关联交易本身从风险管理角度的重要性高低，投入的工作量几乎等同，造成管理重点的模糊，分散了合规管理资源的有效力量。

此外，考虑到交易安排的多样性、复杂性，规定中需要进行原则性的要求，例如实质重于形式、穿透认定管理等。但由于不同机构在合规风气与尺度、从业人员专业能力等方面客观上存在差异，不同机构对于原则性的规定必然存在理解、适用上的差异。同时，有些机制在法规层面或通过问答、实施细则等方式进行越清晰的规定，越利于机构的执行以及行业内执行标准的统一。例如季度报送口径，业内存在合同口径（即季度内新签署合同，不区分是否在季度内执行）还是财务口径（即季度内实际执行的关联交易情况，不区分关联交易合同是否在该季度签署）的争议。两种口径各有利弊，如果单独用合同口径，行业层面看可以充分反应全行业实际签署（包括典型、非典型形式的签署）的关联交易合同情况，但与财务口径相比，合同口径下报送的关

联交易数量一定会少很多（以一份三年期的合同为例，按财务口径需合计报送12次，按合同口径仅需报送1次），而且无法掌握合同的实际执行情况（关联交易合同签署后可以不执行或执行金额不达经审议的金额，但不能超过经审议的金额，机构有义务监控执行情况不超审议金额）。如果单独按财务口径，可以体现关联交易合同的执行情况，但一方面，如果关联交易合同审议、执行均没有问题，可将重点放在要求落实相应机制进一步确保执行不突破审议；另一方面，财务数据每年审计，且审计较常涉及调整财务数据，这与每季度的关联交易报送数据均需准确、完整的要求存在逻辑矛盾。另如，关于资金运用关联交易的比例要求，不同的资金运用关联交易在计算投资余额时遇到的情况不同，例如投资后形成关联方的，该投资本身并非关联交易，那么该投资是否需要统计投资余额？如果不需要，后续减资可能涉及关联交易，是否需要统计减资后的投资余额？关于控股子公司之间资金运用比例的除外规定，适用前提是客观上同属于一家银行保险机构的控股子公司，还是从报送机构本身看是否属于其控股子公司？

（二）关于公司治理逻辑下关联交易管理的回避、信息披露机制

公司治理的关联交易管理机制中，为了保护中小股东利益，安排了审议环节的关联董事、关联股东回避机制，以及便于上市公司投资人、交易所、监管机构及时、充分知悉、监控关联交易情况的信息披露机制。2022年《办法》沿用了前述机制，就相关衔接机制探讨如下。

以信息披露机制为例，该机制的有效运行不只是机构按规定及时、充分披露，也包括接收者的监督、反馈。对于上市公司，其信息披露受到投资人、交易所、监管机构的监督，投资人、交易所的监督更为及时，上市公司根据交易所的意见进行补充披露、回应质询的情况较为常见，监管机构客观上无法也无需在交易所日常监控的工作之外再进行频繁的监控，但会在检查、涉及案件处理时使用披露的信息。对于金融机构也是同理，有必要考虑如何安排相关日常监控、反馈机制，更为充分地实现信息披露机制的功能。

（三）关于"特殊"的关联交易——内部交易

按照关联关系的密切程度，金融机构的关联方可以大致区分为内部关联方和外部关联方，前者主要是指与金融机构同属于一个集团系统的关联方，后者指其余关联方。金融机构与两类关联方的关联交易在交易逻辑、风险性等方面有所差异。

对于与内部关联方间的交易，其中某些类型与公司集团化运营的背景相

关,同一系统内设置不同专业能力的机构,有利于系统内分工协作、专业化运营,降低交易成本、减少交易费用,与此相关的关联交易风险相对较低。但同时,同一系统内机构间通过关联交易而造成的风险传导等风险也十分现实,需要重点防范;但其中有一种特殊情况,即一家机构出现风险时系统内其他机构救助行为涉及的关联交易。这种情况下,如果不救助,出问题后可能传导至系统内其他机构;如果救助,救助行为本身也可能被认定为不当风险传导。就此情况,英国金融监管法规规定,"金融控股公司及其子公司为内部成员提供贷款、保证、资产抵押等,以解决该成员的经济困境,维持内部金融稳定为目的,是关联交易的其中一种类型,需要获得监管机构的批准"[①],即针对此类复杂、风险程度较高的关联交易,特别要求单独核准,可供参考。

四、结语

金融行业关联交易涉及的资金体量大,不当关联交易除了可能影响机构、机构中小股东的利益,也可能损害投资人、金融消费者的利益,甚至会对机构所在企业集团乃至行业的稳定运行产生影响,风险程度高。金融行业关联交易管理除了涉及公司治理层面的利益冲突,还需要应对金融行业特有的与受托管理、负债性业务相关的利益冲突,复杂程度以及规则制定的难度高。

上市公司监管等领域所积累的公司治理层面的关联交易管理相关经验,为金融行业关联交易监管机制设计提供了宝贵的资源,但其规则逻辑、不同机制的衔接等方面不能完全解决金融行业关联交易管理所面临的问题。因此,有必要在不断总结管理实践、典型案例的基础上,持续优化金融行业关联交易管理机制,锁定需重点关注的关联交易风险,引导合规资源有效应对金融行业关联交易重点风险领域。

---

① 戴娇娇:"金融控股公司关联交易监管问题研究——英国经验借鉴",华东政法大学 2019 年硕士学位论文,第 23 页。

专题 5.2
浅析关联交易新规监管思路及对资管业务的影响
——以保险机构、信托公司为视角[*]

2022年1月11日，中国银行保险监督管理委员会发布《银行保险机构关联交易管理办法》（中国银行保险监督管理委员会令〔2022〕1号，以下简称2022年《办法》），首次对银行机构、保险机构、境内信托公司等各类银行保险机构的关联交易行为制定统一适用的监管规定。

从体例上看，2022年《办法》在关联方认定、关联交易的内部管理和信息披露方面拉平了各机构的标准，而在具体关联交易分类、监管比例及监管措施方面，则针对不同机构类型进行差异化监管。从具体监管要求看，2022年《办法》总体承继了此前对各机构制定的关联交易监管思路（尤其是禁止性规定方面进行了再次重申），并在部分具体监管细节上进行了调整。

一、2022年《办法》的监管思路

（一）管"资金"与管"主体"

2022年《办法》第三章集中对银行保险机构的关联交易进行规范，其中保险机构和信托公司的监管要求如表5-2-1所示。

1. 保险机构：管"资金"

从表5-2-1看，2022年《办法》对保险机构的监管要求更加细致，从关联交易类型、交易金额计算方式、比例要求都作出了明确具体的规定，其实质是对保险资金的管理，尤其侧重于对保险集团、保险公司及保险资管公司在运用自有或受托管理的保险资金过程中是否涉及利益输送方面的监管。

---

[*] 本专题作者：北京市汉坤律师事务所上海分所，徐宇舟、汤琳佳。

表5-2-1　2022年《办法》对保险机构和信托公司的监管要求

	保险机构	信托公司
关联交易类型	资金运用类、服务类、利益转移类、保险业务和其他类型（第17条）	信托公司应当按照穿透原则和实质重于形式原则，加强关联交易认定和关联交易资金来源与运用的双向核查（第21条）
关联交易利益计算方式	以资金运用类为例： 资金运用类关联交易以保险资金投资金额计算交易金额： （1）投资于关联方发行的金融产品且基础资产涉及其他关联方的，以投资金额计算交易金额； （2）投资于关联方发行的金融产品且基础资产不涉及其他关联方的，以发行费或投资管理费计算交易金额； （3）买入资产的，以交易价格计算交易金额（第18条）	
资金运用关联交易比例要求	分别对保险机构投资全部关联方的账面余额、投资权益类资产、不动产类资产、其他金融资产和境外投资的账面余额、投资单一关联方的账面余额，投资金融产品底层资产涉及部分关联方的情况等作出规定（第20条）	

2. 信托公司：管"主体"

相对地，2022年《办法》留给信托公司的笔墨并不多，但仅第21条的规定便可看出监管部门对信托公司的管控口径是严于保险机构的——因为需要对信托公司"资金来源"和"资金运用"进行双向核查，意味着管控面涵盖信托公司表内业务和表外业务。这在2022年《办法》对两机构"重大关联交易"的界定中也可体现（见表5-2-2）。

表5-2-2　2022年《办法》对两类机构"重大关联交易"的界定

	保险机构	信托公司
重大关联交易的标准	保险机构重大关联交易是指保险机构与单个关联方之间单笔或年度累计交易金额达到3 000万元以上，且占保险机构上一年度未经审计的净资产的1%以上的交易。 一个年度内保险机构与单个关联方的累计金额达到前款标准后，其后发生的关联交易再次累计达到前款标准，应当重新认定为重大关联交易（第19条）	重大关联交易是指信托公司固有财产与单个关联方之间、信托公司信托财产与单个关联方之间单笔交易金额占信托公司注册资本5%以上，或信托公司与单个关联方发生交易后，信托公司与该关联方的交易余额占信托公司注册资本20%以上的交易（第21条）

保险机构重大关联交易发生于"保险机构"与关联方之间，也即关注点落在保险资金流转中；信托公司重大关联交易则分为信托公司"固有财产"与关联方之间，以及信托公司"信托财产"与关联方之间两种。

信托公司业务根据资金来源不同，分为固有业务和信托业务。根据《信托公司管理办法》（中国银行业监督管理委员会令〔2007〕第2号）规定，

"信托业务"是指信托公司以营业和收取报酬为目的,以受托人身份承诺信托和处理信托事务的经营行为。对应地,"固有业务"则是指信托公司以自有资金开展存放同业、拆放同业、贷款、租赁、投资等业务的行为。由此可见,2022年《办法》对信托公司的监管侧重于业务监管,其实质是对机构本身的管理。

(二) 监管思路分析

上述两机构的监管差异较大,系源于监管角度及侧重点不同。我们理解,由于保险机构(以保险集团、保险公司为主)即是主要金融机构监管对象,通过对保险资金的源头监管,更能实现穿透监管的效果。但信托公司基于其业务特性,自有资金很少,资金主要通过对外募集,资金来源广泛,从信托公司层面进行监管更方便规制违规操作。并且,信托公司存在较多民营企业股东的情况,民营股东多为不直接受监管部门监管的机构和自然人,且实践中信托公司大股东或实际控制人侵占信托公司自有资金及信托财产的情形时有发生,故监管环节对信托公司设定更严格的监管口径,也属于基于业务实际情况采取的应对措施。

二、对资管业务的影响

(一) 资管产品中可能涉及的关联交易、所需程序及注意事项

1. 保险资管产品

以保险资金投资的债权投资计划为例:

(1) 投资人与融资主体。当投资人(保险机构)与融资主体构成关联关系时,保险机构与融资主体之间的交易符合2022年《办法》项下"投资基础资产包含关联方资产的金融产品"情形,构成资金运用类关联交易,应按投资金额计算本次关联交易金额。

同时,保险机构需根据底层基础资产是否涉及不动产类资产、是否涉及特定关联方的情况,以及与对应关联方的累计交易金额判断是否符合投资监管比例要求、是否构成重大关联交易。

此外,保险机构还需履行关联交易内外部相关程序,如内部审批流程上,需按公司内部管理制度和授权程序审查,报关联交易控制委员会备案(构成重大关联交易的,须报经关联交易控制委员会审查,并提交董事会批准),在对外报告和披露方面,则定期在公司网站中披露,并通过关联交易监管相关信息系统向中国银保监会或其派出机构报送。

(2) 投资人与受托人。当投资人(保险机构)与受托人(保险资管公司)

构成关联关系时，投资人以保险资金投资于其关联方发行的产品构成2022年《办法》项下资金运用类关联交易。进一步地，保险机构还需根据2022年《办法》第18条规定，结合基础资产是否涉及其他关联方判断交易金额的计算方式。如融资主体为投资人关联方的，投资人本次关联交易金额按投资金额计算；如融资主体非投资人关联方的，投资人本次关联交易金额按管理费计算。

那么，从受托人角度看，其开展资管业务、向投资人收取管理费是否构成2022年《办法》项下服务类关联交易、需要再按管理费计算呢？我们认为，投资人与受托人之间的交易虽只发生了一次，但关联交易的金额仍需在各主体项下分别计算。因此，受托人需再按照管理费计算本次关联交易，并按照监管要求履行内外部审批报告程序。

值得注意的是，债权投资计划往往涉及保证人提供本息全额无条件不可撤销的连带责任保证担保作为产品增信措施。那么，2022年《办法》中提到"基础资产涉及其他关联方"，除了上文提到的融资主体为投资人关联方的情况外，是否还包括保证人为投资人关联方的情况（尤其是在保证人非融资主体母公司或实际控制人，或保证人由专业担保公司担任的情况下）呢？

我们认为，此处"其他关联方"不应包括保证人。"关联交易"的发生，需要投资人与该关联方之间发生利益转移，而投资人向融资主体投入的债权资金无法移转至保证人。并且保证人作为投资计划当事人，仅在发生担保事项时为融资主体的债务履行担保责任，其利益转移的对象也是融资主体，无法转向投资人。因此我们倾向于认为此处"其他关联方"是指掌握基础资产权属的主体，仅讨论融资主体即可。

（3）受托人与融资主体。根据《保险资金间接投资基础设施项目管理办法》（中国保险监督管理委员会主席令第二号，以下简称《管理办法》）规定，受托人与融资主体不得具有关联关系。但《管理办法》对"关联关系"的定义是指"有关当事人在股份、出资方面存在控制关系或者在股份、出资方面同为第三人所控制"。由此可见，《管理办法》定义的关联方范围明显小于2022年《办法》定义的范围，故实践中确实存在虽然受托人与融资主体在2022年《办法》项下构成关联关系，但在《管理办法》项下不具有关联关系、受托人仍可继续发起设立产品的情况。

我们认为，尽管受托人与融资主体之间属于2022年《办法》项下关联方，但受托人以"投资计划财产"与融资主体进行交易并不涉及受托人自有资金，不属于2022年《办法》项下关联交易。并且，受托人基于为管理产品收取的管理费自投资计划财产中扣划,其获得的服务报酬系源于受托人与投资人之间的法律关系,该交易与融资主体无关,也不属于2022年《办法》项下关联交易。

2. 信托产品

以保险资金投资的集合资金信托为例:

(1)投资人与受托人。保险机构作为投资人投资金融产品采用一样的逻辑,故在信托产品项下,如投资人(保险机构)与受托人(信托公司)构成关联关系时,保险机构与信托公司之间的交易构成关联交易,两机构应按各自监管规则履行关联交易相应程序。

(2)受托人与融资主体。当受托人(信托公司)与融资主体构成关联关系时,受托人以"信托财产"向融资主体进行投资即直接构成2022年《办法》项下关联交易(而保险资管公司作为受托人,以"投资计划财产"向融资主体投资不认定为关联交易)。由此可见,就信托公司而言,无论是与资金来源方(投资人),还是资金运用对象(融资主体),只要存在关联关系,即认定构成关联交易,再次突出了"管主体"的思路。

(二)禁止性规定及实操探讨

近年来,监管部门先后开展"巩固治乱象成果 促进合规建设""银行业保险业市场乱象整治'回头看'"等活动,长期致力于清理整改银行保险机构违规行为,其中均有涉及对违规关联交易的排查。2022年《办法》也列举了保险机构、信托公司的禁止性关联交易情形。受限于文章篇幅,我们仅结合第32条针对信托公司的禁止性规定,就实操中遇到的两个案例进行简单介绍。

1. 涉及信托公司信托业务

某银行拟以自有资金,通过某信托机构客户设立的信托计划,向融资主体发放信托贷款。经查询,该信托公司的控股股东持有融资主体股东30%的股权(未构成第一大股东),并通过该名融资主体股东向融资主体董事会委派1名董事。我们理解在此结构中,融资主体系信托公司控股股东能"施加重大影响"的关联方,因而该信托公司向融资主体发放信托贷款构成关联交易。

在此基础上分析,如银行申请通过集合资金信托计划向融资主体放款,因涉及2022年《办法》第32条第3款情形"信托公司管理集合资金信托计划,不得将信托资金直接或间接运用于信托公司的股东及其关联方"而无法进行;如银行采用单一资金信托形式向融资主体放款,则仍然可行。

2. 涉及信托公司固有业务

某信托机构客户在清理非金融子公司及非标清零的双重监管规则下,以自有资金受让了部分清理资产。在对非标资产池清零后，该客户拟将所持资产对外转让。按原计划，因所持资产涉及国有资产，在经国资委审批后，该客户拟将资产转让给集团内另一家专业子公司。但上述方案因涉及 2022 年《办法》第 32 条第 1 款情形"信托公司开展固有业务，不得向关联方融出资金或转移财产，不得为关联方提供担保"而无法进行。

我们理解，实践中此类为响应监管整改、为清理违规资产而进行的财产移转情形有很多，主观上可能并没有通过此类交易向关联方进行利益输送的动机，但客观行为上确实面临踏入另一条监管红线的风险。总体来看，监管部门作出的种种整改要求，初衷均是为了防止银行保险机构进行监管套利、隐匿风险，避免机构通过违规关联交易进行不当利益输送。除了 2022 年《办法》之外，监管部门亦同期出台了《银行保险机构大股东行为监管办法（试行）》《中国银保监会办公厅关于清理信托公司非金融子公司业务的通知》等规定，向上完善股权结构与公司治理、规范大股东交易行为，向下清理违规资产及业务。在重重监管组合拳之下，整改期的信托公司如何顺应信托业改革和转型发展，可能是接下来亟待解决的问题。

专题5.3
证券公司、公募基金公司关联交易管理对保险机构的借鉴[*]

近年来，中国银保监会持续强化对保险机构（含保险资产管理机构）关联交易的规范化管理以及对相关利益输送案件的打击。2022年1月，中国银保监会印发《银行保险机构关联交易管理办法》（以下简称2022年《办法》），并印发《关于开展保险资金运用关联交易专项检查的通知》（以下简称《通知》），决定于2022年在全国范围内组织相关银保监局开展保险资金运用关联交易专项检查。

本文基于两方面：首先，在规范化管理关联交易及防控利益输送方面，证券公司及公募基金公司等金融机构的经验乃至中国证监会的某些监管思路对于保险机构有一定的参考和借鉴意义。其次，2022年《办法》的主要规范视角是包括保险机构在内的银行保险机构公司层面的关联交易。随着保险资管产品越来越多地向保险机构以外的合格投资者募集资金，保险资管产品层面的关联交易应该得到更多的重视。公司层面的关联交易与资管产品层面的关联交易应当适当区别对待。

一、经典案例解析

2013年，当时经授权负责券商资管产品备案的中证资本市场发展监测中心有限责任公司发布了若干警示性案例，其中就包括《证券公司私募业务违法违规案例通报第1号：某证券公司利用资产管理业务向自营业务输送利益》。这一案例发布以后，反响很大，成为证券公司、公募基金公司、期货公司及其资管子公司的各类资管业务合规培训中经常被引用、讨论的典型案例，对于前述机构从业人员的合规意识培养起到了不小的作用。

（一）案例概述

H证券公司发行了一只限额特定资产管理计划（即现在的私募资管产

---

[*] 本专题作者：植德律师事务所，邹野。

品），规模2.5亿元，份额类别有A、B、C三类，运作周期分别为3个月、6个月和1年，对应不同的收益率，投资范围为"国内发行的股东收益类资产和现金、准备金类资产，包括合格金融机构（含管理人）作为信托委托人所形成的信托受益权"。

该私募资管产品成立于2013年3月11日，并于当日认购某基金子公司的一对多专户（即集合资产管理计划）。同日，一对多专户受让H证券公司自营所持某上市公司股票质押类信托受益权（此前，H证券公司自营于2012年12月28日投资、获得该受益权）。两日后，一对多专户又受让H证券公司的直投子公司所持某上市公司股票质押类信托受益权（此前，H证券公司直投子公司于2013年3月4日投资、获得该受益权，见图5-3-1）。

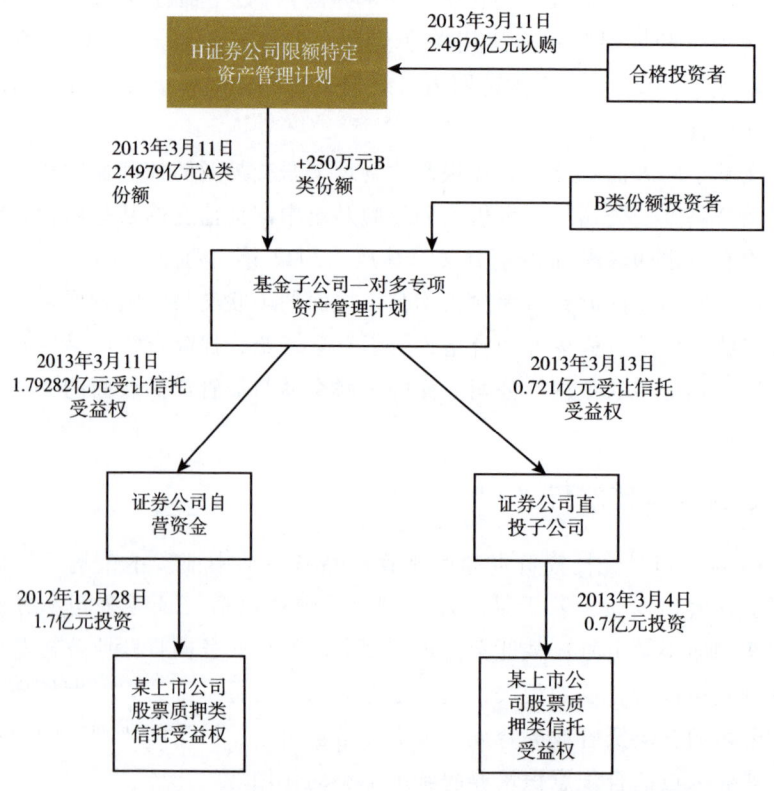

图5-3-1 案例：H证券公司限额特定资产管理计划结构图

1. 经认定的违规情况：以上两笔业务的收益率均明显偏高，涉嫌利用基金子公司的一对多专户受让H证券公司自营和直投子公司持有的某上市公司股票质押类信托受益权，进行关联方交易和利益输送。

2. 处理措施：对 H 证券公司予以警示，要求其加强风控与合规管理。

（二）案例分析

通过对比上述案例以及 2022 年《办法》中的相关规定，可以发现，中国银保监会已经充分了解这类隐蔽性强的掩盖关联交易和利益输送情形。2022 年《办法》已经针对这类情形作出了明确的禁止性规定。保险机构不应当再尝试绕开这方面的监管规定或者触碰合规底线（见表 5-3-1）。

表 5-3-1　　案例与 2022 年《办法》中的相关规定

	案例中的情形	2022 年《办法》的相关规定
1.	以上两笔业务的收益率均明显偏高……进行关联方交易和利益输送	第三条　银行保险机构不得通过关联交易进行利益输送或监管套利，应当采取有效措施，防止关联方利用其特殊地位，通过关联交易侵害银行保险机构利益
2.	嵌套基金子公司的专户产品，避开了 H 证券公司的资管业务与其自营业务、直投业务条线的直接交易	第二十七条　银行保险机构不得通过掩盖关联关系、拆分交易等各种隐蔽方式规避重大关联交易审批或监管要求。 银行保险机构不得利用各种嵌套交易拉长融资链条、模糊业务实质、规避监管规定，不得为股东及其关联方违规融资、腾挪资产、空转套利、隐匿风险等
3.	前一笔交易是通过信托公司的信托计划进行投资；后一笔交易是嵌套了基金子公司的专户产品	第二十九条　保险机构不得借道不动产项目、非保险子公司、信托计划、资管产品投资，或其他通道、嵌套方式等变相突破监管限制，为关联方违规提供融资

二、资管产品的关联交易不同于公司的关联交易

公司层面的关联交易旨在防范利用公司的自有资金向关联方进行利益输送，而资管产品层面的关联交易旨在防范利用公司管理的资管产品向关联方进行利益输送。

2022 年《办法》第十七条规定，资金运用类关联交易包括"在关联方办理银行存款；直接或间接买卖债券、股票等有价证券，投资关联方的股权、不动产及其他资产；直接或间接投资关联方发行的金融产品，或投资基础资产包含关联方资产的金融产品等"，第十九条规定"保险机构重大关联交易是指保险机构与单个关联方之间单笔或年度累计交易金额达到 3 000 万元以上，且占保险机构上一年度末经审计的净资产的 1% 以上的交易"。我们理解，上述条款的重点更多地落在利用保险机构的自有资金或保险资金与关联方交易（包括购买关联方的金融产品）这一视角。

2022年《办法》是中国银保监会针对银行保险机构关联交易管控的基础性部门规章,可能无法详细到每一个环节,但是对于保险资管机构而言,保险资管产品层面的关联交易管控也特别重要。更重要的是,资管产品层面的关联交易管控也有足够的法律法规依据。

(一) 资管新规的要求

作为资产管理业务领域的一个具有划时代意义的规定,《关于规范金融机构资产管理业务的指导意见》(银发〔2018〕106号) 对于资管产品层面的关联交易管控有明确的要求(见表5-3-2)。

表5-3-2　　　　资管新规对资管产品关联交易的相关规定

	相关规定	依据
1.	金融机构不得以资产管理产品的资金与关联方进行不正当交易、利益输送、内幕交易和操纵市场	《关于规范金融机构资产管理业务的指导意见》第二十四条
2.	金融机构的资产管理产品投资本机构、托管机构及其控股股东、实际控制人或者与其有其他重大利害关系的公司发行或者承销的证券,或者从事其他重大关联交易的,应当建立健全内部审批机制和评估机制,并向投资者充分披露信息	《关于规范金融机构资产管理业务的指导意见》第二十四条

(二) 2022年《办法》中兜底规定

虽然2022年《办法》更侧重公司层面的关联交易管控的视角,但这并不意味着资管产品层面的关联交易不受2022年《办法》规范。事实上,2022年《办法》中也留有相关的兜底条款(见表5-3-3)。

表5-3-3　　　2022年《办法》关于资管产品层面的相关条款

	2022年《办法》的相关条款
1.	第十一条　银行保险机构应当按照实质重于形式和穿透原则,识别、认定、管理关联交易及计算关联交易金额
2.	第十二条　银保监会或其派出机构可以根据实质重于形式和穿透监管原则认定关联交易。银保监会可以根据银行保险机构的公司治理状况、关联交易风险状况、机构类型特点等对银行保险机构适用的关联交易监管比例进行设定或调整

(三) 公募基金公司的监管规定

以公募基金公司为例,相关法律及规定对于其资管产品(包括公募基金、私募资管产品)层面的关联交易多有明确的规定和要求(见表5-3-4)。

表5-3-4　　　　　　　公募基金层面的关联交易相关规定

	相关规定	依据
1.	第七十三条　运用基金财产买卖基金管理人、基金托管人及其控股股东、实际控制人或者与其有其他重大利害关系的公司发行的证券或承销期内承销的证券，或者从事其他重大关联交易的，应当遵循基金份额持有人利益优先的原则，防范利益冲突，符合国务院证券监督管理机构的规定，并履行信息披露义务	《证券投资基金法》
2.	第十八条　基金管理公司管理的投资组合与子公司管理的投资组合之间，不得违反有关规定进行交易	《基金管理公司子公司管理规定》
3.	第三十三条　基金管理人运用基金财产买卖基金管理人、基金托管人及其控股股东、实际控制人或者与其有重大利害关系的公司发行的证券或者承销期内承销的证券，或者从事其他重大关联交易的，应当符合基金的投资目标和投资策略，遵循持有人利益优先原则，防范利益冲突，建立健全内部审批机制和评估机制，按照市场公平合理价格执行。相关交易必须事先得到基金托管人的同意，并按法律法规予以披露。重大关联交易应提交基金管理人董事会审议，并经过三分之二以上的独立董事通过。基金管理人董事会应至少每半年对关联交易事项进行审查	《公开募集证券投资基金运作管理办法》
4.	第四十三条　基金管理公司的董事会审议下列事项，应当经过2/3以上的独立董事通过：（一）公司及基金投资运作中的重大关联交易	《证券投资基金管理公司管理办法》

其中，我们可以发现，《证券投资基金管理公司管理办法》更是明确地对公司层面和基金层面的关联交易做了分开的表述。公募基金公司都会在公司章程、内部制度中对公司层面和基金层面的关联交易进行一定程度的区分规定。例如，某公募基金公司的关联交易制度如下：

"基金投资运作中的关联交易，是指公司管理的基金与其关联方之间发生的所有转移资源或义务的行为（无论是否收取价款），包括但不限于以下事项：（1）关联方从基金中取得的收入；（2）基金通过关联方交易单元进行的交易；（3）基金投资于关联方发行或承销的证券或购买关联方的研究咨询服务；（4）基金与关联方作为对手方进行交易买卖；（5）法律法规和中国证监会规定为关联交易的其他事项。"

我们认为，这样的做法对于保险资管机构非常有借鉴意义。

（四）投资顾问

对于资管产品层面的关联交易，很多公募基金公司和证券公司都会将投资顾问及其发行或管理的资管产品纳入关联方管理。例如，某基金子公司的关联交易制度如下：

"其他层面的关联方包括：（1）特定客户资产管理计划的委托人以及委托人所提供的关联方名单；（2）特定客户资产管理计划的托管行以及托管行所提供的关联方名单；（3）特定客户资产管理计划的投资顾问以及投资顾问所提供的关联方名单。产品层面的关联方仅适用于特定产品。"

我们认为，投资顾问做资管产品的投资建议提供者，对于资管产品的投资运作有重大的影响。如不将投资顾问纳入资管产品的关联方管理，风险极高。例如，A 保险资管机构的 B 资管产品聘请 C 公司做投资顾问，C 公司同时还是 D 保险资管机构的 E 资管产品的投资顾问，如果 C 公司提供投资建议，指导 B 资管产品投资 E 资管产品，那么 A 公司对于 C 公司的投资建议显然应当慎重考虑。

（五）资管产品之间的交易

同一管理人管理的资管产品之间的交易同样也是资管产品层面的关联交易管控的重要一环。以公募基金公司和证券公司的私募资管产品为例，《证券期货经营机构私募资产管理业务管理办法》第六十五条的规定，证券期货经营机构的自营账户、资产管理计划账户、作为投资顾问管理的产品账户之间，以及不同资产管理计划账户之间，不得发生交易，有充分证据证明进行有效隔离并且价格公允的除外。

进一步，子公司从事私募资产管理业务的，证券期货经营机构的自营账户、资产管理计划账户以及作为投资顾问管理的产品账户与子公司的资产管理计划账户之间的交易，适用本条规定。

（六）重大关联交易的评判标准

2022 年《办法》第十九条规定："保险机构重大关联交易是指保险机构与单个关联方之间单笔或年度累计交易金额达到 3 000 万元以上，且占保险机构上一年度末经审计的净资产的 1% 以上的交易。"这是以公司层面的关联交易为背景所做的规定。

假设一个保险资管产品，投资者全部都是保险机构以外的合格投资者，产品规模为 2 000 万元，拟全部投资于该保险资管产品的管理人（即保险资产管理机构）的关联方的金融产品，我们认为这种情况虽然不构成 2022 年《办法》第十九条中的重大关联交易，但是建议保险资产管理机构将其纳入资管产品层面的重大关联交易管控。2 000 万元对于保险资产管理机构的自有资金而言可能是一个小数目，但对于前述保险资管产品而言却是其全部资产。例如，某公募基金公司的公司章程如下：

"公司作为基金管理人,运用基金财产买卖基金管理人、基金托管人及其控股股东、实际控制人或者与其有其他重大利害关系的公司发行的证券或承销期内承销的证券、基金的单笔关联交易达到或超过该基金上一交易日资产净值10%的,视为该基金的重大关联交易……"

三、借鉴与思考

2022年《办法》作为银行保险机构关于关联交易的基础性规定,无法做到面面俱到,且本身银行机构与保险机构的监管思路就有所不同。再进一步,保险资管机构与其他保险机构的业务经营亦有不同,在2022年《办法》中就保险资管业务的特殊关联交易管控制度进行细化规定也不一定现实。但是,资管产品层面的关联交易与公司层面的关联交易确有一些不同,也确有必要知悉和应对该等不同。

一方面,我们建议中国银保监会及相关行业自律组织在后续立法和业务指导的时候适当地考虑该等差异,对保险资管机构进行更有针对性的业务监管或指导;另一方面,即便按照现行监管规定,保险资管机构也有义务重视及妥善处理资管产品层面的关联交易,避免触及利益输送的底线。

无论在资管产品的关联交易管控方面,还是在其他关联交易管控方面,证券公司、公募基金公司的经验对于保险机构都有一定的参考和借鉴意义。正所谓他山之石,可以攻玉。